Jens Rüffer

Mittelalterliche Klöster

Neuenkamp
Eldena
Doberan
Rostock
Dargun
Lübeck
Ratzeburg
Stade
Schwerin
Stettin
Hamburg
Gramzow
Bremen
Chorin
Weser
Elbe
Havelberg
Havel
Ems
Berlin
Branden-
burg
Jerichow
Spree
Lehnin
Riddagshausen
Braunschweig
Magdeburg
Hamersleben
Leitzkau
Amelungsborn
Gottesgnaden/Calbe
Münster
Halberstadt
Michaelstein
Xanten
Cappenberg
Lauterberg
Pöhlde
Walkenried
Sittichen-
bach
Halle
Kamp
Ruhr
Volkenroda
Saale
Mulde
Elbe
Fulda
Meißen
Görlitz
Unstrut
Pforta
Altenberg
Köln
Wechsel-
burg
Alt-
zella
Zittau
Rolduc
Aachen
Inda/
Kornelimünster
Eisenach
Erfurt
Siegburg
Heisterbach
Ossegg
Werra
Paulinzella
Fulda
Arnsburg
Koblenz
Ilbenstadt
Springiers-
bach-
Eberbach
Frankfurt
Prag
Himmerod
Main
Mainz
Grünau
Mosel
Würzburg
Ebrach
Trier
Astheim
Bronnbach
Worms
Tückel-
hausen
Nürnberg
Schönau
Neckar
Heilsbronn
Speyer
Regensburg
Maulbronn
0 25 50 75 100 km
Esslingen
Kaisheim
Rhein
Hirsau
Straßburg
Bebenhausen
Alpirsbach
Donau
Augsburg
Freiburg
Marbach
Buxheim
Reichenau
Schaffhausen
Salem
Salzburg
Lilienfeld
Heiligenkreuz
Zwettl
St. Blasien
Konstanz
Rottenbuch
Basel
Stein
am Rhein
Wagen-
hausen
St. Gallen
Payerne
Romainmôtier
Müstair

2014

Jens Rüffer

Mittelalterliche Klöster

Deutschland – Österreich – Schweiz

Die Herausgabe dieses Werkes wurde durch die Vereinsmitglieder
der WBG ermöglicht.
Redaktion: Katrin Boskamp-Priever, Leipzig
Layout und Prepress: schreiberVIS, Seeheim-Jugenheim
Gedruckt auf säurefreiem und alterungsbeständigem Papier
Printed in Germany

Besuchen Sie uns im Internet: www.wbg-wissenverbindet.de

ISBN 978-3-534-21953-7

Inhalt

Vorwort

Klöster sind oder waren Orte des Gebets. Klosterarchitektur hat zwar eine spirituelle Dimension, doch geht sie darin nicht auf. Sie bildet eine Grundlage, auf der sich monastisches Leben entwickelte, indem Raumkonzeptionen entstanden, die funktionale, aber auch ästhetische Aspekte berücksichtigten.

Dieses Buch versteht sich als Sachbuch. Es wendet sich an ein allgemeines Lesepublikum, dürfte aber auch für Studierende anregend sein. Es stellt die mittelalterliche Klosterarchitektur im deutschen Sprachraum *überblicksartig* und *exemplarisch* vor. Der geographische Schwerpunkt liegt auf Deutschland, gleichwohl wurde, dort wo es sich anbot, auf Bauten in Österreich und der Schweiz Bezug genommen. Der inhaltliche Schwerpunkt liegt auf den zönobitischen Reformorden, d. h. den in Gemeinschaft lebenden Mönchen oder Brüdern. Frauenklöster müssen ausgespart bleiben. Doch sei ausdrücklich betont, dass alle hier erörterten Gemeinschaften und Orden einen weiblichen Zweig besaßen und heute wieder oder immer noch besitzen.

Die Bauwerke werden aus den jeweiligen konkreten kulturellen bzw. religionspolitischen Kontexten erklärt und primär kultur- bzw. funktionsgeschichtlich erläutert. Auf stilkritische Analysen, aber auch auf die Diskussion von Forschungsproblemen wurde verzichtet. Dies lässt der geringe Textumfang im Verhältnis zur der vom Verlag gewünschten thematischen Bandbreite nicht zu. Der informative Charakter steht also im Vordergrund.

Bei der Objektauswahl ist darauf geachtet worden, dass die Klosterarchitektur möglichst in ihrer Gesamtheit von Bauaufgaben hervortritt und nicht auf die Architektur ihrer Kirchen reduziert bleibt. Gleichwohl werden Kirchenbauten schon aus Gründen der baulichen Überlieferung einen Schwerpunkt bilden. Denn bei der großen Mehrheit der Klöster sind die mittelalterlichen Klausurgebäude unwiederbringlich verloren. Bei der Auswahl der Objekte wurde zudem darauf geachtet, dass bevorzugt Abteien besprochen worden sind, die noch über eine ansprechende mittelalterliche Bausubstanz verfügen, so dass sich die Leserinnen und Leser letztlich mit dem Original selbst befassen können.

Die Darstellung ist kritisch und quellenorientiert erarbeitet worden. Alle lateinischen Texte sind in deutscher Sprache zitiert, Fachbegriffe im Glossar erläutert. Ich habe mich bemüht, möglichst zweisprachige Ausgaben zu benutzen oder zumindest eine Übersetzung in eine moderne Sprache zu finden, sodass ein Quellenstudium auch über die im Text verwendeten Auszüge möglich ist. Quellenzitate, für die ich keine Übersetzung gefunden habe, wurden von mir selbst übertragen.

Gemessen am thematischen Umfang, kann das Literaturverzeichnis lediglich eine kleine Auswahl wiedergeben. Es wurde der besseren Übersicht wegen sachlich geordnet. Neben der direkt benutzten Literatur sind vor allem Aufsätze und Bücher angegeben, die eine tiefere Beschäftigung mit der Thematik erlauben und über deren Bibliographien weiterführende Literatur erschlossen werden kann. Handbuchartikel aus Lexika wie dem „Lexikon des Mittelalters" oder der „Theologischen Realenzyklopädie" wurden nicht aufgenommen, so auch nicht die entsprechenden Objektbeschreibungen aus kunsthistorischen Handbüchern wie dem „Dehio".

Abschließend seien noch einige Worte des Dankes gestattet. Auf meinen Exkursionen gaben mir Freunde bereitwillig Quartier. Danken möchte ich hierfür Barbara und Udo Polaczek, Ralph Dorn, Rainer Müller, Kristin Böse und Markus Späth. Dank gebührt aber auch all jenen Mitarbeiterinnen und Mitarbeitern der Institutionen vor Ort, die meine Neugier für nicht öffentlich zugängliche Areale befriedigten. Das Fachlektorat übernahm in gewohnter Qualität Frau Dr. Katrin Boskamp-Priever und die Betreuung von Seiten der Wissenschaftlichen Buchgesellschaft lag in den kompetenten Händen von Frau Jasmine Stern. Schließlich sei meiner Frau Carmen herzlich für ihr Verständnis und ihre Toleranz gedankt, mir die nötige und intensive Zeit des Schreibens zu ermöglichen. Ihr sei das Buch gewidmet.

I. Historische Einführung

1. Die Anfänge des abendländischen Mönchtums

Bischof Eusebius von Caesarea (um † 339/40), Theologe und Kirchenhistoriker, erwähnt in seiner Schrift *Praeperatio evangelica* zwei Lebensnormen der Kirche Christi. Die eine bildet einen konstitutiven Teil des Gemeinwesens, weil sich hier ihre Mitglieder mehr oder weniger aktiv einbringen. Heiraten, Kinder zeugen, Berufsausübung sowie die Erfüllung „staatsbürgerlicher" Pflichten widersprechen nicht der christlichen Lebensweise, solange die Grundsätze des Glaubens eingehalten werden. Die andere jedoch „führt über die Natur hinaus, hat nichts zu tun mit der gewohnten und normalen Lebensweise. Sie gestattet die Ehe nicht, noch das Zeugen von Kindern. Den Erwerb von Eigentum duldet sie nicht. Sie verwandelt die Lebensgewohnheiten der Menschen von Grund auf und macht, dass sie, von himmlischer Liebe angespornt, nur noch Gott dienen" (Übers. Frank 1975, S. 6 f.). Eusebius beschreibt hier jene strengere Lebensform, die für das christliche Mönchtum in unterschiedlicher Weise charakteristisch wurde. Das griechische Wort μοναχός [monachós] bezeichnete ursprünglich Menschen beiderlei Geschlechts, die allein lebten, d.h. unverheiratet waren. Unter dem lateinischen Wort *monachus*, von dem sich das deutsche Wort Mönch herleitet, verstand man im abendländischen Mönchtum vor allem eine Lebensweise von männlichen Religiosen, die in der Nachfolge Jesu und der Apostel, in Abgeschiedenheit von der Welt, keusch und unter Verzicht auf jegliches privates Eigentum nach einer Regel zusammenlebten, sich gemeinsam dem Gotteslob widmeten, gemeinsam arbeiteten, ruhten und zusammen ihre Mahlzeiten einnahmen. In der Frühzeit waren es Laienmönche ohne höhere Weihen, während sich im Hochmittelalter das Priestermönchtum durchsetzte. Die in Klausur lebenden weiblichen Religiosen werden in den lateinischen Quellen als *moniales* bezeichnet. Das deutsche Wort Nonne leitet sich vom lateinischen *nonna* ab und war die ägyptische Bezeichnung für eine unversehrte Jungfrau.

Frühformen des christlichen Mönchtums werden historisch erstmals als gesellschaftlich relevante Lebensform im 3./4. Jahrhundert in Kleinasien, Palästina, Ägypten und Nordafrika greifbar. Es lassen sich dabei jene zwei Pole erkennen, die sich auch späterhin wie ein roter Faden durch die Geschichte des Mönchtums ziehen – Eremiten und Zönobiten. Im 3. Jahrhundert begannen Menschen in größerem Maße ihren Platz innerhalb sozialer und familiärer Bindungen aufzugeben, verschenkten ihr Eigentum und zogen sich an die Ränder von Siedlungen oder Wüsten zurück. Sie wurden Anachoreten genannt. Ihr Siedlungsplatz am Rande von Wüsten führte zur Bezeichnung Eremiten. Das Einsiedlerleben geschah weder völlig abseits der Zivilisation, denn es bedurfte mindestens trinkbaren Wassers und eines Minimums an Austausch, da jeder seinen Lebensunterhalt selbst verdienen musste, noch war der Einsiedler im strengen Sinn wirklich allein, denn in dessen Nähe siedelten weitere Einsiedler. Derartige Einsiedlerkolonien wurden Lauren genannt. Das Einsiedlerleben bestand aus Arbeit, Meditation und Schweigen. In der Regel wurde einmal am Tag vegetarisch gegessen. Das Maß der Askese lag im Ermessen des Einzelnen. Fasten und Schweigen konnten bei Besuch unterbrochen werden. Auch war es üblich, sich bei erfahrenen Eremiten Rat zu holen bzw. sich schwer deutbare Bibelstellen erklären zu lassen. Einer der berühmtesten Eremiten jener Zeit war der hl. Antonius († 356), dessen Lebensbeschreibung (*Vita Anto-*

1 ▲ Wagenhausen (Kt. Thurgau), Benediktinerpriorat Wagenhausen, Prioratskirche. Die Darstellung der Heiligen Antonius und Benedikt als Väter des zönobitischen und eremitischen Mönchtums. Spätmittelalterliche Wandmalerei an der südlichen Apsis.

nii) von Athanasius († 373) überliefert ist (Abb. 1). Als Begründer des zönobitischen Lebens erscheint Pachomius († 347), der erstmals Mönche unter einer verbindlichen Regel und unter einer Leitung zum gemeinsamen Leben im Kloster führte. Die lateinische Bezeichnung *coenobium* leitet sich vom griechischen Wort κοινόβιον ab und bedeutet in Gemeinschaft leben. Peter Hawel fasste die Merkmale des pachomianischen Klosterlebens wie folgt zusammen: „Die pachomianische Ordnung kannte die trennende Klostermauer, den hierarchischen Aufbau, den rhythmischen Wechsel zwischen Gebet und Arbeit, die Trennung von Familie und Besitz, die Gleichheit aller Brüder, die persönliche Armut, die Gleichheit im Tagesablauf und in der Kleidung, sowie das Institut der Oblaten, d.h. die Aufnahme unmündiger Kinder. Es fehlten: ein Kirchengebäude im eigentlichen Sinn, die Tischlesung, die feierlichen, ewigen Gelübde, die Priester und die freie Abtwahl durch die Brüder. Pachomianische Klöster waren Laienklöster, ohne jeden Priester“ (Hawel 1993, S. 51).

Inwieweit das abendländische Mönchtum vom morgenländischen abhängt oder darauf aufbaut ist nicht mehr eindeutig zu klären. Doch ist unbestreitbar, dass reisende Christen das Gesehene und Gehörte weitertrugen. Zudem waren jene griechischen Texte, in denen über die verschiedenen Möglichkeiten religiösen Lebens berichtet wurde, recht bald gebildeten Christen des Abendlandes in Form lateinischer Übersetzungen zugänglich. Im Weströmischen Reich jedoch gab es einen bedeutenden Unterschied. Die ersten klosterähnlichen Vereinigungen entstanden auf privaten Landgütern, wo sich Privilegierte zum kontemplativen Leben zurückziehen konnten. Hier wirkte die hellenistisch-römische Philosophie nach, vor allem Cicero († 43 v. Chr.), der sich ein Refugium in Tusculum schuf. Bereits der Kirchenvater Augustinus († 430) versuchte in Cassiciacum, später auch in Thagaste, ein dem monastischen Ideal verwandtes Leben zu führen. Er verfasste für die Gemeinschaft, der vor allem Kleriker angehörten, eine Regel (*Praeceptum*), auf die im Zusammenhang mit den Kanonikern noch näher eingegangen wird. Cassiodorus († um 580) gründete auf seinen Besitzungen das Kloster Vivarium. Im Zentrum des Lebens stand die Beschäftigung mit theologischen Texten, die abgeschrieben und gegebenenfalls auch übersetzt wurden. Die zwischen 551 und 562 verfassten *Institutiones divinarum et saecularium litterarum*, eine Einführung in die geistlichen und weltlichen Wissenschaften, zeugen davon.

Die ideellen Grundlagen des christlichen Mönchtums beschränken sich nicht nur auf die Bibel, insbesondere die Texte des Neuen Testaments. Wenn auch die Forderungen, die Familie zu verlassen, auf persönliches Eigentum zu verzichten, keusch zu leben und die Sinne zu beherrschen, um völlig frei für Gott sein zu können, radikal anmuten, so sind darunter auch Maximen enthalten, die aus der antiken Philosophie bekannt waren. Der wahre Philosoph lebte asketisch, übte sich in Tugenden und versuchte sich von dem Einfluss der Affekte frei zu machen. Als Leitgedanke galt: Geistiges kann nur durch Geistiges erkannt werden. Die Erkenntnis des Göttlichen durch Philosophie war jedoch nur gebildeten Freien vorbehalten, die nicht für den eigenen Unterhalt arbeiten mussten.

Die christliche Lehre negiert diese Standesunterschiede. Sie betont jedoch auch, dass das göttliche Wissen offenbart und dem Einzelnen vor allem durch Gnade zuteilwird. Es beruht somit nur begrenzt auf eigener Leistung. Im Gegensatz zu den antiken Philosophen war die christliche Askese vor allem Buße, die sich in einer radikalen Abkehr von der Welt äußerte. Strenge asketische Lebensformen gab es auch in jüdischen Sekten, wie den Essenern oder den Therapeuten, die das Einsiedlerleben bevorzugten. Sie war wohl am radikalsten bei den Gnostikern, die ein dualistisches Weltbild vertraten, die Ursachen der Weltübel vor allem in der Sexualität verorteten, jedoch nicht über ein festes, dogmatisch begründetes Glaubenssystem verfügten.

Die Anfänge des Mönchtums im Abendland lassen sich konkreter mit Honoratus von Arles († 430), Johannes Cassian († um 430/35) und Caesarius von Arles († 542) fassen. Honoratus, der spätere Bischof von Arles, versammelte auf einer der Îles de Lérins, vor der Küste von Cannes, Gleichgesinnte. Er verband eremitische Elemente mit zönobitischen, unterwarf alle einer Regel und setzte das Gotteslob an oberste Stelle. Sein Zeitgenosse Johannes Cassian gründete in Marseille das Männerkloster Saint-Victor und ein Frauenkloster. Seine Bedeutung für das Mönchtum ergibt sich aus seiner schriftstellerischen Tätigkeit. Die „Unterredungen mit den Vätern" (*Collationes patrum*) sowie die „Einrichtungen in den Klöstern" (*Institutiones coenobiorum*) gehörten zum Standardrepertoire mittelalterlicher Klosterbibliotheken. Während im ersten Text die östliche Mönchspraxis sowie eine bestimmte Form der Askese im Kampf gegen die Laster beschrieben werden, handelt der zweite von asketischen Unterweisungen in Form von Lehrgesprächen zwischen Meister und Schüler. Caesarius von Arles schließlich gründete, kurz nachdem er den Bischofsstab erhielt, ein Frauenkloster, welches er unter die Leitung seiner Schwester stellte. Für diesen Konvent verfasste er eine Klosterregel, die älteste erhaltene Nonnenregel des Abendlandes.

Für das Mönchtum des Abendlandes wurde die Benediktregel prägend. Über ihren Verfasser, Benedikt von Nursia († um 560), ist nur wenig historisch bezeugt (vgl. Abb. 1). Die Informationen zu seinem Leben stammen aus dem zweiten Buch der Dialoge, die Papst Gregor der Große († 604) verfasste. Gregor betonte in der *Vita* vor allem hagiografische Aspekte und stellte Benedikt als *Vir Dei*, als einen Gottesmann vor, der prophetische Gaben besaß, Wunderheilungen vollbrachte und seinen eigenen Tod voraussagte. Sein Name Benedictus, der Gesegnete, war Programm. Nach verschiedenen Lebensstationen ließ sich Benedikt mit einer Schar Mönche auf dem Monte Cassino nieder. Die ihm zugeschriebene Klosterregel resultierte aus eigenen Erfahrungen und fußt auf bereits existierenden Regeln. Die Attraktivität der Benediktregel besteht in ihrem moderaten Charakter. Die in 72 Kapiteln gegebenen Weisungen (*praeceptae*) erlauben immer eine gewisse Flexibilität in der Führung des Konvents und damit eine Anpassung an sich ändernde historische Umstände. Als Ziel und Motiv des Handelns galt die vollendete Gottesliebe (*caritas Dei*). Maßhalten und kluge Entscheidungsfähigkeit (*discretio*) sollten die konkrete Ausgestaltung des Klosterlebens bestimmen. Im Mittelpunkt stand das Stundengebet. Benedikt betonte persönliche Armut, Keuschheit und den unbedingten Gehorsam. Doch setzte die Aufgabe des Eigenwillens, d.h. die bedingungslose Unterordnung des Einzelnen, ein hohes Maß an Verantwortung beim Abt voraus, in dessen Obhut sich alle letztlich begaben. Nächstenliebe (*caritas*) bedeutete auch Rücksichtnahme auf die Schwächeren. Gemäß dem Ideal der Urgemeinde sollten die Mönche alles gemeinsam haben, gemeinsam beten, arbeiten, ruhen und ihre Mahlzeiten einnehmen. Unter Führung des Evangeliums (*per ducatum evangelii*) war es dem Mönch aufgegeben, demütig seinen Weg zum Seelenheil zu beschreiten, ein tugendhaftes Leben zu führen und sich vor Überheblichkeit zu hüten. Der Erfolg jedoch bedurfte immer der Gnade Gottes.

2. Die karolingische Klosterreform

Einen Meilenstein in der Geschichte des abendländischen Mönchtums bedeuteten die kirchlichen Reformen, die unter Karl dem Großen († 814) eingeleitet und von seinem Nachfolger Ludwig dem Frommen († 830) weitergeführt worden sind (Abb. 2). Man bezeichnet heute die Ära auch gern als Karolingische Renaissance, wenngleich der Begriff Renaissance problematisch ist. Das Phänomen jedoch, das gesamte Herrschaftsgebiet auf unterschiedlichen Ebenen (u.a. Verwaltung, Heereswesen, Kirche) zu effektivieren, gegebenenfalls auch neu zu strukturieren bzw. zu organisieren, bleibt bemerkenswert. Karl stellte die Kirche in den Dienst des Reiches, inszenierte sich vorbildhaft als christlichen

2 ► Müstair (Kt. Graubünden), Benediktinerinnenkloster St. Johann, Klosterkirche. Die lebensgroße Stuckfigur Karls d. Großen unter dem spätgotischen Baldachin stammt wahrscheinlich aus der 2. Hälfte des 12. Jh.s und erinnert an ihn als Klostergründer.

Herrscher schlechthin und reformierte die kirchliche Sphäre gleich dem weltlichen Bereich. Neben organisatorischen und strukturellen Veränderungen, auf die gleich näher einzugehen ist, gab es aber auch inhaltliche Korrekturen. Letztere betrafen vor allem die Liturgie sowie die in diesem Zusammenhang zu redigierenden religiösen Texte, die möglichst authentisch sein sollten. Diese Maßnahmen gingen einher mit der Verbesserung und dem Ausbau der Bildung, deren Träger der Klerus war und deren Zentren die Dom- und Klosterschulen bildeten, an deren Spitze die Hofschule Karls unter der Leitung von Alkuin († 804) stand.

Die karolingische Klosterreform ist vor allem mit dem Namen Benedikt von Aniane († 821) verbunden. Es ist keine Reform, die von den Mönchen ausging, sondern eine, die von oben nach unten wirken sollte. Benedikt, der eigentlich Witiza hieß, entstammte einem adligen Elternhaus. Am Hofe Pippins des Jüngeren († 768) und Karls des Großen militärisch ausgebildet, erhielt sein Leben mit dem tragischen Tod seines Bruders eine radikale Wende. Benedikt zog sich auf das väterliche Landgut Aniane bei Montpellier als Anachoret zurück. Die Radikalität des Lebens stieß Jünger ab. Nach mehreren Krisen übernahm Benedikt die *Regula Benedicti* und formierte einen Konvent, dessen Vorbildlichkeit über die regionalen Grenzen hinaus wirkte. Auf Befehl Ludwigs des Frommen wurde er 814 Abt von Maursmünster/Marmoutier (Département Bas-Rhin) und erhielt nur wenig später den Auftrag, in der Nähe von Aachen ein Kloster zu gründen. Kloster Inda (Kornelimünster) wurde so zur Musterabtei.

Für die Ausrichtung des Mönchtums ist vor allem die Synode von Aachen 816/17 von Bedeutung. Ludwig der Fromme wies im Kontext der *Renovatio regni Francorum*, der Erneuerung des Frankenreiches, alle religiösen Gemeinschaften an, sich entweder als Mönche und Nonnen für die *Regula Benedicti* oder als Kanoniker und Kanonissen für die Kanonikerregel (*Institutiones Aquisgranenses*) zu entscheiden. Das ambitionierte Projekt sah nicht nur vor, dass sich die jeweiligen Lebensformen auf eine Regel beziehen, sondern auch denselben Ausführungsbestimmungen (*consuetudines*) folgen sollten. Letzteres ließ sich jedoch nicht durchsetzen. Der Versuch der Vereinheitlichung gemeinschaftlicher religiöser Lebensformen bildete die Voraussetzung dafür, dass überhaupt eine Art Gemeinschaftsbewusstsein oder Identität in der Lebensform entstehen konnte, wie es für die späteren Orden im Hochmittelalter maßgeblich wurde.

Aus karolingischer Zeit sind nur noch wenige Baudenkmale überliefert. Eines der prominentesten ist das benediktinische Kloster Sankt Johann in Müstair (Abb. 3), dessen Name sich vom althochdeutschen Begriff *munistiri* herleitet, der wiederum auf das lateinische *monasterium* (Kloster/Einsiedelei) zurückgeht. Das Kloster im Graubündener Hochtal Val Müstair war eine karolingische Gründung, zumindest zeigen dendrochronologische Untersuchungen, dass die ältesten Teile der Klosteranlage bis in das letzte Viertel des 8. Jahrhunderts zurückreichen. Die erste schriftliche Erwähnung findet sich im Verbrüderungsbuch des Klosters Reichenau (1. Viertel 9. Jahrhundert). Das ursprüngliche Männerkloster wurde im 12. Jahrhundert mit einem Frauenkonvent, der bis heute existiert, neu belebt.

Die heutige Klosterkirche (Abb. 4) ist eine rippengewölbte Hallenkirche, die im Osten mit drei Apsiden schließt, wobei die mittlere als Hauptapsis etwas größer ausgebildet ist. Das Netzgewölbe, die Spitzbogenfenster und die Westempore stammen aus dem ausgehenden 15. Jahrhundert. Der karolingische Bau bestand aus einer flach gedeckten Saalkirche. Ursprünglich besaß sie durch Anbauten im Osten zwei Apsiden mehr, der nördliche beherbergte die Martinskapelle (heute Sakristei) und der südliche die Benediktkapelle. Im Norden der Kirche schließt sich ein auf ottonische Zeit zurückgehender Wohnturm an und westlich von ihr liegt die Klausur mit zwei

3 ▲ Müstair (Kt. Graubünden), Benediktinerinnenkloster St. Johann, Ansicht der Klosterkirche von Nordosten. Rechts neben den Chorapsiden steht der Plantaturm. Er stellt ein hervorragendes Beispiel eines mittelalterlichen bischöflichen Wohn- und Wehrturms dar.

4 ▲ Müstair (Kt. Graubünden), Benediktinerinnenkloster St. Johann, Innenraum der Klosterkirche, Blick nach Nordosten. Die spätgotischen Gewölbe mit ihren steil aufragenden Rundpfeilern vermitteln heute einen völlig anderen Raumeindruck. Ursprünglich wurde der Hauptraum nur von einer hölzernen Flachdecke überspannt.

6 ▲ Müstair (Kt. Graubünden), Benediktinerinnenkloster St. Johann, Heiligkreuzkapelle, Ansicht von Norden. Die zweigeschossige Kapelle geht in ihrer Bausubstanz auf das ausgehende 8. Jh. zurück und besitzt im Obergeschoss noch wertvolle Wandmalereien aus der Zeit um 1000.

5 ▲ Müstair (Kt. Graubünden), Benediktinerinnenkloster St. Johann, Ulrichskapelle. Am westlichen Kreuzgangflügel befindet sich die doppelgeschossige Kapelle St. Ulrich und St. Nikolaus. Die romanischen Stuckarbeiten in der unteren Ulrichskapelle zeigen neben Ornamenten auch Engelsfiguren und Evangelistensymbole.

Innenhöfen. Im Westflügel des nördlichen Innenhofes befindet sich die doppelgeschossige Kapelle Sankt Ulrich und Sankt Nikolaus mit qualitätvollen Stuckarbeiten aus dem 11. Jahrhundert. Die untere Kapelle zeigt im Gewölbe vier Engelsfiguren (Abb. 5) und die vier Evangelistensymbole in den Zwickeln. Sie war Teil der alten Bischofsresidenz. An der Kirchensüdwand schließt ein Glockenturm an, der in den unteren Teilen auf das 12. Jahrhundert zurückgeht. Südlich der Kirche befindet sich die zweigeschossige Heiligkreuzkapelle aus dem späten 8. Jahrhundert (Abb. 6).

Berühmt ist die Kirche für ihre Ausmalungen aus karolingischer Zeit (Abb. 7). Das Bildprogramm, von dem heute noch große Teile erhalten sind, füllte einst die gesamten Wandflächen. Die durch das Gewölbe verdeckten Bildfelder der oberen Reihe sind 1908/09 abgenommen und ins Schweizerische Landesmuseum nach Zürich überführt worden. Außerdem wur-

den Teile in den Apsiden in der zweiten Hälfte des 12. Jahrhunderts neu ausgemalt. Insgesamt dominieren mit den Szenen aus dem Leben Jesu und der Apostel neutestamentarische Themen. In der Kalotte der Mittelapsis befindet sich eine Darstellung der Majestas Domini, die Christus thronend in der Mandorla zeigt. Dem gegenüber an der Westwand sind noch Reste der Darstellung des Jüngsten Gerichts erhalten.

7 ▲ Müstair (Kt. Graubünden), Benediktinerinnenkloster St. Johann, Wandmalerei an der nördlichen Wand des Kirchenraums. Die Kirche war bereits im 9. Jh. komplett ausgemalt und verfügt noch heute über einen beachtlichen Bestand karolingischer Wandmalerei, wofür die Szene der „Flucht nach Ägypten" (Mt 13 – 15) ein eindrucksvolles Beispiel liefert.

3. Die Reformen der Cluniazenser und Hirsauer

Als Herzog Wilhelm der Fromme von Aquitanien († 918) am 11. September 910 das burgundische Kloster Cluny (Département Saône-et-Loire) stiftete, stand die Familienmemoria im Vordergrund, nicht eine Klosterreform. Wilhelm beauftragte Abt Berno von Baume († 927) mit der Klostergründung. Die Klosterkirche wurde den Titelheiligen Peter und Paul geweiht. Die Mönche sollten nach der Benediktregel leben. Die Stiftung hatte jedoch einige Besonderheiten, die für spätere Zeiten Maßstäbe setzten. Der Herzog und seine Nachfahren verzichteten auf die aus dem Eigenkirchenrecht resultierenden Ansprüche gegenüber dem Kloster. Um die Abtei vor weltlichen und geistlichen Übergriffen zu schützen, wurde sie direkt dem Papst unterstellt. Zudem garantierte der Stifter dem Konvent das Recht der freien Abtwahl. Da Abt Berno mehrere Klöster leitete, bestimmte er in seinem Testament, dass Odo den Klöstern Cluny, Massay und Déols vorstehen sollte, sein Neffe Wido Gigny, Ethice und Baume erhielt.

Abt Odo (927 – 942), der aus einer aquitanischen Adelsfamilie stammte und eine hohe Bildung erwarb, etablierte Cluny als eigenständiges Reformzentrum. Befördert wurde seine Politik durch päpstliche Pri-

8 ▸ Cluny (Dep. Saône-et-Loire), Rekonstruktion der Klosterkirche St. Peter und Paul (Cluny II) nach Kenneth Conant. Der Aufriss ist, da kein aufgehendes Mauerwerk erhalten ist, rein hypothetisch. Doch sind die Abmessungen verglichen mit der späteren Klosterkirche von Cluny III sehr moderat.

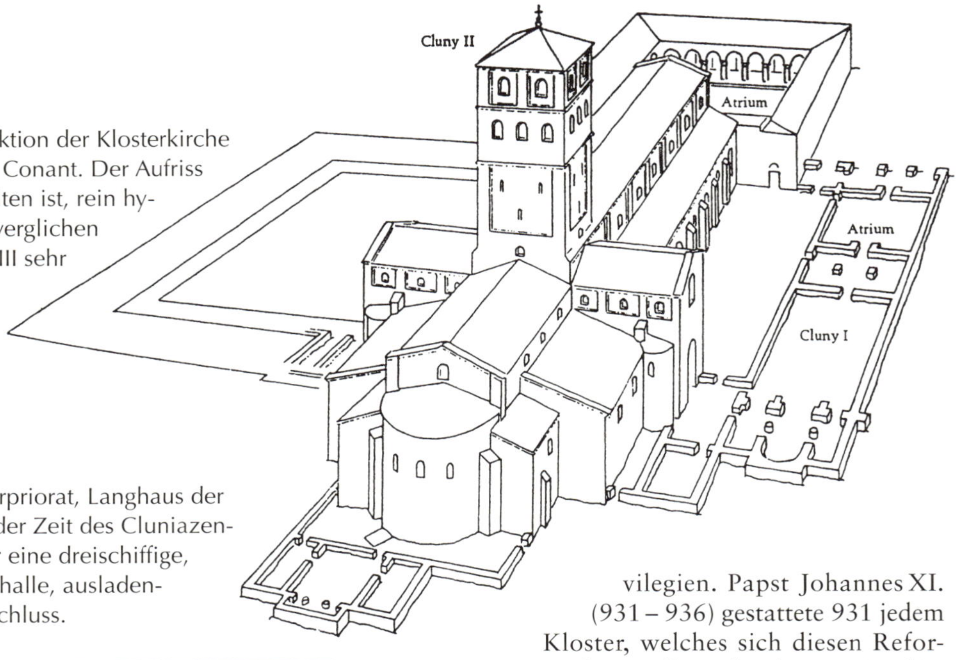

9 ▾ Romainmôtier (Kt. Waadt), Cluniazenserpriorat, Langhaus der Klosterkirche, Blick nach Westen. Die in der Zeit des Cluniazenserabtes Odilo errichtete dritte Kirche war eine dreischiffige, flachgedeckte Rundpfeilerbasilika mit Vorhalle, ausladendem Querhaus und dreiapsidialem Chorschluss.

vilegien. Papst Johannes XI. (931 – 936) gestattete 931 jedem Kloster, welches sich diesen Reformen unterziehen wollte, oder dessen Eigenkirchenherr eine derartige Reform für sein Kloster vorsah, in den cluniazensischen Klosterverband zu wechseln. Zudem durfte jeder Mönch, dessen Kloster sich Reformen verschloss, in Cluny aufgenommen werden. Papst Gregor V. (996 – 999) befreite das Kloster von der bischöflichen Aufsicht. Dieses Privileg wurde 1024 auf den gesamten Klosterverband ausgedehnt. Die cluniazensische Klosterreform war weitgehend eine Reform von „oben", indem vor allem Eigenkirchenherren ihre bereits bestehenden Klöster durch den Abt von oder durch Mönche aus Cluny reformieren ließen.

Einen nicht unerheblichen Anteil an dem Erfolg von Cluny hatten die Odo folgenden Äbte, die durch ihre kluge Politik und, ausgenommen Aimard (942 bis ca. 954, † 965), begünstigt durch lange Amtszeiten Kontinuität sicherten: Majolus (ca. 954 – 994), Odilo (994 – 1049) und Hugo (1049 – 1109). Zu Beginn des 12. Jahrhunderts zeichneten sich erste Spannungen ab, die sowohl aus ökonomischen Problemen resultierten als auch aus der Konkurrenz zu den neuen Reformorden, die ein attraktiveres spirituelles Angebot offerierten. Abt Pontius von Melgueil (1109 – 1122) dankte vorzeitig ab, sein Nachfolger Petrus Venerabilis (1122 – 1157) bemühte sich um Schadensbegrenzung und führte neue Organisationsformen ein. Sein Abbatiat war überschattet durch den Observanzenstreit mit den Zisterziensern, die mit Bernhard von Clairvaux (1090 – 1153) einen wortgewaltigen Propagandisten in ihrer Sache besaßen.

Der cluniazensische Klosterverband war so organisiert, dass dem Hauptkloster und seinem Abt die Nebenklöster unterstanden, die von Prioren geleitet wurden, weshalb diese Form der Verfassung auch als Prioratsverfassung bezeichnet wird. Formal war jeder Mönch Mönch von Cluny. Ursprünglich legten die Mönche ihre Profess in Cluny auf den dortigen Abt ab und gelobten diesem Gehorsam. Die schnelle Expansion über die damaligen Landesgrenzen hinweg – man rechnet mit ungefähr 1200 Klöstern – verlieh vielen Klöstern eine relative Autonomie. Die Cluny direkt unterstellten Priorate besaßen die engste Bindung zum Hauptkloster. Inkorporierte Abteien behielten ihren eigenen Abt, der den anderen Prioren gleichgestellt war. Auch verfügten die von Cluny abhängigen und kontrollierten Abteien weitgehend über eine relative Autonomie (u.a. Vézelay, Saint-Gilles, Moissac). Es gab aber auch Klöster, die die cluniazensischen Gewohnheiten übernahmen, wie Kloster Hirsau im Schwarzwald, ohne sich rechtlich eingliedern zu lassen.

Alle Klöster folgten der Regel Benedikts und verpflichteten sich, dieselben Gewohnheiten zu beobachten. Die *consuetudines*, so Kassius Hallinger, erlaubten es, die jeweils geltende Klosterregel zu interpretieren, zu ergänzen, abzuändern und zu sichern. Sie wirkten, indem sie in mehreren Klöstern beobachtet wurden, zugleich identitätsstiftend. Die cluniazensischen Gewohnheiten entstanden in mehreren Redaktionsstufen, wobei die ältesten unter Abt Majolus niedergeschrieben wurden. Es folgen die Konstitutionen von Farfa (*Liber Tramitis*, 1043), Redaktionen von Bernhard von Cluny (um 1075) und Ulrich von Cluny (um 1083) sowie die letzte Bearbeitung unter Petrus Venerabilis. Die cluniazensische Reform bewegte sich innerhalb des traditionellen benediktinischen Mönchtums und stellte Weltabgeschiedenheit und Gotteslob wieder in den Mittelpunkt mönchischen Daseins. Letzteres führte im Hauptkloster zu einer ausgedehnten Liturgiefeier, die ein immerwährendes Gotteslob (*laus perennis*) vorsah. Zugleich etablierte der Klosterverband eine weitgestreute Gebetsverbrüderung. Diese Form des kollektiven Gedenkens und Fürbittens ließ cluniazensische Klöster für Stifter, deren primärer Wunsch das eigene Seelenheil und das ihrer Sippe war, besonders attraktiv erscheinen.

Clunys Einfluss wuchs nicht nur über die steigende Zahl der Abteien und Priorate, durch Neugründung von Niederlassungen, Reformierung bestehender Klöster oder durch die Neubesiedelung alter Abteien, sondern auch durch all jene Mönche, die zu Funktionsträgern in der kirchlichen Verwaltung aufstiegen, zu Bischöfen geweiht, zu Erzbischöfen und Kardinälen ernannt oder zum Papst gewählt wurden.

Die erste Abteikirche von Cluny (Cluny I) wurde unter Abt Berno 915 geweiht. Über sie ist nichts bekannt. Abt Majolus ließ eine neue Kirche (Cluny II) errichten, die 981 geweiht wurde (Abb. 8). Sie wurde von Kenneth Conant durch Ausgrabungen erschlossen. Die Klosterkirche besaß ein dreischiffiges Langhaus, ein weit ausladendes Querhaus, an dessen jeweiligen Enden sich eine Apside befand, sowie ein langgestrecktes Presbyterium mit gestaffelten Apsiden. Westlich des Langhauses schlossen sich eine Vorhalle und wohl auch noch ein Atrium an. Im westschweizerischen Romainmôtier (Kt. Waadt, Abb. 9) und mit Peterlingen/Payerne (Kt. Waadt, Abb. 10) haben sich noch zwei cluniazensische Prioratskirchen erhalten, die in der Nachfolge von Cluny II interpretiert wer-

10 ▲ Payerne (Kt. Waadt), Cluniazenserpriorat, Klosterkirche, Blick nach Osten. Die romanische Klosterkirche, deren Baugeschichte sehr komplex ist, verfügt noch über figürlich gestaltete Kapitelle in der Vierung, den Querschiffarmen und dem Chor (Ende 11. Jh.) sowie über qualitätvolle Wandmalereien im Westbau (um 1200).

11 ◂ Cluny (Dep. Saône-et-Loire), Cluny III, südliches Querhaus, Blick in das Gewölbe. Die Teile des südlichen Querhausarms sind die spärlichen Reste der einst größten Basilika der Christenheit. Das linke Joch zeigt noch den ursprünglichen Wandaufriss mit Arkaden, Blendtriforium und Obergaden.

den. Von Cluny III, die bis in die Renaissance als größte Kirche der Christenheit galt, blieb nach Säkularisierung, Verkauf und Abbruch nur noch ein Teil des südlichen Querhauses übrig (Abb. 11). Im deutschen Sprachraum wirkten die Reformen Clunys vor allem über das Schwarzwaldkloster Hirsau, welches zwischen 1070 und 1120 als Reformzentrum überregional ausstrahlte und gleichsam als „Morgenstern" (*stella matutina*) anderen den Weg wies. Es sei, so die *Vita Paulinae* (Kap. 29), „ein Spiegel und eine Lehrmeisterin der gesamten klösterlichen Zucht" gewesen.

Kloster Sankt Aurelius in Hirsau war eine karolingische Gründung, die, aus welchen Gründen auch immer, keinen Bestand hatte. In der Mitte des 11. Jahrhunderts überzeugte Papst Leo IX. (1049 – 1054) seinen Neffen, den Grafen Adalbert von Calw, das brachliegende Kloster neu zu besiedeln. Im Jahr 1065 zogen Mönche aus Einsiedeln (Kt. Schwyz), das zu jener Zeit ein anerkanntes Reformzentrum im süddeutschen Raum war, ein. Nur vier Jahre später musste Abt Friedrich, der aus Einsiedeln stammte, zurücktreten. Seine Stelle nahm Wilhelm, Mönch von Sankt Emmeram in Regensburg, ein (Abb. 12). Wilhelm ließ sich jedoch erst 1071 weihen, nachdem er den Grafen von Calw zum Verzicht auf seine Rechte als Eigenkirchenherr bewegen konnte. Die neue Unabhängigkeit kommt auch im „Hirsauer Formular", einer Urkunde König Heinrichs IV. (1065 – 1106) aus dem Jahr 1075, zum Ausdruck, deren Echtheit lange bezweifelt wurde. Hierin bestätigte der König dem Kloster sämtliche Rechte.

Im ausgehenden Jahrzehnt kam es zu einer bedeutenden Zäsur. Abt Wilhelm entschied, die Gewohnheiten von Cluny zu übernehmen. Im Ergebnis wurden die von ihm zwischen 1085 – 1089 verfassten *Constitutiones Hirsaugiensis* eingeführt. Sie bestehen aus dem Prolog und zwei Büchern, ohne den *Liber Ordinarius*, der die liturgischen Bestimmungen zum Gottesdienst enthält. Im Prolog – der in den ältesten Handschriften noch fehlt – gibt Wilhelm Auskunft über die Umstände der Übernahme. Abt Bernhard von Saint-Victor in Marseille, der ihn als päpstlicher Legat in Hirsau besuchte, machte ihn auf die Gewohnheiten von Cluny aufmerksam. Sein Freund aus Regensburger Tagen, Ulrich, nun Mönch in Cluny, empfahl sie ihm ebenfalls anlässlich eines Besuches und schickte später eine Abschrift in zwei Büchern nach Hirsau. Schließlich soll ihm Abt Hugo von Cluny geraten haben, die cluniazensischen Gewohnheiten für sein eigenes Kloster anzupassen. Dem Rat folgend wurden die Bestimmungen in Details verändert und ergänzt. Wilhelm schickte sogar mehrmals Mönche nach Cluny, um den Alltag im Lichte des normativen Textes möglichst authentisch beurteilen zu können.

Von der Vorstellung getrieben, nichts dem Zufall zu überlassen, auch nicht mit Blick auf alltägliche Verrichtungen, bilden die Gewohnheiten, wie die

Studie von Gerd Zimmermann zeigt, trotz ihres normativen Charakters eine profunde Quelle zur Rekonstruktion klösterlichen Alltagslebens.

Grundlegend für das Verhalten eines Mönches war die Anschauung, dass sich dessen geistige Haltung auch in seinem Habitus ausdrücken sollte, dem *homo interior* der *homo exterior* korrespondiere, eine innere Einstellung eine adäquate äußere Ausdrucksform erfordere. So wurde selbst banalen Verrichtungen, wie dem Zubettgehen oder dem Gang auf die Latrine, eine erstaunliche Aufmerksamkeit zuteil. Es ging dabei nicht nur um Affektbeherrschung. Im Mönchtum cluniazensischer Prägung avancierten hygienische Standards zum ästhetischen Prinzip. Dabei war der Grat zwischen gelebtem Ritus und formalisiertem Ritual recht schmal. Aber es ging nicht nur darum. Abt Wilhelm, ein kluger, weitsichtiger und frommer Mann, vermochte es, schenkt man seiner *Vita* (7) Glauben, die Reformideen authentisch durch eigenes Beispiel vorzuleben, Worte und Taten in Einklang zu bringen. Er wollte weder aufwendige Kleider für die Mönche noch für die Liturgie. Als Abt aß er mit den Mönchen im Refektorium und verzichtete auf Sonderkost. Auch nahm er aus Gründen der Demut Abstand von Ehrbezeigungen wie dem Hand- oder Kniekuss.

Die spirituellen Grundlagen der Hirsauer Reform finden sich bereits bei den Kirchenvätern. Um diese angemessen verwirklichen zu können, waren die freie Wahl des Abtes und die relative Unhabhängigkeit gegenüber den Landesherren besonders wichtig. Weltverachtung (*contemptus mundi*) und apostolisches Leben (*vita apostolica*) galt es unter den zeitgenössischen Umständen zu verwirklichen. „Viele Adlige und Nichtadlige, Geistliche und Laien, aber auch Mönche aus anderen Klöstern", so der Chronist der Petershauser Chronik (II,48) über Hirsau, „strömten dort zusammen; und aus dem Sturm des Fluches, der damals das Schiff der Kirche umbrandete, retteten sie sich gleichsam wie aus einem schweren Schiffbruch in den Hafen und freuten sich, daß sie Ruhe und das ersehnte Heil gefunden hatten." In Analogie zu den sechs Flügeln des Cherubim setzte der Chronist die Teile des Mönchsgewandes mit Werten wie Weltverachtung (*contemptus mundi*), Gehorsam (*oboedientia*), Stillschweigen (*silentium*), ein Leben fern vom Getöse der Welt (*sequestratio a mundi strepitu*), Meditation über das Wort Gottes (*meditatio divinae lectionis*) und immerwährendes Gebet (*assidua oratio*) symbolisch in Beziehung (Prolog, 2). Doch war auch theologisch gebildeten Zeitgenossen wie Honorius Augustodunensis klar, dass selbst das Kloster kein vollkommener Ort sein könne. Das Paradoxon, die Welt zu fliehen und doch nicht ganz aus ihr scheiden zu können, zwang in allen Zeiten zu Kompromissen.

12 ◂ Stuttgart, Württembergische Landesbibliothek, Cod. hist. qt. 147, f. 1v. Die Miniatur aus dem Codex traditionum monasterii Reichenbachensis (um 1150) zeigt Abt Wilhelm von Hirsau mit Stab, Albe und Pluviale. Es ist die einzig überlieferte Darstellung des berühmten Abts.

Die Geschichte der Kompromisse spiegelt das Leben im Paradies auf Erden.

Während die Regel Benedikts im Kontext des Laienmönchtums eine Ausgewogenheit von Arbeiten, Ruhen und Beten vorsah, war diese Forderung mit der Klerikalisierung des Mönchtums endgültig passé. Laienbrüdern, die ohne Weihe als Erwachsene ins Kloster eintraten, fiel die organisatorisch-materielle Sicherstellung des klösterlichen Lebens zu. Sie erhielten dafür zwar spirituellen Lohn, doch schrieben sie auch eine Arbeitsteilung in geistige und körperliche Tätigkeiten fest. In jener Zeit muss das Leben als *conversus* oder *frater exterior* eine relativ hohe Attraktivität besessen haben. So berichtet Bernold von Sankt Blasien († 1100) in seiner Chronik zum Jahr 1083, dass in Hirsau, Schaffhausen und Sankt Blasien viele Adlige auch als Laienbrüder eintraten. Sie seien sich nicht zu schade gewesen, in Küche und Bäckerei den Brüdern zu dienen sowie deren Schweine zu hüten. Die Klostergemeinschaft, so Klaus Schreiner, gebot eine schichtenübergreifende gesellschaftliche Homogenität. Die an ständischen Leitbildern orientierte Lebenspraxis sollte durch ein christliches Ethos ersetzt werden.

Eine Schnittstelle zur Welt, zugleich aber auch ein Gebot klösterlicher *caritas* war die Fürsorge für

Arme und Kranke, für Pilger und Reisende. Kellermeister, Gastmeister und Almosenverwalter waren hier besonders in der Pflicht. Gleichwohl gab es bei der Armenfürsorge und Gästebetreuung ständische Unterschiede, obwohl Benedikt eine Betreuung vor allem nach dem Grad der Bedürftigkeit forderte. Arme hätten also mehr Aufmerksamkeit erhalten müssen als Reiche. Ganz in der Tradition Clunys wurde in Hirsau die Armenfürsorge mit dem Totengedächtnis verknüpft. Im Gegensatz zu Cluny, wo die diesbezüglichen Ausgaben aufgrund der extensiven Gebetsverbrüderung das Kloster an den Rand des finanziellen Ruins trieben, beschränkte Abt Wilhelm die Ausgaben. Nur zu den Anniversarien der Äbte und Stifter waren zwölf Arme zu verköstigen.

Die Hirsauer Reform war eine Reform von „oben" im Kontext des Investiturstreites. Cluny vergleichbar wurden meist bestehende Klöster auf Wunsch der Eigenkirchenherren reformiert, indem man diese in die (vorübergehende) Obhut des Abtes von Hirsau gab oder temporär Mönche aus Hirsau anforderte, um den alten Konvent an den neuen Gewohnheiten zu schulen. Die Hirsauer Reform führte weder zu einer ordensähnlichen Struktur noch zu einem fest umrissenen Klosterverband, der äußerlich zu einer überregionalen architektonischen Formensprache fand, wie sie die ältere kunsthistorische Forschung lange zu beweisen suchte. Bereits erste Untersuchungen zu einer kritischen Edition der *Consuetudines* zeigen, dass selbst grundlegende Vorstellungen Abt Wilhelms, wie die Investitur des Abtes durch den Ortsbischof oder die Verweigerung der Annahme von Kleinkindern (*pueri oblati*), nicht sklavisch übernommen wurden. Die Untersuchung der Klosterarchitektur wird zeigen, dass sich die Forschung vom Gedanken einer „Hirsauer Bauschule" längst verabschiedet hat.

Die Hirsauer Reform wirkte ein halbes Jahrhundert. Bereits im zweiten Viertel des 12. Jahrhunderts forderte Papst Innozenz II. (1130 – 1143) die Zisterzienser auf, Mönche, die aus Hirsau entlaufen waren, nicht aufzunehmen. Die Bitte kam vom Hirsauer Abt Volmar (1120 – 1156). Das Kloster hatte seinen Zenit überschritten und die *stella matutina* ihre Leuchtkraft verloren.

4. Das Reformmönchtum im 12. Jahrhundert

Im ausgehenden 11. Jahrhundert kam es zu einer Reihe von Reformbestrebungen innerhalb des Mönchtums, die die gesamte Spanne vom eremitischen bis zum zönobitischen Mönchtum umfasste. Beklagt wurde weniger ein Verfall individueller Frömmigkeit als vielmehr eine zunehmende Verflechtung des Mönchslebens mit der Welt, sodass das Ideal kontemplativen Lebens, die Zwiesprache des Einzelnen mit Gott, in Gefahr zu geraten schien. Die Gründe für dieses Unbehagen waren vielfältig: Klerikalisierung des Mönchtums, eine stetig steigende Zahl von Privatmessen, zunehmende Einbindung der Mönche in Pfarraufgaben bis hin zur Missionierung. Andererseits milderten materieller Wohlstand und gestiegener Lebensstandard die vormals strenge Askese. Äbte, die zugleich als Grundherren agierten, führten sich auf wie Fürsten. Schließlich wurde auch die strikte Abgeschiedenheit des Lebens in Klausur in verschiedener Hinsicht milder gehandhabt.

Auf der Suche nach einer authentischen Lebensweise, in der die Ideale der Apostel und des Urchristentums wieder hergestellt werden konnten, kam es zu einer Vielzahl von Klostergründungen, denen unterschiedliche religiöse Lebensentwürfe zugrunde lagen, die sich jedoch alle auf das Evangelium beriefen, die *vita apostolica* und eine strenge Nachfolge Christi anstrebten. Um die Jahrhundertwende entstanden Eremitensiedlungen wie Vallombrosa, Fonte Avellana, Grottaferrata und Camaldoli, semi-eremitisches Leben wie das der Kartäuser, aber auch am benediktinischen Mönchtum orientierte Reformen wie die der Zisterzienser oder jener Gemeinschaft, der Vitalis von Savigny († 1122) vorstand. Hinzu kamen Bestrebungen, monastisches Leben für beide Geschlechter innerhalb eines Klosters zu organisieren, wie es Robert d'Arbrissel († 1117) in Fontevrault oder später Gilbert von Sempringham († 1189) in England versuchte.

Kartäuser

Eine der bis heute erfolgreichsten klösterlichen Lebensweisen, die der Kartäuser (*Ordo Cartusiae*), geht auf den hl. Bruno (um 1030 – 1101) zurück. Sie wurde bereits von Zeitgenossen gerühmt. Der Benediktinerabt Guibert de Nogent († um 1125) lobte Brunos Frömmigkeit und beschrieb das erste Kartäuserkloster in seinem autobiografischen Werk *De Vita sua* (I,11). Der Zisterzienser Wilhelm von Saint-Thierry (1148/49) pries in seinem Goldenen Brief (*Epistola ad fratres de Monte Dei*) die Spiritualität der Kartäuser voller Bewunderung.

Bruno, der aus Köln stammte, besuchte bereits in jungen Jahren die Kathedralschule von Reims, wo er später auch als Magister lehrte, dem Domkapitel angehörte und ab 1075 erzbischöflicher Kanzler war. Aufgrund verschiedener Querelen zog sich Bruno 1081/83 mit einigen Gefährten in die Einsamkeit nach Sèche-Fontaine nahe der Abtei Molesme zurück. Wie viele seiner Zeitgenossen, suchte er nicht nach einem alternativen religiösen Lebensmodell für viele, sondern für sich einen Weg individueller religiöser Selbstverwirklichung. Auf Einladung des Bischofs von Grenoble, Hugo von Châteauneuf (1080 – 1132), siedelte Bruno zusammen mit einigen Gefährten fern der Zivilisation in einem Hochtal bei Grenoble. Der Name Kartause (lat. *cartusia*) ist vom Namen der Bergkette (*la Chartreuse*) abgeleitet. Zur Gemeinschaft gehörten neben Bruno, der sich selbst nur als Prior verstand, dessen späterer Nachfolger, Meister Landuin, zwei Kanoniker von Saint-Ruf (Avignon), ein Kaplan namens Hugo, der Einzige mit priesterlichen Weihen, sowie zwei Laien. Auf fast 1200 Metern Höhe errichteten sie die ersten Zellen der Einsiedelei. Später folgte eine kleine Kirche aus Stein. Die begrenzten landwirtschaftlichen Ressourcen, vor allem aber die unwirtliche Lage und die langen Winter, schränkten die Versorgung stark ein, weshalb die Gemeinschaft lange Zeit auf zwölf Mönche und einen Prior, die der Laienbrüder auf 16 begrenzt blieb. Die kleine Schar lebte nicht nach einer konkreten Klosterregel, sondern folgte bereitwillig Brunos Maximen. Das strenge eremitische Leben in den Zellen erhielt einige gemeinschaftliche Aktivitäten. Matutin, Laudes und Vesper wurden gemeinsam in der Kirche gesungen. Messen wurden in der Frühzeit nur selten gefeiert.

Nach nur sechs Jahren wurde Bruno von Papst Urban II. (1088 – 1099) nach Rom berufen. Bereits ein Jahr später verließ er mit Erlaubnis des Papstes die Kurie wieder und gründete in La Torre (Kalabrien) eine weitere Einsiedelei, wo er 1101 starb. Im Zuge der Heiligsprechung wurde sein Leichnam 1514 in die Grande Chartreuse überführt.

Die plötzliche Abberufung Brunos nach Rom führte fast zur Auflösung des Konvents. Den Nachfolgern Landuin (1090 – 1100), Petrus (1100 – 1101) und Johannes (1101 – 1109) gelang es jedoch, die kleine Schar zu stabilisieren. Über Guigo I. (1109 – 1136), den fünften Prior, heißt es in der Magisterchronik: „Guigo renovierte und errichtete fast alle Gebäude des oberen und unteren Hauses neu und schuf einige steinerne Wasserleitungen von bewunderungswürdiger Ausführung und genialer Konzeption. Ferner widmete er dem Aufspüren, Kopieren und Korrigieren von authentischen Schriftwerken unermüdliches Interesse. Wir dürfen auch nicht mit Schweigen übergehen, dass im 23. Jahr seines Priorats [am 30. Januar 1132] sich plötzlich Schnee in Bewegung setzte, in unglaublichen Massen von den Felsgipfeln herabstürzte und alle Zellen der Mönche außer einer und mit ihnen sechs Mönche und einen Novizen in einem furchtbaren Wirbel mit sich fortriss und unter sich begrub“ (*Epist. Cart.*, dt. Übers. Greshake). Das am Ende geschilderte Ereignis führte letztlich zur Verlegung des Klosters talabwärts, wo es sich heute, wenngleich nicht mehr in seiner mittelalterlichen Gestalt, immer noch befindet (Abb. 13).

Unter Guigo wurden zwischen 1121 und 1127 die ersten Gewohnheiten (*Consuetudines Cartusiae*) niedergeschrieben. Es war ein Auftragswerk für die Prioren Bernhard von Portes, Humbert von Saint-Sulpice und Milon von Meyriat. Den 80 Kapitel umfassenden Text bestätigte Papst Innozenz II. (1130 – 1143) im Dezember 1133. Die Kartäuser folgten keiner speziellen Klosterregel, orientierten sich jedoch an benediktinischen Gewohnheiten cluniazensischer Prägung. In Guigos Amtszeit entstanden, ausgenommen La Torre, sieben weitere Kartausen, deren Mönche die Gewohnheiten der Grande Chartreuse freiwillig annahmen. Die Entwicklung zu einem monastischen Orden schritt erst unter seinem Nachfolger, Prior Anthelm (1139 – 1151), weiter voran. Dieser führte 1140 das erste Generalkapitel nach dem Vorbild der Zisterzienser ein, das ab 1155 jährlich zusammentrat. In jener Zeit verzichteten auch die Bischöfe auf ihre Jurisdiktionsgewalt über die Kartausen, die am Generalkapitel teilnahmen.

Im Vergleich zu den Zisterziensern und Prämonstratensern blieb die Zahl der Kartäuserklöster recht überschaubar. Im 12. Jahrhundert wurden 36 Klöster gegründet, davon allein 28 im Frankenreich. Im 13. Jahrhundert gab es 31 Neugründungen. Die Kartäuser erhielten im Spätmittelalter noch einmal einen Aufschwung. Im 14. und 15. Jahrhundert wurden Kartausen auch in Städten bzw. in Stadtnähe gestiftet. Das geflügelte Wort *Cartusia numquam reformata quia numquam deformata* – die Kartause ist niemals reformiert worden, weil sie nie deformiert war – idealisiert den Orden. Denn auch die Kartäuser passten sich über die Jahrhunderte den zeitgenössischen Umständen, wenn auch moderat, immer an.

Die Kartäuser hatten Laienbrüder, die sich anfangs nur durch ihre Tätigkeit von den Mönchen unterschieden. Ihre Aufgaben in den verschiedenen Werkstätten und der Landwirtschaft erlaubten es ihnen nicht, der strengen Observanz zu folgen. Wohl mit der Umsiedlung nach der Lawinenkatastrophe erhielten sie eigene Gebäude, die sich in einiger Entfernung zum Kloster talabwärts befanden (*La Correrie*). Die *fratres laici*, denen ein Prokurator vorstand, versammelten sich in einer eigenen Kapelle zum Gottesdienst. Nur an Sonn- und Festtagen nahmen sie in

13 ▲ Grande Chartreuse (Dep. Isère), Ansicht der Kartause von Nordosten. Die beeindruckende Lage im Hochtal bei Grenoble vermittelt den Besuchern noch heute eine Vorstellung von dem, was Abgeschiedenheit im 12. Jh. bedeuten konnte. Die Gebäude der Kartause stammen allerdings weitgehend aus dem 17. Jh. und wurden nach einem Brand neu errichtet.

der Grande Chartreuse an gemeinsamen liturgischen Feiern und Mahlzeiten teil.

Die spirituelle Haltung der Kartäuser kommt prägnant in einem Brief Guigos an einen Freund zum Ausdruck. Darin heißt es: „Dagegen ist das arme und einsame Leben zu Beginn schwierig, mit fortschreitender Verwirklichung einfach, am Ende himmlisch. In Widrigkeiten gewährt es Standfestigkeit, in Zweifeln Verlässlichkeit, im Glücken das rechte Maß. Es ist bescheiden im Lebensunterhalt, einfach in der Kleidung, zurückhaltend im Reden, lauter im Verhalten."

Zisterzienser

Die Geschichte des Zisterzienserordens (*Ordo Cisterciensis*) begann im Jahre 1098, als Abt Robert zusammen mit 21 Mönchen das eigene Kloster Molesme verließ, den alten Konvent spaltete und mit den Gleichgesinnten an „einen Ort des Schreckens und der öden Einsamkeit" (*Exordium Cistercii* 1,7) zog, um das Neukloster (*novum monasterium*) zu gründen. Der spätere Name Cîteaux leitet sich entweder von *cis tercium* (*lapidem miliarum*) – diesseits des dritten Meilensteins – her oder vom altfranzösischen Wort *cistels* für Röhricht, ein Hinweis auf die sumpfige Landschaft. Die zisterziensische Reform war eine innerhalb des benediktinischen Mönchtums. Im Gegensatz zur cluniazensischen oder hirsauischen Reform ging sie von den Mönchen selbst aus. Im Mittelpunkt standen die Rückkehr zur Reinheit der Regel Benedikts (*puritas regulae*) und apostolische Werte wie Armut (*paupertas*), Keuschheit (*castitas*) und Einfachheit (*simplicitas*). Für den Neuanfang nahm man sogar einen Bruch mit dem alten Kloster in Kauf, was die Gemeinschaft plötzlich außerhalb geltender Rechtsordnungen stellte. Sie fand jedoch Unterstützung durch Hugo von Die († 1106), Erzbischof von Lyon und päpstlicher Legat, Bischof Walter von Chalon-sur-Saône und Herzog Odo von Burgund († 1102). Robert erhielt aus den Händen von Bischof Walter den Hirtenstab, die Mönche gelobten dem Bischof Gehorsam und verpflichteten sich zur *stabilitas* an jenem Ort.

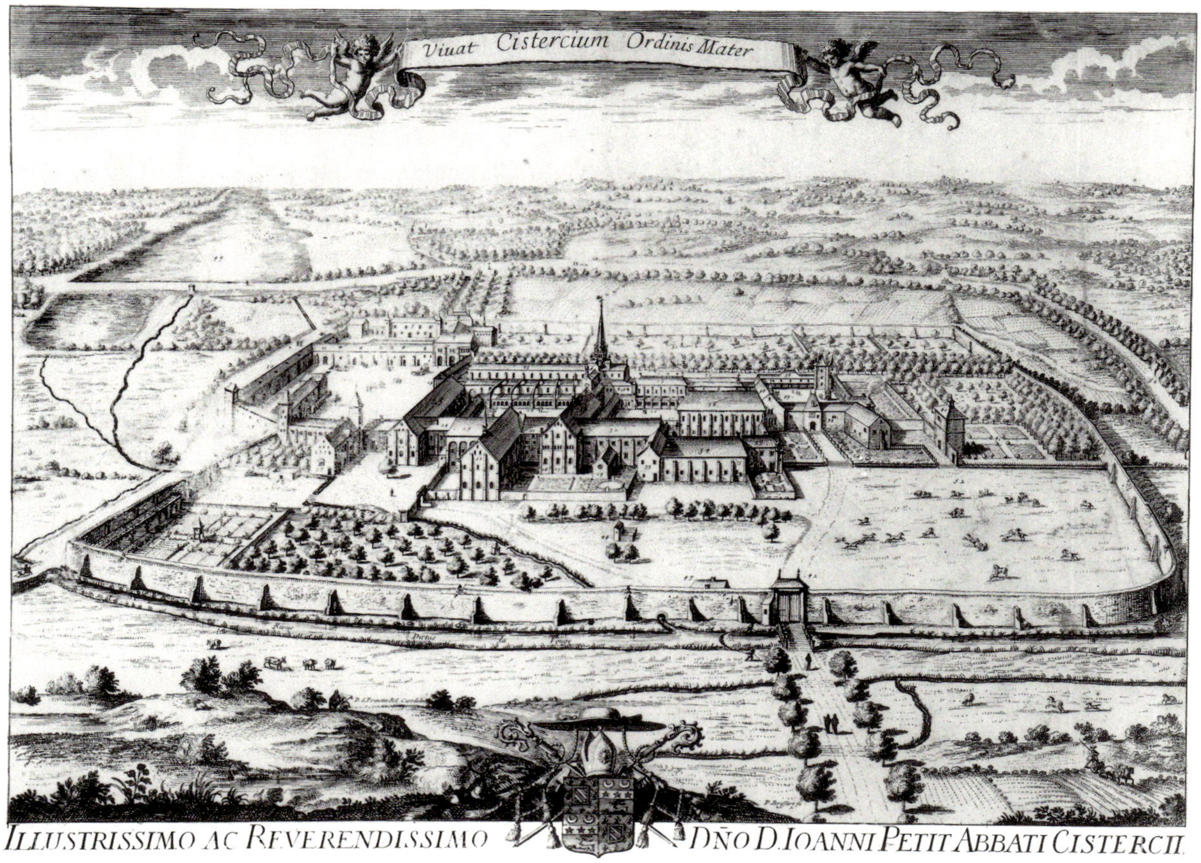

14 ◂ Dijon, Bibliothèque Municipale, Nr. 90110, Cîteaux (Dep. Côte-d'Or), Klosteranlage, Ansicht von Süden. Die vogelperspektivische Ansicht wurde von Pierre Brissart (1674) nach einer Zeichnung von Dom Étienne Prinstet gestochen. Von der einst großartigen Klosteranlage ist, abgesehen von einem spätmittelalterlichen Bibliotheksbau, nichts mehr übrig.

Robert war wohl ein frommer, jedoch unsteter Charakter. Die Mönche von Molesme, ihres Abtes beraubt, baten Papst Urban II. (1088 – 1099) um dessen Rückkehr. Auf den Befehl des Papstes und mit Billigung von Bischof Walter musste Robert bereits ein Jahr später in sein altes Kloster zurückkehren. Zu seinem Nachfolger wählten die Mönche von Cîteaux Alberich (1099 – 1108/09), einen gebildeten Mann, der sowohl in den geistlichen als auch weltlichen Dingen bewandert war.

Unter seinem Abbatiat wurde das Kloster, wohl wegen Wassermangels, an den heutigen Ort verlegt. Bischof Walter soll 1106 die erste Klosterkirche der Gottesmutter Maria geweiht haben. Mit dem *Privilegium Romanum*, der von Papst Paschalis II. (1099 – 1118) am 19. Oktober 1100 ausgestellten Bulle, wird die Existenz des Klosters offiziell anerkannt, seine Unabhängigkeit bestätigt und das *Novum monasterium* direkt dem Heiligen Stuhl unterstellt.

Auf Abt Alberich folgte Stephan Harding (1108/1109 – 1133), „der Nationalität nach ein Engländer, der das klösterliche Leben, die Armut und die Disziplin der Regel glühend liebte und sich treu für diese Werte einsetzte" (*Exordium Cistercii* 2,6). Unter Harding entwickelte sich die Reformgemeinschaft zu einem monastischen Orden. Es mangelte jedoch lange Zeit nicht nur an wirtschaftlicher Prosperität, sondern auch an Nachwuchs. Um 1112/13 trat der junge Adlige Bernhard von Fontaines († 1153) in Cîteaux ein. Bernhard kam nicht allein, sondern brachte Familienangehörige und Verwandte mit. Die steigende Zahl von Konventsmitgliedern und zunehmende Attraktivität von Cîteaux führte zur Gründung von Tochterklöstern in rascher Folge: La Ferté (1113), Pontigny (1114), Clairvaux und Morimond (beide 1115). Diese vier bildeten die sogenannten Primarabteien.

Mit der Gründung der ersten Tochterklöster stellte sich die Frage nach der Beziehung derselben zum Mutterkloster. Die Gemeinschaft ging davon aus, dass der nun räumlich geteilte Konvent spirituell der eine blieb. Die Grundsätze dieser Einmütigkeit (*unanimitas*) legte Stephan Harding in der *Carta caritatis* nieder, die die grundlegenden Beziehungen der Abteien untereinander bzw. zwischen Mutter- und Tochterkloster festlegte und damit eine Basis schuf, dass aus einem Klosterverband ein monastischer Orden entstehen konnte.

Harding beließ den Abteien eine relative Autonomie, auch Cîteaux (Abb. 14) war innerhalb der Primarabteien nur *primus inter pares*. Um gemeinschaftliche Belange angemessen regeln zu können, wurde das Generalkapitel einberufen. Einmal jährlich sollten sich alle Äbte am 14. September (Fest der Kreuzerhöhung) in Cîteaux einfinden. Im ausgehenden 12. Jahrhundert dauerte die Zusammenkunft fünf Tage (12.–16. September). Die Institution erlaubte es, auf aktuelle Erfordernisse relativ zeitnah zu reagieren, sie sicherte kollektive Entscheidungen und respektierte die weitgehende Selbständigkeit einzelner Klöster. Zudem diente sie der Festigung der Einheit nach innen und demonstrierte zugleich Geschlossenheit (*uniformitas*) nach außen. Die für alle Klöster bindenden Beschlüsse wurden in sogenannten *Capitula*, *Instituta* bzw. *Statuta* gesammelt. Die rasche Ausbreitung der Zisterzienser in weit entfernte Herrschaftsgebiete erforderte Sonderreglungen, sodass Äbte mit einer sehr langen Anreisezeit nur noch alle vier bis fünf Jahre erscheinen mussten (*Statuta* 1188:11 f., S. 151; 1190:1, S. 192).

Der zisterziensische Klosterverband wuchs rasch an, sodass um 1153, als mit Bernhard von Clairvaux ihr prominentester Vertreter starb, ungefähr 350 Abteien in ganz Europa existierten. Die Ausbreitung geschah über Filiationen. Jedem Kloster war es unter bestimmten Voraussetzungen gestattet, ein Tochterkloster zu gründen. Der Abt des Mutterklosters entsandte mindestens zwölf Brüder und einen Abt an einen bereits zur Ansiedlung vorbereiteten Ort. Der Vaterabt hatte zwar die relative Autonomie der *Filia* zu respektieren, doch oblag ihm auch die Pflicht, das Tochterkloster einmal jährlich zu visitieren und bei groben Regelverstößen korrigierend einzugreifen. Auch dies diente der Sicherung einer möglichst einheitlichen Observanz. So schufen die Zisterzienser, wie Kaspar Elm schrieb, „eine homogene, auf Filiation, Visitation und Generalkapitel beruhende Verfassung, die genossenschaftliche und hierarchische, zentralistische und föderalistische Elemente in fast klassischer Einfachheit verband und dadurch sowohl die Einheit des Ordens sicherte, als auch eine weitgehende Unabhängigkeit und Gleichheit der Abteien garantierte“.

Die zisterziensische Reform zielte vor allem auf eine Verbesserung des spirituellen Lebens. Alle, die begehrten, ins Kloster einzutreten, mussten sich einem einjährigen Noviziat unterziehen (*Regula Benedicti* 58, *Ecclesiastica Officia* 102). Die Aufnahme von Kindern (*oblati* oder *nutri*) wurde strikt abgelehnt (*Instituta* 41,3). Frauen war der Zutritt zur Klausur strengstens untersagt (*Exordium Parvum* 15,6; *Instituta* 7), gleichwohl gab es mit der Zeit Zugeständnisse an Hochadlige und Stifterfamilien.

Die Zisterzienser bemühten sich um einen relativen Ausgleich von Gebet, Arbeit und Ruhe. Einen wichtigen Aspekt bildete die *lectio divina*, in der jeder Mönch durch das Studium biblischer Texte und Schriften der Kirchenväter die Grundlagen für Meditation und Kontemplation schaffen sollte. Ein besonderer Wesenszug ihrer Spiritualität bestand in der Aufwertung der Emotionalität und kulminierte in der mystischen Schau.

Auch in der Liturgie beschränkte man sich auf das Notwendige (*necessitas*) und bemühte sich, alles Überflüssige (*superfluitas*) wegzulassen. In beiden liturgischen Reformen, die erste unter den Äbten Alberich und Stephan Harding, die zweite 1147, wird das Bemühen um Authentizität besonders deutlich: „der Bibeltext nach Hieronymus, das Stundengebet nach Benedikt, das Hymnar nach Ambrosius und das Antiphonar und Graduale nach Gregor“ (L. Weinrich). Die Einheitlichkeit der Observanz war nur zu gewährleisten, wenn alle Abteien dieselben Gewohnheiten beobachteten, dieselben liturgischen Bücher besaßen sowie einheitliche Kleidungs- und Nahrungsvorschriften existierten.

Das Streben nach Einfachheit (*simplicitas*) führte auch in der Architektur, der Ausstattung der Kirchen und in der Buchmalerei zu einer Schlichtheit, die auf Zeitgenossen durchaus Eindruck machte.

Der spirituelle Erfolg der Zisterzienser basierte in einem nicht geringen Maße auf wirtschaftlichen Reformen, wie der Rückkehr zur Handarbeit der Mönche, zur Eigenwirtschaft bei gleichzeitiger Ablehnung aller Fremdeinkünfte (*Capitula* 23), aber auch auf der Befreiung von Steuern, Zöllen und Abgaben. Darüber hinaus wurde das Konverseninstitut ausgebaut und perfektioniert. *Conversi* oder *fratres barbati* waren Laienmönche, die vor allem wirtschaftliche Aufgaben erfüllten, zum Kloster gehörten, aber keine Mönchsprofess ablegen durften. Sie stellten ihre Arbeitskraft dem Kloster zur Verfügung, erhielten als Klosterangehörige ausreichend Kleidung, regelmäßige Mahlzeiten und wurden auch im Alter versorgt. Schließlich bekamen sie ein klösterliches Begräbnis und waren Teil eines übergreifenden Totengedenkens (*memoria*).

Augustinerchorherren und Prämonstratenser

Im 6. Jahrhundert erscheint der Begriff *canonicus* erstmals in fränkischen Konzilien und bezeichnete „Kleriker aller Weihestufen, die an Kathedralen, Stadt- und Landbasiliken oder Großpfarreien mit dem feierlichen Gottesdienst und dem Stundengebet betraut sind, dafür aus den Kirchengütern unterhalten werden und unter Leitung des Bischofs oder Archipresbyters in Gemeinschaft leben, dies je nach materieller Grundlage mehr oder weniger vollständig“ (Guy P. Marchal, S. 28). Von Bischof Chrodegang von Metz (742 – 766), einer Schlüsselfigur der frühen karolingischen Klosterreform, ist die erste für Kanoniker bestimmte Ordnung (*institiuncula*) überliefert. Die Kleriker sollten unter Leitung des Bischofs in Gemeinschaft leben (*vita communis*) und hatten bestimmte liturgische Pflichten zu erfüllen. Obwohl die Kleriker ihr Eigentum aufgeben sollten, besaßen sie zu Lebzeiten noch das Nutzungsrecht. Die asketischen Bestimmungen waren eher moderat.

Eine große Zäsur, wenn auch nur im normativen Sinn, markiert die Aachener Synode von 816/17. Diejenigen, die nicht nach Art der Mönche leben wollten (*vita monastica*), konnten sich alternativ nur für die *vita canonica* nach den überregional geltenden *Institutiones canonicorum* bzw. *sanctimonialium* entscheiden.

Die wirtschaftliche Grundlage für Kanoniker wie Kanonissen war die Stiftspfründe (*beneficium*). Den spirituellen Mittelpunkt bildete der Gottesdienst (*officium divinum*), weshalb mit dem Sitz im Chor auch eine Residenzpflicht verbunden wurde. Zugleich schlossen sich die Mitglieder eines Kollegiats- oder Domstifts zu einer Korporation zusammen, dem Kapitel, um gemeinschaftliche Interessen per Abstimmung wahrnehmen zu können. Zur Pflicht der Mitglieder gehörte auch die Übernahme von Ämtern: Vorsteher (*praepositus/prior*), Kantor, Kellermeister (*cellarius*), Pförtner (*portarius*) etc.

Wachsende Missstände wie der Zerfall des Gemeinschaftslebens, Aufspaltung des Kirchenvermögens, die Laieninvestitur, Ämterkauf (Simonie) oder Priesterehe führten in der Mitte des 11. Jahrhunderts zu erneuten Reformbestrebungen, die, benannt nach ihrem prominentesten Vertreter, Papst Gregor VII. (1073 – 1085), auch als Gregorianische Reformen bezeichnet werden. So forderte bereits die Lateransynode von 1059 von den Kanonikern die *vita communis* und den Verzicht auf Privatbesitz. Die Kanoniker der Stifte, die sich der strengeren Regel unterwarfen, wurden als regulierte Chorherren (*canonici regulares*) bezeichnet, im Gegensatz zu den Säkularkanonikern oder Weltgeistlichen (*canonici saeculares*). In Anlehnung an monastische Gepflogenheiten verpflichteten sich die Regularkanoniker zu Gehorsam, gelobten Keuschheit und den Verzicht auf persönliches Eigentum. Im Gegensatz zu Mönchen, die ursprünglich Laien ohne höhere Weihen waren und deren liturgischer Mittelpunkt das Stundengebet bildete, sind Regularkanoniker in Gemeinschaft lebende Priester mit all den sich daraus ergebenden seelsorgerischen Verpflichtungen.

Neben bestehenden Statuten bzw. *Consuetudines* avancierte in der zweiten Hälfte des 11. Jahrhunderts die sogenannte „Augustinusregel" zur Grundlage des Gemeinschaftslebens einiger regulierter Chorherrenstifte. Der Kirchenvater Augustinus verlieh dem Text ein besonderes spirituelles Gewicht, doch bestand die Regel aus zwei Teilen, die nicht alle als verbindlich ansahen. Diejenigen, die nur das *Praeceptum* anerkannten, wurden dem *Ordo antiquus* zugeordnet. All jene, die auch den sogenannten *Ordo monasterii* übernahmen, gehörten zum *Ordo novus*. Während das *Praeceptum* eine primär spirituelle Grundlegung darstellt, in deren Zentrum die Nächstenliebe (*caritas*) und die Apostelnachfolge (Apg 4,32 – 35) stehen, werden im *Ordo monasterii* praktische Grundzüge des Gemeinschaftslebens dargelegt, die auch eine strengere Askese einfordern (Fleischverzicht, Schweigen und Handarbeit). Die strengere Augustinusregel wurde in Springiersbach und Klosterrath angenommen und später für die Prämonstratenser bindend. Hervorzuheben ist, dass der *Ordo novus* mit der starken Anlehnung an monastische Gewohnheiten neben der strengeren Lebensführung eine kontemplative Ausrichtung besaß und seelsorgerischen Tätigkeiten eher ablehnend gegenüberstand, sehr zum Bedauern der Bischöfe, verlieh doch gerade die strengere Lebensweise den Kanonikern eine größere spirituelle Autorität.

Die Anfänge der Prämonstratenser (*Canonici Regulares Ordinis Praemonstratensis*) gehen auf eine charismatische Persönlichkeit zurück, Norbert von Xanten (1080/85 – 1134). Auch hier, wie bei den Zisterziensern oder Kartäusern, ging es am Anfang nicht um die Gründung eines Ordens, sondern um das Streben nach religiöser Vollkommenheit einer kleinen Gruppe Gleichgesinnter bzw. um deren Selbstheiligung.

Norbert, der aus dem Geschlecht der Edelherren von Gennep stammte, wurde bereits im Kindesalter dem Stift Sankt Viktor zu Xanten übergeben. Bis 1115 lebte er als Kanoniker mit den damals üblichen Vergünstigungen. Ein Bekehrungserlebnis in jenem Jahr – er stürzte durch Blitzschlag vom Pferd – brachte eine radikale Wende. Norbert, den die Kombination von Predigt und strikter Armut stark beeindruckte, ließ sich in der Folgezeit auf dem Fürstenberg bei Xanten nahe der Kirche des heiligen Martin nieder, wo er Grundbesitz besaß. In jener Zeit weilte er oft in Siegburg und Klosterrath. Während Siegburg ab 1070 mit Mönchen aus dem oberitalienischen Kloster Fruttuaria (Piemont) in cluniazensischer Tradition stand, war Klosterrath ein Kanonikerstift, das gerade die strengere Observanz (*Ordo monasterii*) einführte. Um 1118 gab er all seinen Besitz auf und begann mit drei Gefährten als Wanderprediger durch das Frankenreich zu ziehen. Sein Charisma und Auftreten beeindruckten den Bischof von Laon so sehr, dass er Norbert das Stift Saint-Martin zu Laon übergab, um es zu reformieren. Die Unternehmung scheiter-

15 ▲ Cappenberg (Nordrhein-Westfalen), Prämonstratenserstiftskirche, Blick ins Mittelschiff nach Osten. Die alte Pfeilerbasilika des 12. Jh.s erfuhr mehrfache Veränderungen. Doch geben die Spuren im Mauerwerk noch viele Hinweise auf ihre ursprüngliche Gestalt.

te am Widerstand der Kleriker. Daraufhin beschloss er, eine Klerikergemeinschaft neu zu formieren, und ließ sich mit Unterstützung des Bischofs in Prémontré (*praemonstratum*), nahe Laon nieder. Der Ort, so die *Vita Sancti Norberti* (S. 494 f.), „lag aber in einer höchst unwirtlichen Gegend, war völlig unbebaut, mit Gestrüpp und Sümpfen bedeckt, und mit noch anderen Unannehmlichkeiten, und bot nichts, was zum Bleiben eingeladen hätte, außer einer kleinen Kapelle (*capellulam*) und einem Obstgärtlein (*pomerium*) daneben sowie einem kleinen Teich, den – bei den vielen Regenfällen – die Bäche aus den Bergen und das Wasser der Sümpfe speisten, wie noch heute zu sehen ist". Die Herleitung des Namens der anfänglich auch als Norbertiner bezeichneten Prämonstratenser ist nicht eindeutig. Er wird als „gezeigte Wiese" (*pratum monstratum*) oder vorgezeigtes Tal (*vallis praemonstratum*) gedeutet. Auf der Grundlage von freiwilliger Armut, Handarbeit, Eigenwirtschaft und Predigt sollte ein apostolisches Leben für Menschen beiderlei Geschlechts etabliert werden. Als Klosterregel wurde die Augustinusregel, d. h. das *Praeceptum* mit dem *Ordo monasterii* angenommen.

Bereits kurze Zeit später stellte der Graf von Namur Norbert die Kirche von Floreffe zur Verfügung, und die Bekanntschaft mit Gottfried von Cappenberg († 1127) führte 1122/24 zur Gründung der Prämonstratenserklöster Cappenberg (Abb. 15), Ilbenstadt (Abb. 16) und Varlar. Ursprünglich war Norbert von Xanten Vorsteher aller ihm anvertrauten Klöster, die direkt dem Diözesanbischof unterstanden. Mit seiner Wahl zum Erzbischof von Magdeburg im Jahre 1126 gestattete Norbert den Klöstern, eigene Äbte bzw. Pröpste als Vorsteher zu wählen. Während Norbert ein eigenwilliger, ungeduldiger, aber energischer und charismatischer Prediger war, ist der organisatorische Erfolg, die Entwicklung prämonstratensischer Einzelklöster zu einem Orden, wohl Hugo de Fosses (1093 – 1164) zu verdanken. Er gehörte zu den ersten Mitgliedern des Konvents in Prémontré und wurde 1126 dort zum Abt gewählt. Im selben Jahr bestätigte Papst Honorius II. (1124 – 1130) die ersten von Norbert eingeführten Gewohnheiten. Unter seiner Führung wurden allgemein verbindliche *Consuetudines* zusammengestellt und das jährlich tagende Generalkapitel nach zisterziensischem Vorbild eingeführt. Ab den vierziger Jahren des 12. Jahrhunderts gab man die Doppelklöster auf. Die Frauen wurden in Tochterklöster ausgegliedert bzw. Frauenkonvente nicht mehr aufgenommen. Außerdem erreichte Hugo gegen Ende seines Lebens fast die völlige Exemtion von der bischöflichen Gewalt. Um 1200, zur Zeit der größten Blüte, umfasste der Prämonstratenserorden über 500 Klöster. Die Prämonstratenser waren die Ersten, die bereits in der zweiten Hälfte des 12. Jahr-

16 ▸ Ilbenstadt (Hessen), Prämonstratenserstiftskirche, Blick ins Mittelschiff nach Osten. Im Chor der ursprünglich flach gedeckten Pfeilerbasilika steht das Hochgrab Gottfrieds von Cappenberg. Die Grabplatte, die wohl eine barocke Nachbildung des um 1240 entstandenen Originals ist, zeigt Gottfried als Stifter mit Kirchenmodell.

hunderts eine Provinzaufteilung vornahmen und sogenannte Zirkarien einrichteten.

Norbert, den es nicht lange in der klösterlichen Beschaulichkeit hielt, entwickelte als Erzbischof von Magdeburg einen Lebensstil, der seinen alten Gefährten und Gönner Gottfried von Cappenberg sehr irritierte. Dies wurde auch im zeitgenössischen Reformmönchtum feinsinnig registriert. So ließ Idung von Prüfening in seinem *Dialogus duorum monachorum* (Buch II, 41, S. 142) den Cluniazenser über die Prämonstratenser sagen: „Deshalb wollen sie möglicherweise nicht Norbertiner genannt werden, weil man sagt, dass ihr Gründer, Herr Norbert, abtrünnig geworden sei. Er wandelte sich vom barfüßigen Reiter eines Esels zum gut beschuhten und gut gekleideten Reiter eines aufgeputzten Pferdes, vom Einsiedler zum Höfling am Hofe Kaiser Lothars. Er wechselte von (Schwarz-)Brot und einfacher Kost zu königlichen und üppigen Speisen und mutierte vom großen Verachter der Welt zum großen Sachwalter weltlicher Angelegenheiten." Norbert starb 1134 und wurde nach einem Streit auf Geheiß von Kaiser Lothar II. (1133 – 1137) nicht in der Magdeburger Kathedrale, sondern im prämonstratensischen Liebfrauenkloster bestattet. Im Jahr 1627 überführte man seinen Leichnam ins Kloster Strahov (Prag).

5. Die Bettelorden des 13. Jahrhunderts

Zu Beginn des 13. Jahrhunderts kamen neue religiöse Bewegungen auf, die in unterschiedlicher Weise auf die sozialen und spirituellen Herausforderungen der Zeit reagierten. Die Städte wuchsen und mit ihnen auch die Bevölkerung. Die Intensivierung der Produktion und der Geldwirtschaft sowie die Ausweitung des Handels führten zwar zu steigendem Wohlstand in bestimmten sozialen Schichten, doch zugleich vergrößerte sich die Kluft zwischen Arm und Reich. Angesichts der zunehmenden sozialen Spannungen rief der vielerorts wohlhabende Lebensstil von Klerikern Unmut in breiten Kreisen der Bevölkerung hervor. Vor allem in Südfrankreich begannen sich mit den Katharern ketzerische Strömungen zu etablieren, die unter Berufung auf urchristliche Ideale in vielerlei Hinsicht die Amtskirche in Frage stellten.

In dieser Zeit voller Spannungen entstanden die vier Bettelorden (*quatuor ordines mendicantes*), deren Name sich von lateinisch *mendicantes* für Bettler herleitet. Die Franziskaner (*Ordo Fratrum Minorum*) und die Dominikaner (*Ordo Fratrum Praedicatorum*) gingen aus der laikalen Armutsbewegung hervor. Ihre zentralen Anliegen, freilich in unterschiedlicher Gewichtung, bestanden in radikaler Armut, Wanderpredigt, Mission und Studium. Die kurz nach der Mitte des 13. Jahrhunderts gegründeten Augustiner-Eremiten, die sich vor allem der Seelsorge verschrieben, erwuchsen aus dem Zusammenschluss älterer Eremitengemeinschaften. Die Karmeliter schließlich, die sich ebenfalls auf die Seelsorge konzentrierten, haben ihren Ursprung in einer Eremitengemeinschaft, die im 12. Jahrhundert am Berg Karmel (Hl. Land) entstand.

Im Gegensatz zu den alten monastischen Orden kennen die Bettelorden weder eine Autonomie einzelner Klöster noch eine strikte Zentralgewalt oder die Bindung der Mönche an ein Kloster. Amtsträger wurden auf Zeit gewählt, hierarchische Strukturen soweit es ging gemieden. Die Konvente wurden in Provinzen räumlich organisiert, gewählte Provinzialpriore standen den Provinzkapiteln vor, welche wiederum dem vom Generalkapitel auf Zeit gewählten Generalminister unterstanden.

Die Bettelorden, die sich vor allen in Universitätsstädten niederließen, suchten nicht nur den Zugang zu Universitäten, sondern rekrutierten auch aus diesem Umfeld viele ihrer Mitglieder. Zur akademischen Ausbildung standen neben den Universitäten, die erst im Entstehen waren, auch ordenseigene Studienhäuser zur Verfügung. Im ausgehenden 13. Jahrhundert konnten sowohl die Franziskaner als auch die Dominikaner ein gut organisiertes Studiensystem und eine Reihe vorzüglicher Theologen vorweisen, wie Alexander von Hales († 1245), Bonaventura († 1274), Albertus Magnus († 1280) und dessen Schüler Thomas von Aquin († 1274).

Das Wirken der Bettelorden auf dem Gebiet der Seelsorge, der Mission und des Studiums brachte vor allem die Franziskaner und Dominikaner, auf die sich die folgenden Ausführungen beschränken, schnell in Konflikt mit dem Weltklerus, in dessen Domäne sie unwillkürlich eindrangen. Hinzu kam der für das traditionelle Mönchtum undenkbare Verzicht auf kollektives Eigentum sowie die bis dahin unübliche Form der Einkommenserzielung durch Bettel. Letzteres war den Kanonikern sogar untersagt und wurde von den Kartäusern in ihren *Consuetudines* (XIX,2 f.) als verabscheuenswert heftig kritisiert. Mit den Bettelorden ergab sich auch eine andere Struktur in Bezug auf die angegliederten, in strenger Klausur lebenden Frauenkonvente, die als zweiter Orden bezeichnet werden. Hinzu kamen schließlich Laien, die in Familie oder in Bruderschaften lebten und sich gemäß den Ordensidealen zu einer strengeren Lebensweise verpflichteten. Sie bildeten die jeweiligen dritten Orden (Tertiare).

Franziskaner

Franz von Assisi, der aus einer begüterten Tuchhändlerfamilie stammte, wurde um 1181/82 in Assisi geboren. Er erhielt eine Ausbildung in Rechnen, Latein und Französisch (Provenzalisch), was für einen zukünftigen Fernhandelskaufmann durchaus üblich war, und genoss sein Leben. Nach einer schweren Erkrankung und einer langen Genesungsphase setzte die Konversion ein. Franziskus begann sich um verfallene Kirchen zu kümmern und gab dafür Teile des Familienvermögens aus. Dies brachte ihn in Konflikt mit seinem Vater, der ihn vor dem Bischof verklagte, worauf Franziskus auf alles Eigentum, alle Erbansprüche, sogar auf seine Kleidung verzichtete. So begann er ein Leben als Eremit in und nahe Assisi zu führen. Er nahm die Worte aus dem Matthäusevangelium wörtlich: „Ihr sollt weder Gold noch Silber noch Kupfer in euren Gürteln haben, auch keine Reisetasche, auch nicht zwei Hemden, keine Schuhe, auch keinen Stecken" (Mt 10,9 – 10). Sein gelebtes Beispiel der Nachfolge Jesu, durch Buße, Wanderpredigt und radikale Armut, zog erste Jünger an. Im Frühjahr 1209 pilgerte Franziskus mit seinen Gefährten nach Rom und erreichte bei Innozenz III. (1198 – 1216) durch Fürsprache des Bischofs von Assisi eine mündliche Annerkennung seiner Lebensform. Diese Bestätigung war wichtig, um sich nicht dem Verdacht der Häresie auszusetzen. Franziskus selbst bezeichnete seine Gemeinschaft, die an der Kirche von Portiunkula unter Aufsicht eines vom Papst bestellten Protektors lebte, immer als Bruderschaft (*fraternitas*), nie als Orden (*ordo*).

Der Papst erkannte die charismatischen Qualitäten von Franziskus, doch konnte die Gemeinschaft für die Kirche nur dann fruchtbar sein, wenn sie sich in die Amtskirche vollständig eingliedern ließe. Dies geschah schließlich durch eine für alle verbindliche und vom Papst bestätigte Satzung. Die erste, die *Regula non bullata*, wurde nicht approbiert, die zweite, die *Regula bullata*, wurde 1123 offiziell anerkannt. Die Ordensverfassung orientierte sich an denen der Zisterzienser und der Dominikaner. Ordensgelübde, Probejahr und die Verpflichtung zur *stabilitas* im Orden, nicht jedoch die Bindung an einen Ort, galt es zu befolgen. Kennzeichnend wurde ein langes, ursprünglich aus grauer Wolle bestehendes Ordensgewand mit Kapuze, deshalb auch die englische Bezeichnung Grey Friars. Der deutsche Name Barfüßer geht auf das Verbot zurück, Schuhe zu tragen, und die französische Benennung *cordeliers* auf den Brauch, das Gewand mit einem weißen Strick zu gürten. Darüber hinaus bedurfte es einer regionalen Verwaltungsstruktur, in Form der Aufteilung in Provinzen und eines verfassungsrechtlichen Gremiums, dem Provinzial- bzw. Generalkapitel, in dem die gemeinschaftlichen Interessen durch auf Zeit bestimmte Vertreter reguliert und durchgesetzt werden konnten.

Die Expansion und Ordensbildung lag nicht im vordergründigen Interesse des Gründers. Franziskus zog sich relativ rasch aus der Leitung zurück und übergab sie Petrus Cantanii († 1221), dem Elias von Cortona († 1253) folgte. Nach anfänglich gescheiterten Missionen nördlich der Alpen und in Übersee (Ägypten) nahmen die asketisch-kontemplativen Züge seiner Frömmigkeit zu. Im Spätsommer 1224 erhielt er die Stigmata. Der *Poverello* verstarb nach langer zehrender Krankheit am 3. Oktober 1226 in einer Steinhütte bei Portiunkula. Seine schnelle Heiligsprechung durch Gregor IX., am 16. April 1228, führte zum Neubau einer großartigen, mit Fresken und Glasmalerei ausgestatteten Kirche, die sich über dem Grab des Heiligen noch heute erhebt.

Die Institutionalisierung eines derartig radikalen Lebensentwurfes in Form der *imitatio vitae pauperis Jesu* musste früher oder später zu Konflikten innerhalb des Ordens führen, da nicht alle bereit waren, bis zur letzten Konsequenz diesem Ideal zu folgen. Sowohl die Verpflichtung zur kollektiven Armut, das ursprünglich übliche Laienmönchtum als auch die von Franziskus eher gering geschätzte intellektuelle Ausbildung führten in der Folgezeit zu heftigen Auseinandersetzungen. Unter den Generalministern Albert von Pisa (1239 – 1240) und Haymo von Faversham (1240 – 1244) setzte sich zur Mitte des 13. Jahrhunderts die intellektuell-klerikale Richtung durch. Laien wurden von den Ordensämtern ausgeschlossen und das Studium auf unterschiedlichen Schulen verpflichtend. Schließlich sorgte Bonaventura (1257 – 1274) als Generalminister für eine Aktualisierung der franziskanischen Konstitutionen, die 1260 auf dem Generalkapitel in Narbonne angenommen wurden. Zudem verfasste er eine neue Lebensbeschreibung des heiligen Franziskus (*Vita maior*). Die darin gegebene Interpretation der Lebensweise und der Ziele des Gründervaters wurde auf dem Generalkapitel 1266 als allgemein verbindlich festgeschrieben. Die Lagerbildung ließ sich dennoch nicht vermeiden. Den Spiritualen – der Begriff ist eigentlich irreführend, da sich diese Gruppe anfänglich nicht auf eine Theorie berief –, die eine strenge Orientierung an der Lebensweise des Franziskus einforderten, stand eine Mehrheit gegenüber, die sich für moderatere Bestimmungen einsetzte, vor allem in Bezug auf die kollektive Armut, und die zugleich die seelsorgerischen Aktivitäten in Verbindung mit der dafür nötigen akademischen Ausbildung verteidigte. Der Armutsstreit blieb unterschwellig immer bestehen und flammte bei einem Anstieg der Massenarmut immer wieder auf. Im Spätmittelalter schließlich spalteten sich die Franziskaner in zwei Lager. Die einen nannten sich Observanten (*Ordo Fratrum Minorum*) und wünschten eine strengere Befolgung der Maximen des Gründervaters. Die anderen, die sich als Konventualen (*Ordo Fratrum Minorum Conventualium*) bezeichneten und im Deutschen Minoriten genannt werden, verfolgten eine gemäßigte Auslegung des spirituellen Erbes.

Dominikaner

Die Geschichte der Dominikaner beginnt sehr unspektakulär. Der in Caleguera (Kastilien) um 1175 geborene und aus einer adligen Familie stammende Dominikus Guzmán studierte zunächst die *Artes liberales* und Theologie in Palencia. Im Jahre 1196 trat er in das Domkapitel von Osma ein, in welchem zwei Jahre später die *vita communis* eingeführt wurde. Zum Subprior aufgestiegen, erlebte er 1203 auf einer Reise in diplomatischen Diensten von König Alfons VIII. († 1214) von Kastilien erstmals die häretischen Katharer in Südfrankreich und hörte von der Verwüstung Norddeutschlands durch die Kumanen. Eine danach bei Innozenz III. in Rom vorgetragene Bitte, missionieren zu dürfen, wurde abgelehnt.

Die Akzeptanz der Katharer wurde dadurch begünstigt, dass viele Kleriker in der Praxis keineswegs mehr den Idealen folgten, die sie spirituell beanspruchten. Glaubensüberzeugungen und die Wirksamkeit der Sakramente wurden jedoch mit moralischer Integrität verknüpft, weshalb es südfranzösischen Bischöfen strategisch sinnvoller erschien, die Katharer nicht mit Vernunftargumenten, sondern mit radikaler apostolischer Armut zu bekämpfen. Unterstützt von den Bischöfen begann Dominikus zusammen mit dem Zisterzienser Fulko vor allem in Toulouse zu predigen. Mit der Ermordung des päpstlichen Legaten Petrus von Castelnau im Jahre 1208 und dem daraufhin durchgeführten Feldzug gegen die Albigenser verschärfte sich die Situation erheblich. Dominikus, der mit Fulko zum vierten Laterankonzil 1215 nach Rom reiste, bemühte sich um eine Anerkennung seiner Gemeinschaft in Toulouse durch Innozenz III. Da auf dem Konzil die Gründung neuer Orden verboten wurde, empfahl der Papst, eine bestehende Regel anzunehmen. Nach der Rückkehr beschloss der Konvent von Saint-Romanus in Toulouse die strengere Augustinerregel, wie sie die Prämonstratenser befolgten, einzuführen. Mit dem Tod Innozenz' III. 1216 war erneut die Notwendigkeit einer päpstlichen Bestätigung erforderlich. Honorius III. erteilte das Privileg *Religiosam vitam* und die Bulle *Gratiarum omnium*, in der erstmals von Predigern (*praedicatores*) die Rede ist. Dominikus verzichtete nach seiner Rückkehr auf zwei ihm angebotene Kirchen und sandte 1217 die Mehrheit des Konvents zum Studium nach Paris, Prouille und nach Spanien. Im folgenden Jahr wurde der Konvent durch eine Bulle von Honorius III. (1216 – 1227) der überregionalen Kanonikergemeinschaft ausgegliedert und als eigenständige Gemeinschaft (*Ordo praedicatorum*) geführt. Das erstmals 1220 stattfindende Generalkapitel führte die Bettelarmut ein. Im darauffolgenden Jahr nahmen bereits 20 Konvente am Generalkapitel teil. Dominikus starb am 6. August 1221 in Bologna, wo er auch begraben wurde. Seine Heiligsprechung erfolgte am 3. Juli 1234 durch Papst Gregor IX. (1227 – 1241).

Im Gegensatz zu Franziskus, der in seiner Laiengemeinschaft Predigt und Selbstheiligung in den Vordergrund stellte, war es für Dominikus, der als Kleriker aus der Amtskirche kam, selbstverständlich, dass der Orden dieser mit gut ausgebildeten Klerikern zur Verfügung stehen müsse. Allerdings führte das Engagement bei der Ketzerbekämpfung zu einer anderen Lesart ihres Namens: *Domini canes* – Hunde des Herrn.

Auf dem Streifzug durch die Geschichte des abendländischen Mönchtums konnten nur einige Aspekte berücksichtigt, andere bloß erwähnt werden. Die komplexe Geschichte der weiblichen Zweige musste, weil sie Umfang und Rahmen dieser Darstellung sprengen würde, komplett ausgeklammert werden. Der kurze Überblick hat nicht nur die Vielfalt klösterlicher Lebensweisen im historischen Wandel aufgezeigt. Es wurde ebenso deutlich, dass monastische Orden im engeren Sinn erstmals im frühen 12. Jahrhundert mit den Zisterziensern, Kartäusern oder Prämonstratensern in Erscheinung traten. Unter architekturhistorischen Blickwinkel lassen sich die Kongregationen jedoch keineswegs so eindeutig charakterisieren, wie sie verfassungsrechtlich, spirituell und in ihrem gesellschaftlichen Wirken beschrieben werden können. Die These einer Ordensbaukunst konnte von der kunsthistorischen Forschung nie überzeugend begründet werden. Deshalb werden in den folgenden Kapiteln einzelne Aspekte monastischen Bauens exemplarisch erläutert, ohne Anspruch auf Systematik und Vollständigkeit.

II. Die Benediktiner

1. Das benediktinische Klosterleben und die *Regula Benedicti*

Die Grundlage des Klosterlebens bildet die Benediktregel. Der Urtext ist nicht erhalten. Mit dem Codex Sangallensis 914, der aus der ersten Hälfte des 9. Jahrhunderts datiert und heute in der Sankt Galler Klosterbibliothek aufbewahrt wird, ist ein wichtiger Textzeuge überliefert. Der Codex geht auf das sogenannte Aachener Normalexemplar zurück, das in der karolingischen Klosterreform für das Musterkloster Inda (Kornelimünster) extra aus Italien beschafft und für alle, die sich für den *Ordo monasticus* entschieden, verbindlich wurde.

Die Benediktregel, die das zönobitische Mönchtum betont, entstand in Abhängigkeit von der sogenannten Magisterregel (1. Viertel 6. Jahrhundert). Während die Magisterregel den monastischen Alltag erheblich ausführlicher beschreibt, enthält die Benediktregel vor allem spirituelle Leitmotive. Gleichwohl ist das benediktinische Motto *ora et labora* – bete und arbeite – nicht mittelalterlichen Ursprungs. Gegenüber dem primären Anliegen Benedikts, grundlegende spirituelle Werte, die wichtigsten liturgischen Verpflichtungen und allgemeine organisatorische Strukturen darzulegen, treten Hinweise auf die räumliche Organisation des Klosterlebens in den Hintergrund. Der konkreten architektonischen Ausbildung der Klosterräume sowie ihrer Ausstattung wurde keine Beachtung geschenkt.

In der *Regula Benedicti* werden folgende Räume und Ausstattungen ausdrücklich erwähnt oder können aus dem Kontext erschlossen werden: der Betraum/die Kirche (*oratorium*) mit Chorstallen (*scanni*) und dem Lesepult (*analogium*); ein gemeinsamer Schlafsaal (*dormitorium*), in dem jeder sein eigenes Bett (*lectus*) hat; ein Speiseraum (*refectorium*) mit Tischen und einer Lesekanzel bzw. einem Lesepult für den Tischleser; für den Abt gibt es einen eigenen Tisch (*mensa abbatis*), an dem dieser mit den Gästen und Pilgern speist; eine Küche (*coquina*) für die Mönche, eine weitere für Abt und Gäste; einen Vorratsraum (*cellarium*), eine Kleiderkammer (*vestiarium*) und ein Bücherregal (*bibliotheca*); des Weiteren verschiedene Räumlichkeiten (*cellae*) für Pförtner (*cella iuxta portam*), Novizen (*cella noviciorum*), Gäste (*cella hospitum*) und die kranken Brüder (*cella infirmis fratribus*); schließlich werden noch Wirtschaftsgebäude wie Mühle (*molendinum*), Bäckerei (*pistrinum*), Garten (*hortus*) und Werkstätten für verschiedene Handwerker (*officina artium diversarum*) erwähnt sowie eine Wasserversorgung (*aqua*).

Als Fazit ist festzuhalten, dass in der Benediktregel weder eine zwingende Raumordnung noch bestimmte Raumstrukturen einzelner Gebäude bzw. Gebäudeeinheiten festgeschrieben sind. Kreuzgang (*claustrum*), Kapitelsaal (*capitulum*), Wärmeraum (*calefactorium*), Brunnenhaus (*lavatorium*) oder die Schreibstube (*scriptorium*) werden nicht erwähnt. Der Wärmeraum, mit Ausnahme der Küche der einzige Raum mit offenem Feuer, dürfte auch wegen des milden Klimas in Mittelitalien kaum vonnöten gewesen sein. Von Bedeutung ist jedoch die Entstehung des Kreuzganges.

Mit dem Sankt Galler Klosterplan (um 816 – 837) ist zwar ein erstes bildliches Zeugnis für einen zentralen Kreuzgang mit jeweils seitlich an den Kreuzgangflügeln anschließenden Klausurgebäuden überliefert, doch sind die bauarchäologischen Zeugnisse vor dem

17 ▲ Stein am Rhein (Kt. Schaffhausen), Benediktinerkloster St. Georgen, Ansicht der Klosteranlage von Süden. Das Kloster liegt direkt am Rheinufer und verfügt noch über einen beachtlichen Bestand an mittelalterlichen bzw. spätmittelalterlichen Klostergebäuden.

12. Jahrhundert eher marginal. Ob sich der Bautypus von den römischen Villen, die im Inneren ein Atrium besaßen, herleitet (u. a. W. Jacobsen) oder sich auf Vorläufer in karolingischer Zeit zurückführen lässt (R. Legler), bleibt umstritten. Beat Brenk konnte zeigen, dass der Typus des mittelalterlichen Kreuzganges keineswegs ein Ergebnis zielgerichteter Entwicklung war. Aus seiner Sicht wurden Architekturtypologie und Ordensbaukunst oft unreflektiert zusammengedacht. Die regelhafte innere Klausur blieb bis ins 12. Jahrhundert hinein, so Matthias Untermann, eher die Ausnahme. Das mit einer regelmäßigen Klausur verbundene benediktinische Klosterschema, dessen Zentrum ein vierflügliger Kreuzgang bildet, war weder eine an die *Regula Benedicti* gekoppelte Bauform noch galt sie bis ins frühe 12. Jahrhundert als erstrebenswertes Ideal der Bauherren.

Trotz der großen Anzahl benediktinischer Klöster mit einem umfangreichen Baubestand sind mittelalterliche Klosteranlagen eher rar. Der erneute Aufschwung in der Zeit des Barock führte zu großartigen Umbauten und zeitgenössischen Ausstattungen. Mit dem Kloster Sankt Georgen in Stein am Rhein (Kt. Schaffhausen) ist noch ein, wenn auch im Spätmittelalter renoviertes Kloster erhalten, das nicht nur über die hochmittelalterlich typischen Klausurgebäude verfügt, sondern auch über einen Großteil der alten Wirtschaftsgebäude und Nebengelasse (Abb. 17).

Das Kloster, welches einst Herzog Burkhart II. von Schwaben und seine Gemahlin Hadwig um 970 nahe ihrer Burg gründeten, wurde auf Bitten der Mönche mit Zustimmung Kaiser Heinrichs II. (1002 – 1024) zwischen 1002 und 1007 von Hohentwiel an den heutigen Ort, unmittelbar an das Rheinufer verlegt. Am 1. November 1007 unterstellte der Kaiser das gemäß seiner Anordnung errichtete und geleitete Kloster (*nostra dispositione constructum et moderatum*) dem neu gegründeten Bistum Bamberg. Die Vogteirechte lagen ursprünglich bei Vorfahren der Zähringer, die sich ab 1146 von den Freiherren zu Klingen vertreten ließen und denen die Vogteirechte ab 1218 ganz zufielen. Die im Spätmittelalter verarmten Verwalter verkauften ihre Rechte, die schließlich 1457 in den Besitz der Stadt Stein übergingen. Am 5. Juli 1525 wurde das Kloster, welches wohl über die Jahrhunderte im Durchschnitt kaum mehr als ein Dutzend Mönche beherbergte, aufgehoben. Während die Klosterkirche noch große Teile des romanischen Baubestandes aus dem 12. Jahrhundert enthält, dokumentieren die Konventsgebäude in wesentlichen Teilen den Baubestand aus der Zeit der Säkularisierung.

Hochmittelalterliche Baunachrichten fehlen. Sieht man von zwei Urkunden (1005 und 1007) ab, setzt die schriftliche Überlieferung zur Baugeschichte erst 1335 ein. Als der Konvent nach Stein am Rhein umzog, so die Vermutung, müssen die wichtigsten Klausurgebäude bereits errichtet worden sein. Ob diese ersten Bauten als Provisorien anzusehen sind, sei dahingestellt. Die heute noch in Teilen erhaltene querhauslose, flach gedeckte romanische Säulenbasilika wird in das frühe 12. Jahrhundert datiert (Abb. 18). Sie besitzt ein dreischiffiges Langhaus, an dessen östlichem Ende sich ursprünglich der um einige Stufen erhöhte Chorraum befand, dem wiederum östlich, nochmals um Stufen erhöht, ein rechteckiger Altarraum folgte. An das Sanktuarium schlossen sich nördlich und südlich vom Chorraum durch eine Mauer abgetrennte Seitenkapellen an. Inwieweit die Nebenkapellen über einen ebenfalls geraden Schluss verfügten, ist offen. Das Langhaus (Abb. 19) besaß ursprünglich nur die vier westlichen Säulen, der östlich sich anschließende Teil gehörte zum Chorraum, in dem einst das Chorgestühl stand. Im Westen des Langhauses schlossen zwei, eine Vorhalle flankierende Türme an. Die im inneren gelegene Vorhalle besaß zwei Geschosse mit einer gegen das Hauptschiff geöffneten Emporenkapelle im Obergeschoss. Die ursprüngliche Decke des Chorraumes lag niedriger. Wohl im 13. Jahrhundert wurde der

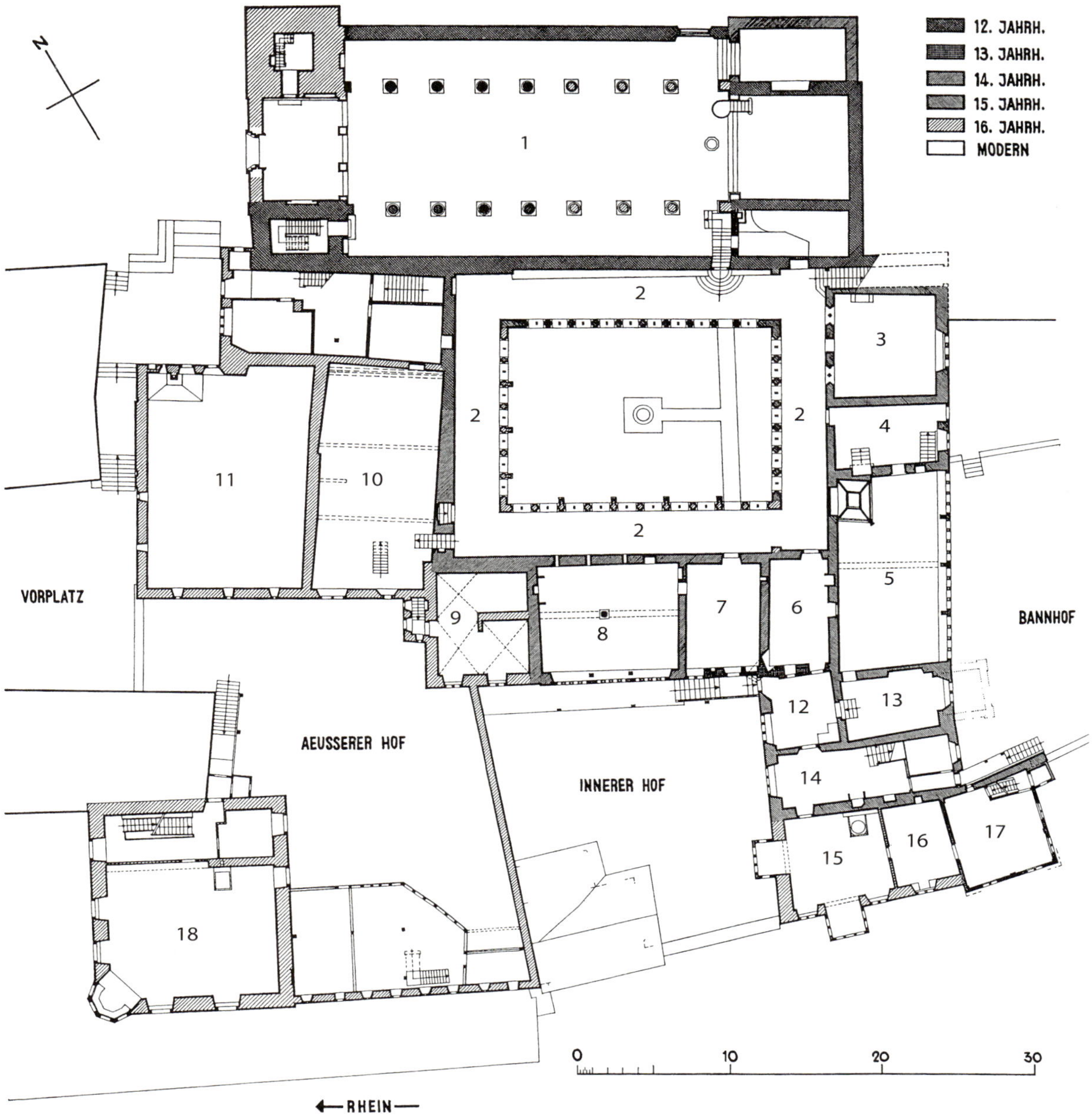

18 ◂ Stein am Rhein (Kt. Schaffhausen), Benediktinerkloster St. Georgen, Grundriss der Klosteranlage im Erdgeschoss.

1 Kirche, 2 Kreuzgang, 3 Kapitelsaal, 4 Vorraum zum Winterrefektorium, 5 Winterrefektorium, 6 Vorraum, 7 Parlatorium (?), 8 Sommerrefektorium, 9 Backhaus, 10 Bindhaus (Küferei), 11 Trotte, 12 Eingangsraum, 13 Abtskapelle, 14 Vorraum zur unteren Abtsstube, 15 Untere Abtsstube im Davidsbau, 16 Nebenraum, 17 Untere Abtsstube im Jodokusbau, 18 Gästehaus. Über den Räumen 3–5 befindet sich das Dormitorium.

19 ▲ Stein am Rhein (Kt. Schaffhausen), Benediktinerkloster St. Georgen, Klosterkirche, Blick ins Mittelschiff nach Osten. Die Kirche verfügt im Kern noch über den romanischen Baubestand, doch hat der Innenraum mit dem Abriss des erhöhten Chorraumes eine starke Veränderung erfahren. An der Stelle der drei östlichsten Mittelschiffsarkaden stand ursprünglich eine geschlossene Wand, die Seitenschiffe und Chorraum voneinander trennte.

Triumphbogen abgebrochen und die Chormauern und die Chordecke um einen Meter erhöht, sodass sich nun auch äußerlich eine einheitliche Dachhöhe ergab. Das Presbyterium, so ergaben Restaurierungen, war fast völlig mit Fresken ausgemalt. Im Zuge der Umbaumaßnahmen für die protestantische Kirche wurden die Mittelschiffsarkaden im gleichen Stil um drei Säulenpaare nach Osten hin verlängert. Von der alten mobilen Kirchenausstattung ist kaum etwas erhalten geblieben.

20 ▲ Stein am Rhein (Kt. Schaffhausen), Benediktinerkloster St. Georgen, nördlicher Kreuzgangflügel. Der mit einer flachen Holzdecke versehene kirchenseitige Kreuzgangflügel verfügt noch über eine steinerne Sitzbank entlang der Seitenschiffsaußenmauer, auf der sich die Mönche zur allabendlichen gemeinschaftlichen Lesung versammelten.

Südlich der Kirche liegt der Kreuzgang (Abb. 20). Der östliche Klausurflügel beherbergt im Erdgeschoss den Kapitelsaal und das Winterrefektorium, am südlichen Ende schließt sich die mehrgeschossige Residenz des Abtes an. Im Obergeschoss, unmittelbar an die Südkapelle der Kirche angrenzend, befindet sich das später in Einzelzellen aufgeteilte Dormitorium (Abb. 21). Im Untergeschoss des Kreuzgangsüdflügels liegen die Wärmestube, der Sprechraum (*parlatorium*) und das Sommerrefektorium. An der Ecke zum äußeren Hof schließt das Backhaus an, in welchem sich einst wohl auch die Küche befand. An der westlichen Seite des Kreuzgangs liegen Wirtschafträume (u. a. Küferei, Kelterei mit Presse) und das ehemalige Gästehaus. Abgesehen vom Festsaal mit seiner illusionistischen Ausmalung, der geschnitzten, wellenförmigen Flachdecke und den farbigen Fußbodenfliesen (Abb. 22) sind die architektonischen Formen und die baugebundene Ausstattung durchaus bescheiden.

21 ◂ Stein am Rhein (Kt. Schaffhausen), Benediktinerkloster St. Georgen, Dormitorium, Blick nach Süden. Im Spätmittelalter wurden in den Dormitorien vielfach Einzelzellen eingerichtet. Die hier 1892 rekonstruierte Aufteilung geht auf die Raumdisposition des ausgehenden 15. Jh.s zurück.

22 ▴ Stein am Rhein (Kt. Schaffhausen), Benediktinerkloster St. Georgen, Festsaal. Blick nach Nordwesten. Die Holzdecke und die illusionistischen Wandmalereien stammen aus dem zweiten Jahrzehnt des 16. Jh.s. Der Fußboden ist rekonstruiert. Der Festsaal diente der Repräsentation. Hier wurden wichtige Gäste des Abtes oder des Klosters empfangen.

2. Der Sankt Galler Klosterplan

Die Stiftsbibliothek in Sankt Gallen bewahrt mit dem Sankt Galler Klosterplan (Codex Sangallensis, Ms 1092) einen besonderen Schatz auf, der wahrscheinlich nur deshalb erhalten blieb, weil man im 12. Jahrhundert auf dessen Rückseite, einschließlich eines kleinen Teils der Vorderseite, die Martinsvita von Sulpicius Severus († nach 406) kopierte, diese buchgerecht faltete und in der Klosterbibliothek archivierte. Der zwischen 816 und 837 entstandene und aus fünf einzelnen Pergamentstreifen aus Schafshaut (*ovis aries*) bestehende Plan besitzt eine Größe von circa 122 mal 77 Zentimetern (Abb. 23, 24). Die Konturen der Gebäude sind auf der geglätteten Vorderseite (Fleischseite) mit roter Mennigfarbe ausgezogen, die Beschriftungen durch zwei verschiedene Hände in schwarzer Tinte (Eisengallustinten) vorgenommen. In einer am rechten Rand neben dem Friedhof befindlichen Widmungsinschrift wird der Plan Abt Gozbert (817 – 837) von Sankt Gallen zugeeignet, unter dessen Führung ab 830 eine neue Klosterkirche entstand. Die neuen Konventsgebäude wurden erst unter seinen Nachfolgern Grimald (841 – 872) und Hartmut (872 – 883) errichtet.

Im Zentrum des Planes befindet sich der Kreuzgang mit den Gebäuden der engeren Klausur. Nördlich von ihm liegt die Klosterkirche (Abb. 25), eine dreischiffige, doppelchörige Säulen- oder Pfeilerbasilika mit östlichem Querhaus ohne ausgeschiedener Vierung, die im Westen von einem halbkreisförmigen Atrium, dem zwei freistehende Türme vorgelagert sind, abgeschlossen wird. Zwischen den Türmen gibt es eine Vorhalle, durch die das Volk in die Kirche gelangen konnte. Dem Atrium im Westen korrespondiert ein halbkreisförmiger Umgang im Osten. Die liturgische Binnengliederung des Kirchenraumes ist detailliert angegeben. Allein 17 Altäre in der Kirche, Taufbecken, Lesepult, Gallusgrab, Chorgestühl, Bänke und vieles mehr wurden beschriftet oder zeichenhaft vermerkt, sogar die Länge des Kirchenraumes (200 Fuß), die Mittelschiffsbreite (60 Fuß), die Seitenschiffsbreite (20 Fuß) und der Säulen- bzw. Pfeilerabstand (12 Fuß) angegeben. Nördlich des erhöhten, über einer Krypta befindlichen östlichen Sanktuariums plante man im Untergeschoss das Skriptorium, darüber die Bibliothek. Auf der Südseite war der untere Raum der Sakristei, der darüber liegende der Schatzkammer vorbehalten.

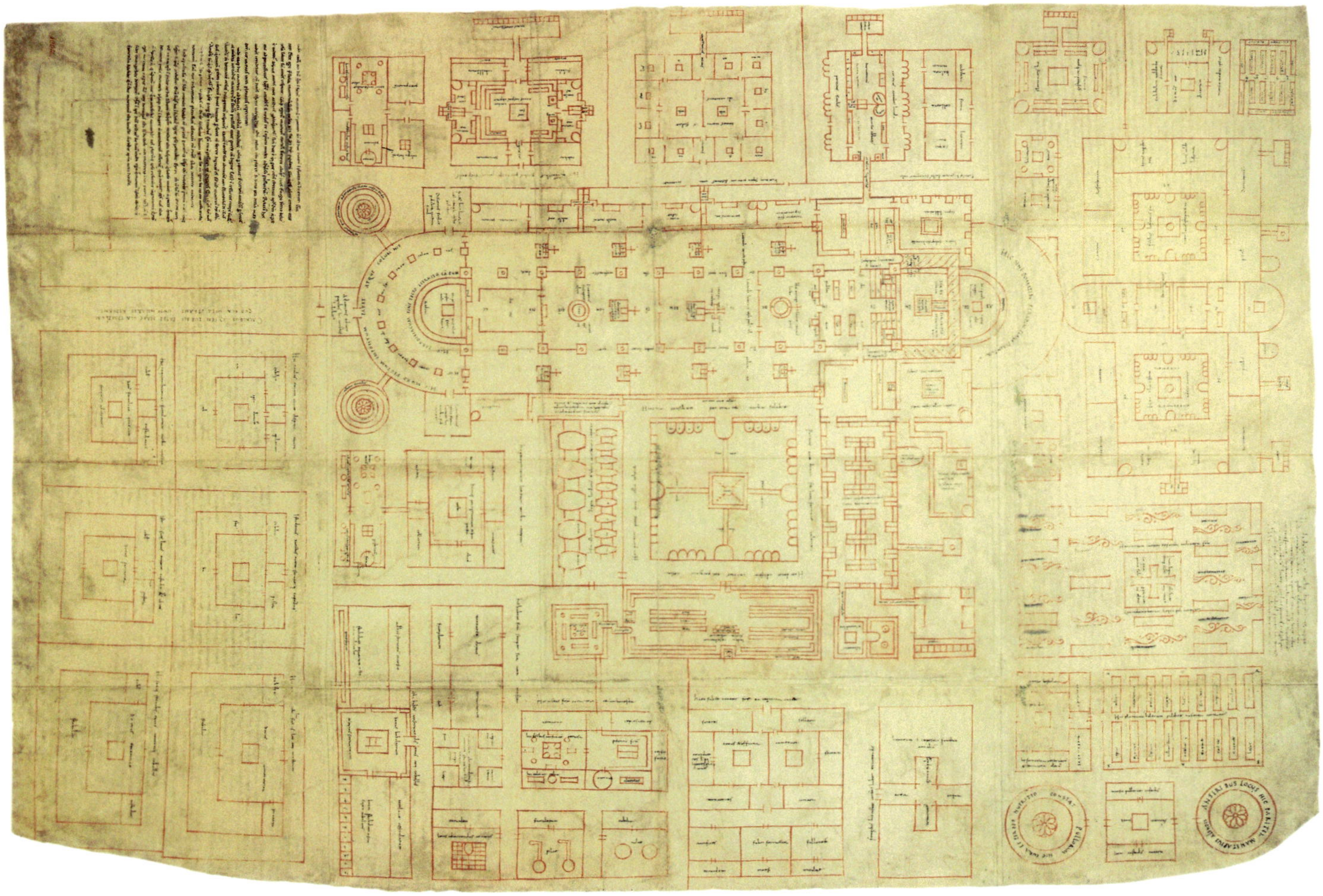

23 ▲ St. Gallen (Kt. St. Gallen), Stiftsbibliothek, Codex Sangallensis 1092 (Faksimile des Gesamtplans).

Am östlichen Klausurflügel liegen unten der Wärmeraum und oben das Dormitorium. Über Zugänge an dessen Südseite ist der Trakt mit dem Badehaus (*balnea*) bzw. Waschräumen (*lavatoria*) und den Latrinen verbunden. Am südlichen Kreuzgangflügel befindet sich das Refektorium mit Bänken, Tischen und Lesepult zu ebener Erde, darüber die Kleiderkammer (*vestiarium*). Das Refektorium ist an der westlichen Schmalseite direkt mit der Küche verbunden. Am westlichen Flügel sollten Keller (*cellarium*) und darüber Vorratsräume entstehen. Zwischen Kirche und Klausurflügel lag der Sprechraum, der zugleich als Durchgang von der äußeren zur inneren Klausur fungierte. Nördlich der Kirche befindet sich der öffentliche Bereich mit eigener Küche, Gästehaus, Schule und Abtshaus, südlich der engeren Klausur die Werkstätten für die unterschiedlichen Gewerke, Korn- und Fruchtspeicher und östlich davon der Krankentrakt (*infirmarium*) in Form eines Klosters en miniature, das Noviziat, der Friedhof, Gemüsegarten, Gänse- und Hühnerstall. Westlich der Klausur finden sich weitere Wirtschaftsgebäude und Stallungen sowie Pilgerherberge, Back- und Brauhaus.

Hervorzuheben ist, dass am Kreuzgang noch kein Kapitelsaal ausgewiesen wurde, obwohl dieser als Funktionsraum, wie zeitgenössische Regelkommentare zur Benediktregel zeigen, schon existierte. Darüber hinaus fehlen der Karzer, aber auch Hinweise auf ein ausgeklügeltes Wasserversorgungssystem, wie es der um 1160 entstandene Plan von Prior Wibert in Canterbury zeigt.

Die Forschung zum Klosterplan kreist hauptsächlich um vier Themenkomplexe: erstens die Frage nach der Herkunft, der Autorschaft und dem Zweck; zweitens, ob es sich bei dem Plan um eine Vorlagenkopie oder einen originalen Entwurf handelt; drittens die Frage, ob der Plan eine ideale, vorbildhafte Lösung darstellt oder als realer Bauplan zu verstehen ist; schließlich viertens das damit verbundene Problem der Maßstabsgerechtigkeit.

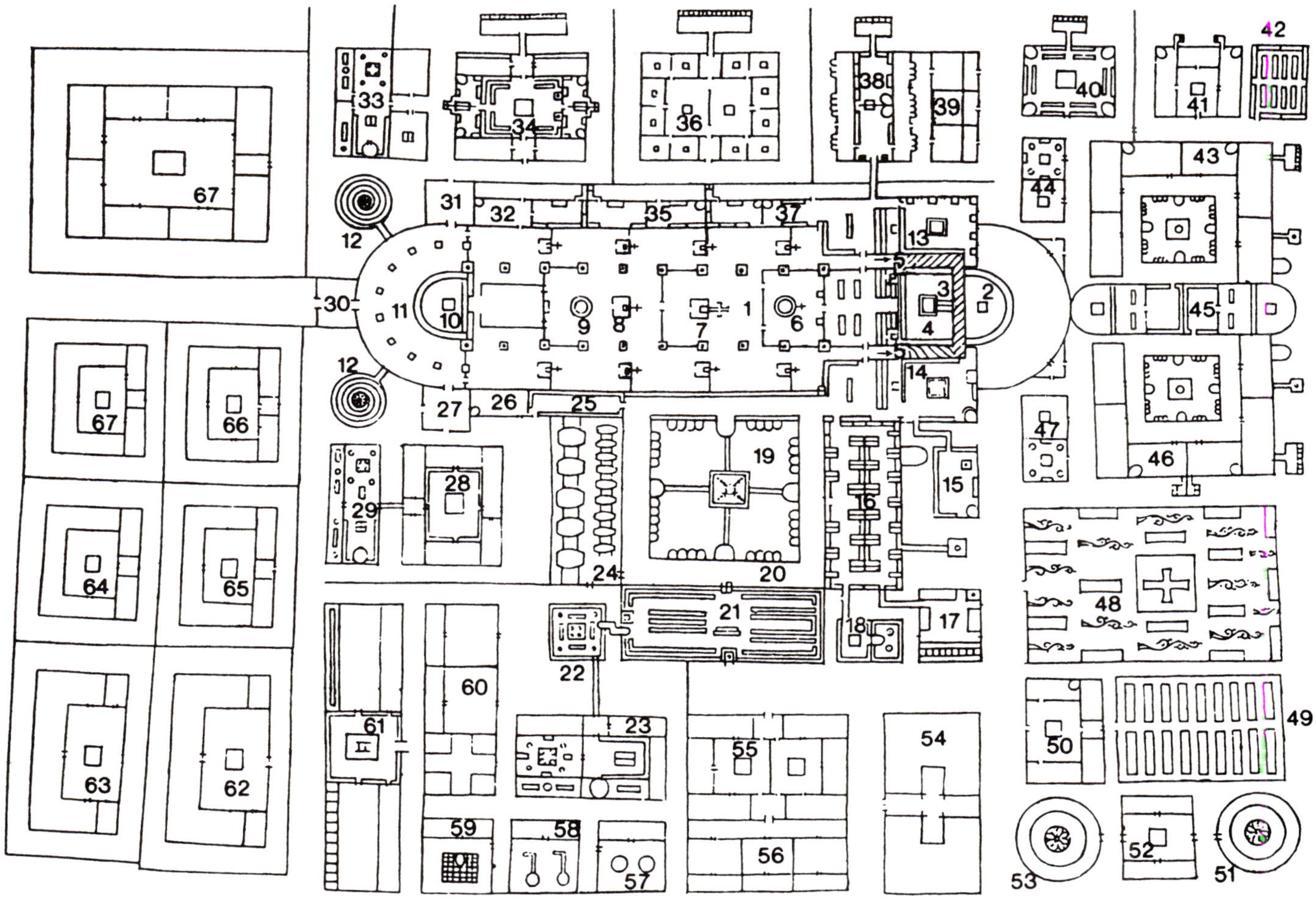

24 ▲ St. Gallen (Kt. St. Gallen), Stiftsbibliothek, Codex Sangallensis 1092, schematische Darstellung nach W. Erdmann:

1 Abteikirche,
2 Paulus-Altar,
3 St.-Gallus-Sarkophag,
4 Hochaltar,
5 Krypteneingänge,
6 Lesepult,
7 Kreuzaltar,
8 Altar für Johannes d. Täufer und Johannes d. Evangelisten,
9 Taufbecken,
10 Petrus-Altar,
11 Paradies,
12 Rundtürme,
13 Skriptorium im EG/Bibliothek im OG,
14 Sakristei im EG/Kammer für liturgische Gewänder im OG,
15 Hostienbäckerei,
16 Wärmeraum im EG/Dormitorium im OG,
17 Latrine,
18 Badehaus/Waschraum,
19 Kreuzganginnenhof,
20 Kreuzgang,
21 Refektorium im EG/Kleiderkammer im OG,
22 Küche,
23 Brauerei und Bäckerei für die Mönche,
24 Wein- und Bierkeller im EG/Vorratsraum im OG,
25 Sprechraum,
26 Verwaltungsraum,
27 Zugangsraum,
28 Pilger- und Armenhospiz,
29 Brauerei, Bäckerei und Küche des Hospizes,
30 Eingang zum Paradies,
31 Zugang zum Gästehaus und der Äußeren Schule,
32 Wohnung des Pförtners,
33 Küche, Brauerei, Bäckerei für das Gästehaus,
34 Gästehaus,
35 Wohnung für Leiter der Äußeren Schule,
36 Äußere Schule,
37 Unterkunft für durchreisende Mönche,
38 Abtsresidenz,
39 Badehaus, Küche und Keller des Abtes,
40 Haus für Aderlass,
41 Ärztehaus,
42 Garten für Heilpflanzen,
43 Infirmarium,
44 Küche und Badestube für die Kranken,
45 Kapellen für die Kranken und die Novizen,
46 Noviziat,
47 Küche und Badestube für Novizen,
48 Mönchsfriedhof mit Obstbäumen,
49 Garten für Nutzpflanzen,
50 Haus für den Gärtner,
51 Hühnerstall,
52 Haus für die Wärter,
53 Gänsestall,
54 Kornscheune,
55–56 verschiedene Werkstätten mit Wohnräumen,
57 Mühle,
58 Stampfe,
59 Darre,
60 Küferei,
61–66 Stallungen, teilweise mit Unterkünften für Personal,
67 Gebäudebeschriftung verloren.

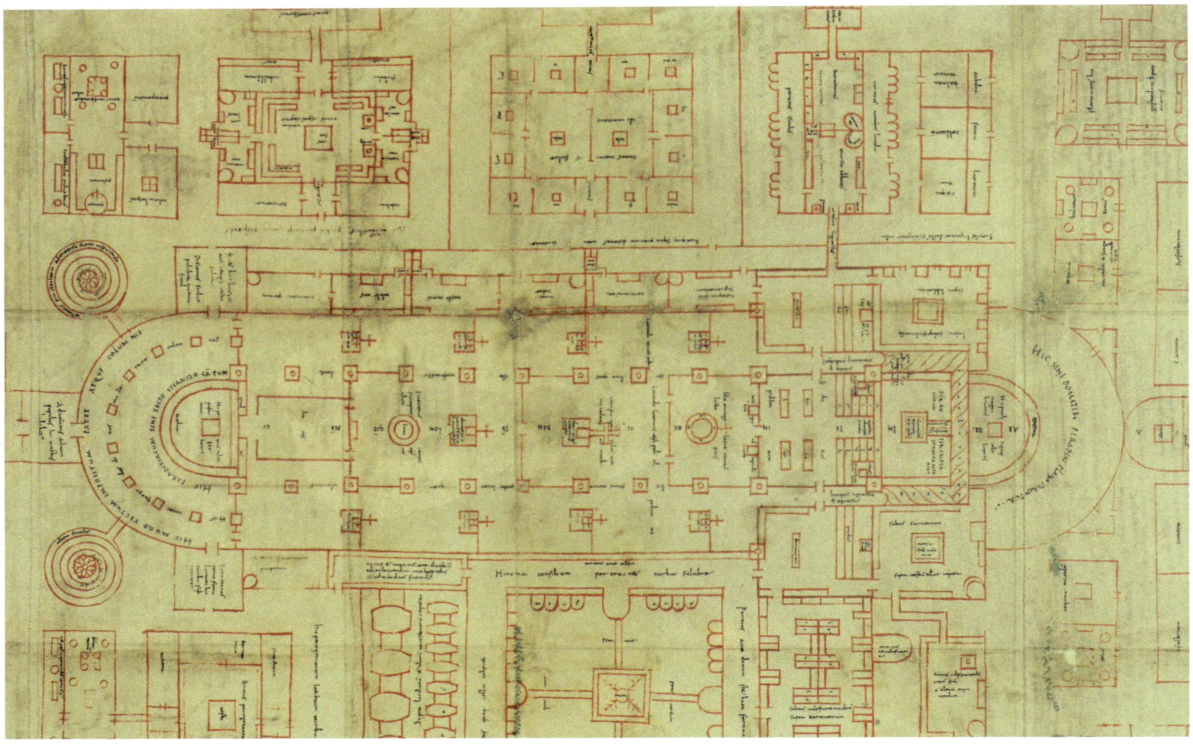

25 ▲ St. Gallen (St. Gallen), Stiftsbibliothek, Codex Sangallensis 1092 (Faksimile), Ausschnitt: Klosterkirche mit südlich angrenzendem Kreuzgang, der als erstes (archivalisches) Zeugnis für den Bautypus des benediktinischen Kreuzgangs gilt.

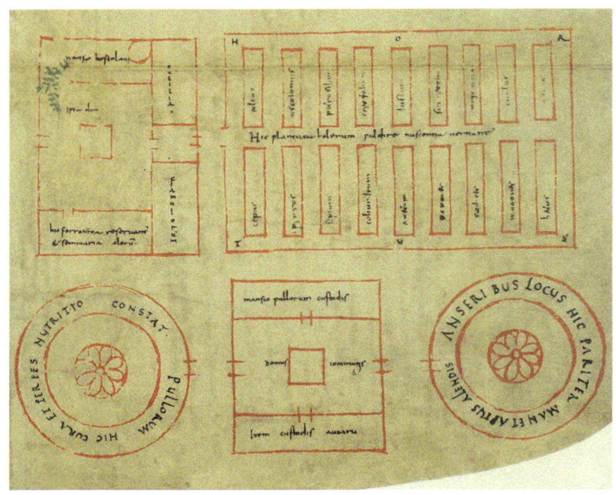

26 ► St. Gallen (Kt. St. Gallen), Stiftsbibliothek, Codex Sangallensis 1092 (Faksimile), Ausschnitt: Gänsestall (rechts). Die Inschrift mit dem vermuteten Chronogramm, welches auf das Entstehungsdatum des Klosterplanes im Jahre 819 hinweist.

Bernhard Bischoff hat aus paläografischen Gründen die Schreiber auf der Insel Reichenau lokalisiert, wo sich in jener Zeit ein überaus produktives und künstlerisch anspruchsvolles Skriptorium befand. Als Urheber wurde Abt Heito (806 – 823) angenommen, der diesen Plan seinem Sankt Galler Kollegen Gozbert zukommen ließ, damit jener an der Anordnung der Gebäude (*positione officinarum*) seine Geschicklichkeit übe (*quibus sollertiam exerceas tuam*). Der Plan sei für ihn zum persönlichen Studium gezeichnet worden. Was Letzteres konkret bedeutet, ist nicht mehr völlig aufzuklären. Während in der Forschung ein Konsens über die allgemeine Entstehungszeit besteht, die mit dem Abbatiat von Gozbert zusammenfällt, hat Florian Huber auf die Inschrift im Gänsestall verwiesen, die ein Chronogramm verberge. ANSERIBVS LOCVS HIC PARITER MANET APTVS ALENDIS. Zählt man alle römischen Buchstaben, die für Zahlen stehen, ausgenommen des Buchstabens M, zusammen, so ergibt sich aus I+V+L+C+V+I+C+I+V+L+D+I die (Jahres-)Zahl 819 (Abb. 26).

In der älteren Forschung führte die nur aus dem Augenschein gewonnene Erkenntnis, dass es keine Spuren einer Vorzeichnung gab, dazu, den Plan als bloße Kopie einer Vorlage zu interpretieren. Damit verband sich indirekt die Ansicht von einer idealen Klosteranlage, die sich im Zusammenhang mit den Aachener Reformsynoden herausgebildet haben könnte. Untersuchungen von Norbert Stachura brachten Zirkeleinstiche, Blindrillen und unvollendete Konstruktionsversuche ans Licht. Aufgrund der natürlichen Pergamentspuren sind jedoch leicht vertiefte Vorzeichnungen kaum von Kratzern, Brüchen und den Durchdrücken einer inzwischen wieder entfernten Leinwandkaschierung zu unterscheiden. Eine partielle technologische Untersuchung deckte Rasuren und korrigierende Überzeichnungen auf. An dem Plan wurde also auch konzeptionell gearbeitet, in welchem Umfang, lässt sich jedoch nicht mehr sagen. Die These einer bloßen Kopie ist zwar hinfällig, doch bedeutet dies nicht zwangsläufig, dass es sich nun um einen realen Bauplan handeln müsse.

Die Untersuchung der Maßstäblichkeit durch Florian Huber führte zur These, dass es sich zwar um einen maßstäblichen Plan handeln könne, dessen Grundeinheit aber nicht auf dem karolingischen Fuß basiere, sondern eher anachronistisch dem altrömischen Fuß (*pes monetalis*) entspreche. Doch hat auch diese These ihre Schwierigkeiten, wie Volker Hoffmann darlegte. Denn die Maßverhältnisse, insbesondere die bestimmten Funktionen zugeordneten Flächengrößen, sind teilweise fragwürdig. So ist das Gebäude für den Gärtner fast halb so groß wie die Fläche für den Gemüseanbau oder das Gebäude mit Küche, Brauerei und Bäckerei für die Pilger halb so groß wie deren Herberge. Zudem ist in der Forschung mehrfach darauf hingewiesen worden, dass der Plan das reale Gelände des Gallusklosters nicht respektiert. Da der Plan eine Maßeinheit und einen Maßstab besitzt, jedoch anachronistisch auf dem altrömischen Fuß basiert und die Gozbert-Kirche, soweit sie ergraben wurde, keinerlei Ähnlichkeiten mit der des Planes zeigt, dürfte es sich nicht um einen umzusetzenden Bauplan gehandelt haben. Hoffmann merkte noch weitere Ungereimtheiten an. Die im Plan eingetragenen Bäume und Pflanzen entstammen dem *Capitulare de villis* Karls des Großen und enthalten mit Feigen- und Pfirsichbaum zwei Gewächse, die klimatisch in Sankt Gallen nie gedeihen konnten. Darüber hinaus sind die Wendeltreppen der Westtürme der Kirche nach dem Prinzip der archimedischen Spirale konstruiert. All dies führte Hoffmann zu der These, dass es sich hierbei nur um einen fingierten Bauplan handeln könne, der „ein Denkmodell von der philosophischen Struktur der Fiktion“ darstelle. Wie man den Plan auch interpretieren mag, er zeigt detailliert mögliche Anforderungen an das Klosterleben basierend auf der Benediktregel.

3. Die Klosterinsel Reichenau

Die Reichenau (*Augia dives* – reiche Au) stellte zwischen dem 8. und 11. Jahrhundert eines der wichtigsten und bedeutendsten religiösen, geistigen und kulturellen Zentren im Heiligen Römischen Reich dar. Mit dem Kloster Mittelzell, den Stiftskirchen Sankt Peter und Paul in Niederzell sowie Sankt Georg in Oberzell, die seit dem Jahr 2000 zum UNESCO-Weltkulturerbe gehören, besitzt die Insel nicht nur architekturhistorische Denkmale von hoher Güte, sie ist auch als Kulturlandschaft mit ihrer Sakraltopografie, den Siedlungsformen und Bodennutzungen ein einzigartiges geschichtliches Zeugnis.

Um 724 gründete der irofränkische Wanderbischof Pirmin († 754) mit Zustimmung Karl Martells und mit Unterstützung des alemannischen Adels auf der Insel im Untersee ein der hl. Gottesmutter geweihtes Kloster. Die Mönche folgten ursprünglich einer Mischregel. Wann die Benediktregel eingeführt wurde, ist ungewiss. Abt Heito entsandte 816 zwei Mönche nach Aachen, die ein authentisches Exemplar der *Regula Benedicti* beschafften. Von diesem Text wurde der bereits erwähnte Codex Sangallensis 914 kopiert. Um 800 kamen die beiden Kirchen in Nieder- und Oberzell hinzu, in ottonischer Zeit Sankt Johann als Pfarr- und Begräbniskirche für die Klosterleute sowie Sankt Adalbert. Die Kirchen gehörten dem Kloster und die Insel selbst umfasste den Klosterbezirk. Der heutige Damm entstand als befestigter Zugang erst in den dreißiger Jahren des 19. Jahrhunderts. Die relativ geschützte Insellage, die überschaubare Zahl der Siedler sowie die Ausgliederung des Marktes nach Allensbach bzw. Radolfzell ließ, um sich gegen die wachsende Zahl von Klosterfremden abzugrenzen, erst im Spätmittelalter eine Klostermauer nötig werden.

Die Bedeutung des Reichsklosters als ein wichtiges politisches, wissenschaftliches und kulturelles Zentrum gründet im politischen Einfluss ihrer Äbte, den hier entstandenen theologischen, wissenschaftlichen und poetischen Arbeiten sowie den künstlerischen Leistungen eines äußerst produktiven Skriptoriums. Abt Waldo (786 – 806) und Heito gehörten zum Kreis der Vertrauten Karls des Großen, Abt Walahfried Stra-

27 ▸ Reichenau im Bodensee (Baden-Württemberg), Mittelzell, Benediktinerkloster St. Maria und Markus, Ansicht der Klosterkirche von Nordosten. Die gotische Choranlage setzt sich deutlich von den älteren romanischen Bauteilen ab. Sie wurde erst in der Mitte des 15. Jh.s begonnen.

28 ▾ Reichenau im Bodensee (Baden-Württemberg), Mittelzell, Benediktinerkloster St. Maria und Markus, Grundriss der Klosterkirche im heutigen Zustand. Gut erkennbar sind die größeren Bauetappen. Die Anschlüsse des Langhauses zeigen deutlich, wie zwischen zwei Baukörpern, die sich ursprünglich nicht aufeinander bezogen, vermittelt werden musste.

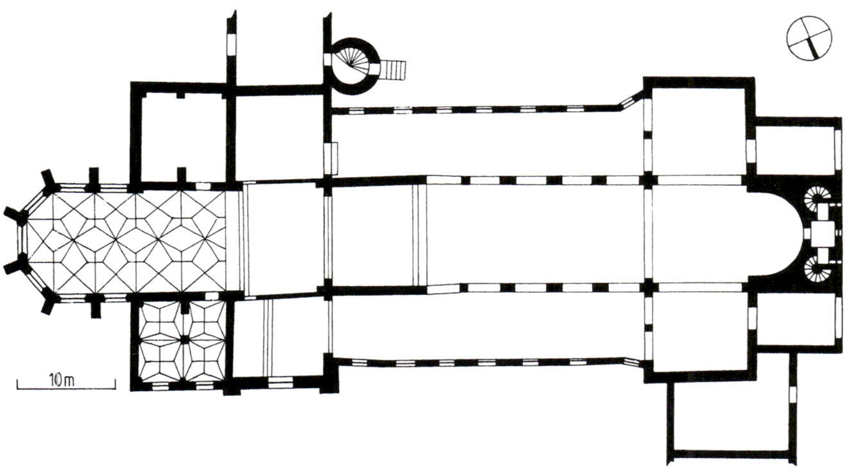

bo (838 – 849) war zwischen 829 und 842 zugleich Erzieher Karls des Kahlen bei Hof und Abt Heito III. (888 – 913) wurde 892 Erzbischof von Mainz und damit Erzkanzler des Reiches. Walahfried Strabo und Hermann der Lahme (1013 – 1054) gelten als vielseitig interessierte Gelehrte und produktive Schriftsteller. Die berühmte Klosterbibliothek umfasste bereits 821 rund 421 Bände. Die Kriegswirren des späten 10. Jahrhunderts, von denen die Reichenau verschont blieb, bewegte die Mönche von Sankt Gallen ihre Bibliothek dahin auszulagern. Die Reichenauer Mönche nutzten die Gunst der Stunde und kopierten wertvolle Manuskripte, sie fertigten aber auch Prachthandschriften für hohe Auftraggeber (z. B. Egbert-Codex) an.

Im 12. Jahrhundert begann der Stern langsam zu verblassen. Die zeitgenössischen benediktinischen Reformen stießen auf Widerstand in einem Konvent, der sich nur noch aus Adeligen rekrutierte. Die Zahl der Mönche sank rapide, die liturgischen Pflichten wurden nun Kanonikern übertragen. Im Jahre 1540 dankte der letzte Reichsabt, Markus von Knöringen, zugunsten des Konstanzer Bischofs ab, der zwei Jahre später von Kaiser Karl V. die Abtei als Lehen empfing. 1803 wurde die Abtei säkularisiert.

Sankt Maria und Markus in Mittelzell

Die Klosterkirche in Mittelzell enthält zwar noch Reste ihrer ältesten Vorgängerbauten, doch stammen die wesentlichen Teile aus dem 9. bis 11. Jahrhundert (Abb. 27). In ihrer heutigen Gestalt ist die Kirche eine doppelchörige Pfeilerbasilika, deren älteste Teile, Ostquerhaus mit ausgeschiedener Vierung sowie die westlichen Teile des Sanktuariums, noch auf Heito I. zurückgehen (Abb. 28). Dem schließt sich das basilikale Langhaus von Abt Witigowo (985 – 997) an, dessen Seitenschiffe nun breiter angelegt wurden. Im ausgehenden 12. Jahrhundert erhielt das östliche Querhaus den Mönchschor trennende Schrankenmauern, und die Südecken desselben wurden durch Strebepfeiler verstärkt. Des Weiteren wurden die Hochschiffwände des Langhauses teilweise erneuert, die östlichsten Arkaden durch eine Wand geschlossen, die Stützen überarbeitet und der Langhausfußboden erhöht.

29 ◂ Reichenau im Bodensee (Baden-Württemberg), Mittelzell, Benediktinerkloster St. Maria und Markus, Blick in die Vierung des Westbaus der Klosterkirche, Ansicht von Südosten. Die Hauptapsis der sogenannten Markusbasilika, die sich westlich an die Vierung anschließt, tritt am Außenbau nicht als solche in Erscheinung, da ihr zwei Treppenhäuser vorgelagert sind.

Schließlich ist nach dem Brand von 1235 ein neuer Dachstuhl mit offenem Dachwerk gestellt worden. Den Westabschluss der Kirche bildet die sogenannte Markusbasilika, die nach einem Brand von 1006 unter Abt Berno (1008 – 1048) neu gebaut und in Anwesenheit Kaiser Heinrichs III. (1028/46 – 1056) 1048 geweiht wurde (Abb. 29). Berno ließ die alten Westtürme abtragen und schloss das Querhaus, mit ausgeschiedener Vierung und einen mit Lisenen und Rundbogenfries gegliederten Westturm, der die Apsis des Sanktuariums rechteckig einfasst, an Witigowos Langhaus an. Der Ostchor wurde in spätgotischen Formen ab 1447 neu errichtet und 1477 geweiht.

Die Klausur lag ursprünglich nördlich der Kirche. Sie ist, das Erdgeschoss des Westflügels ausgenommen, nicht mehr erhalten. In dem verbliebenen Teil stecken noch Reste des karolingischen Mauerwerks. Die heutige Klausur, eine zweigeschossige Dreiflügelanlage ohne Kreuzgang, wurde unter dem Konstanzer Fürstbischof Jakob Fugger zwischen 1604 und 1611 neu errichtet.

Sankt Peter und Paul in Niederzell

Die Stiftskirche in Niederzell, am Westende der Insel gelegen, wurde im Jahre 799 durch den Stifter Egino, einen alemannischen Kleriker und späteren Bischof von Verona, geweiht. Er wurde in seiner Stiftung drei Jahre später auch begraben. Von dem karolingischen Bau ist nichts mehr erhalten. Er wurde für den Neubau bis auf die Grundmauern abgerissen. Ab 1080 ließ Abt Ekkehard von Nellenburg (1071 – 1088) eine dreischiffige, querhauslose Säulenbasilika errichten, der im Westen eine eingeschossige Vorhalle vorgelagert ist (Abb. 30). Die Struktur des im Osten gerade schließenden Sanktuariums ist nur von der Innenraumgestaltung her zu verstehen. Das weit nach Westen in den Kirchenraum ausgedehnte dreiteilige Sanktuarium wird im Mittelschiff von einer Apsis, im nördlichen und südlichen Nebenchor von Apsidiolen geschlossen. Die rechteckige äußere Ummantelung der Apsidiolen sowie der Mittelapsis ist den beiden

30 ▾ Reichenau im Bodensee (Baden-Württemberg), Niederzell, Stiftskirche St. Peter und Paul, Ansicht der Klosterkirche von Norden. Markantes Zeichen der Stiftskirche ist die romanische Doppelturmfassade im Osten. Allerdings sind die Türme im 15. Jh. aufgestockt worden.

31 ◄ Reichenau im Bodensee (Baden-Württemberg), Niederzell, Stiftskirche St. Peter und Paul, Blick nach Osten in die Hauptapsis. Die Ausmalung der Apsis gehört zu den großartigen Beispielen mittelalterlicher Wandmalereien in Deutschland. Das später eingebrochene Mittelfenster und der Mäander-Sockel gehören jedoch nicht zur ursprünglichen Fassung.

Türmen, die sich über diesen erheben, geschuldet. Sie wurden im 12. Jahrhundert begonnen, doch erst im 15. vollendet. Auf Höhe des Triumphbogens befand sich ursprünglich ein Lettner, der das Presbyterium vom Laienraum trennte. Nach den Ergebnissen dendrochronologischer Untersuchungen müssen die Dächer über Chor und Mittelschiff bis 1134 errichtet worden sein. Die Vollendung der westlichen Vorhalle ist ungeklärt. In der Mitte des 18. Jahrhunderts wurde der Kirchenraum, insbesondere die Decken von Mittel- und Seitenschiffen mit Stuck und Malereien verziert. Die Säulen des Langhauses, die aus Quadersteinen gemauerten Arkaden, das kräftige ho-

32 ► Reichenau im Bodensee (Baden-Württemberg), Niederzell, Stiftskirche St. Peter und Paul, Ostapsis, Christus in der Mandorla – Detail der Wandmalerei aus der Apsiskalotte. Christus wird hier als Weltenrichter dargestellt, umgeben von den vier apokalyptischen Wesen, die zugleich als Evangelistensymbole zu deuten sind.

rizontale Gesims und der verputzte Obergaden zeugen noch vom ursprünglichen Wandaufbau.

Von besonderem kunsthistorischem Interesse sind die erst kurz vor 1900 freigelegten und sofort danach restaurierten Fresken der Hauptapsis (Abb. 31). Sie können grob auf 1104 – 1134 datiert werden. Die Malereien gliedern sich in drei Zonen. Die untere Sockelzone mit aufgemaltem Quadersteinmauerwerk und Mäanderband ist im Zuge der Restaurierungen ergänzt worden. Die mittlere Zone, die durch ein im 15. Jahrhundert eingesetztes Fenster durchbrochen wird, besteht aus zwei Reihen figürlicher Darstellungen von Aposteln und Propheten, die von Rundbogenarkaden eingefasst werden. Die in der oberen Reihe dargestellten Apostel halten Bücher in ihren Händen, die Propheten in der unteren Reihe tragen Judenhüte und führen Spruchbänder. Die hier angedeutete Korrespondenz von Altem und Neuem Testament ist nicht ungewöhnlich. Theophilus Presbyter (1. Hälfte 12. Jahrhundert) gibt im dritten Buch seines Manuals *De diversis artibus*, in dem er u. a. die Herstellung eines Weihrauchfasses erläutert, ein ähnliches Beispiel, in dem Propheten und Apostel einander korrespondieren.

In der Apsiskalotte, der dritten Zone, thront Christus in einer Mandorla, die Rechte zum Segensgestus erhoben, in der Linken ein geöffnetes Buch haltend, welches einst die heute verblasste Inschrift trug: *Ego sum via, veritas et vita* – Ich bin der Weg, die Wahrheit und das Leben (Abb. 32). Die Mandorla umgeben die vier apokalyptischen Wesen, die auch als Evangelistensymbole gedeutet werden: der Engel für Matthäus, der Stier für Lukas, der Löwe für Markus und der Adler für Johannes. Rechts und links neben Christus stehen zwei Heilige, die als die Schutzpatrone Petrus und Paulus interpretiert werden. In den Zwickeln sind Cherubim, die apokalyptischen Engel, dargestellt.

Die äußerst qualitätvollen Wandmalereien zeichnen sich durch Klarheit in der Komposition, einfache zeittypische architektonische Rahmung der Figuren, lebhafte Darstellung von Gesten und Bewegungen sowie durch eine zurückhaltende Farbigkeit aus.

Sankt Georg in Oberzell

Die im Osten der Insel gelegene Stiftskirche hat eine sehr komplexe Baugeschichte (Abb. 33). Ihre Gründung verdankt sie wohl Abt Heito III., der 896 die Georgsreliquien von einer Romreise mit auf die Reichenau brachte. Papst Formosus (891 – 896) soll sie ihm geschenkt haben. Die heutige Kirche, in der noch große Teile des Gründungsbaus stecken, ist eine im Langhaus flach gedeckte, dreischiffige Säulenbasilika mit einem mächtigen Vierungsturm, zwei niedrigen

33 ▲ Reichenau im Bodensee (Baden-Württemberg), Oberzell, Stiftskirche St. Georg, Ansicht von Süden. Ein Vergleich mit dem Schnitt in der folgenden Abbildung lässt die Raumgliederung deutlich werden. Am Außenbau fallen die massiven Strebepfeiler auf, die wohl als spätmittelalterlicher Erdbebenschutz gedacht waren.

34 ▼ Reichenau im Bodensee (Baden-Württemberg), Oberzell, Stiftskirche St. Georg, Längsschnitt durch die Stiftskirche. Die Darstellung zeigt das nach Osten hin ansteigende Fußbodenniveau und die sich östlich darunter befindende Krypta.

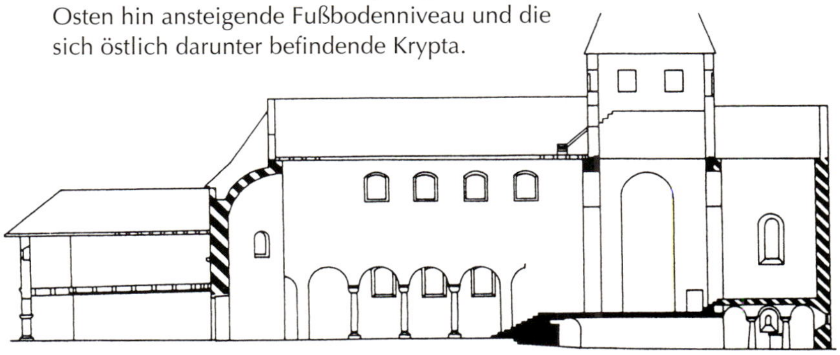

Querhausarmen, die mit den Seitenschiffen fluchten, und einem quadratischen Altarraum (Abb. 34). Vierung und Sanktuarium sind jeweils um einige Stufen erhöht. Die Altarmensa, ein schlichter Steinblock, stammt aus dem 9. Jahrhundert. Seitlich der Vierungsstufen befinden sich zwei Eingänge zur Krypta, die eine Kombination von Stollen- und Hallenkrypta darstellt, wobei ihr Hauptraum direkt unter dem Sanktuarium liegt. Im Westen wird die Kirche von einer großen Apsis geschlossen, der eine etwas schmalere zweigeschossige Vorhalle vorgelagert ist (Abb. 35). In deren nur von außen zugänglichem

35 ◂ Reichenau im Bodensee (Baden-Württemberg), Oberzell, Stiftskirche St. Georg, Blick in die Westapsis. Gut zu erkennen sind die kleinen fensterartigen Biforien, die einen Sichtkontakt von dem Obergeschoss der westlichen Vorhalle in den Kirchenraum erlauben.

Obergeschoss befindet sich die Michaelskapelle. In der Ostwand öffnen sich zwei kleine Biforien zum Hauptschiff hin. Darüber wurden Mitte des 19. Jahrhunderts Wandmalereien freigelegt, die die Parusie Christi darstellen.

Die Baugeschichte soll hier nicht weiter interessieren. Das Augenmerk gilt der relativ gut erhaltenen Ausmalung des Kirchenraumes, die ein Hauptwerk ottonischer Malerei nördlich der Alpen darstellt. Sie ist jedoch nicht in der klassischen Fresko-Technik gearbeitet, wo schrittweise auf frischem Kalkputz gemalt wurde, sodass die Farbe mit dem Putz abbinden konnte. Spätere Korrekturen waren hier nicht ohne weiteres möglich. Vielmehr wählten die Maler eine Mischtechnik. Auf getrocknetem Putz wurde eine Vorzeichnung aufgebracht, danach systematisch die Farben von Hintergrund, Architektur und Figuren aufgetragen.

Im Chor und in den Seitenschiffen konnten nur noch Reste der einstigen Ausmalung gesichert werden. Ob die verlorene Westwand, die einst das Mittelschiff abschloss, ebenfalls bemalt war, kann nicht mehr gesagt werden. Die Bemalungen am Triumphbogen sowie die Ausgestaltung der Obergadenzone mit den Aposteln sind Nachschöpfungen des 19. Jahrhunderts. Die narrativen Szenen unterhalb des Lichtgadens sowie die Medaillons in den Arkadenzwickeln stammen wohl aus dem 10. Jahrhundert. Die Datierung kann aufgrund mangelnder Quellen und fehlender Vergleichsbeispiele nur als grober Anhaltspunkt dienen. An jeder Hochschiffwand befinden sich vier Szenen, die dem Uhrzeigersinn folgen. Sie sind durch Bildunterschriften (*tituli*) eindeutig identifizierbar. An der Nordseite von West nach Ost sind die Heilung des Besessenen von Gerasa (Mk 5,1 – 19), die Heilung des Wassersüchtigen (Lk 14,1 – 11), die Beruhigung des Sturmes (Mt 8,23 – 27, Abb. 36) und die Heilung des Blindgeborenen (Joh 9,1 – 38) dargestellt und auf der Südseite von Ost nach West die Heilung des Aussätzigen (Mt 8,1 – 13), die Auferweckung des Jünglings von Nain (Lk 7,11 – 16), die Auferweckung der Tochter des Jairus und die Heilung der an Blutfluss leidenden Frau (Mt 9,18 – 26) sowie die Auferweckung des Lazarus (Joh 11,1 – 45).

Die Farbigkeit ist harmonisch abgestimmt, die Bilder sind nach ähnlichen Regeln komponiert und die perspektivische Gestaltung des Mäanderstreifens unterhalb der szenischen Darstellung unterstützt die Leserichtung der bildlichen Abfolge. Die Szenen stammen durchweg aus dem Neuen Testament und fokussieren die Wundertätigkeit Christi, die zugleich für dessen göttliches Wirken steht. Es ist kein theologisch anspruchsvolles Programm, sondern appelliert eher an die emotionale Dimension des Glaubens. Bildliche Darstellungen (*imagines/picturae*) in den Kirchen sollten, so das berühmte Diktum von Papst Gregor dem Großen, als Literatur für Laien (*litteratura laicorum*) aufgefasst werden. Sie dienten jedoch keineswegs dem theologischen Wissenserwerb von Ungebildeten (*idiotae*). Allein die in Sankt Georg notwendig erschienenen *tituli* setzen zur theologischen Reflexion der Inhalte ein schriftkundiges Publikum voraus. Sieht man von Andachtsbild oder

36 ▲ Reichenau im Bodensee (Baden-Württemberg), Oberzell, Stiftskirche St. Georg, Wandmalerei an der Mittelschiffswand. Das Thema „Beruhigung des Sturmes“ bezieht sich auf das Evangelium nach Matthäus (8,23–27).

37 ► Reichenau im Bodensee (Baden-Württemberg), Niederzell, Stiftskirche St. Georg, Darstellung einer Kuhhaut, die von Teufeln gehalten wird und hinter der zwei Frauen ins Gespräch vertieft sind. Die Redewendung „Das geht auf keine Kuhhaut“ bezog sich ursprünglich auf das vom Teufel schriftlich auf Pergament (Kuhhaut) festgehaltene Sündenregister eines Menschen mit zweifelhaftem Lebenswandel.

Altarbild ab, ging es bei den meisten bildlichen Darstellungen an oder in Kirchen, wie viele Äußerungen hochmittelalterlicher Theologen belegen, darum, die einfachen Gläubigen emotional zu bewegen und sie zu moralischen Reflexionen über das eigene Tun anzuhalten. Das Staunen, der Gesamteindruck im Sinne des mittelalterlichen Verständnisses von *ornamentum* vermittelten den Gläubigen auf sehr sinnliche Art und Weise eine Ahnung von der Größe, Schönheit und Allmacht Gottes.

Auf der Nordwand des Mittelschiffs, direkt am Eingang zur Krypta, hat sich eine Szene mit vier Teufeln erhalten, die eine Kuhhaut ausgebreitet in ihren Händen halten (Abb. 37). Dahinter stehen zwei Frauen, die in ein Gespräch vertieft sind. Die Inschrift aus dem frühen 14. Jahrhundert kritisiert in der Volkssprache moralisierend die Geschwätzigkeit, woher die Redensart „Das geht auf keine Kuhhaut“ stammen soll. Zieht man jedoch in Betracht, dass hier der Lettner einst stand, von dem aus wohl auch gepredigt wurde, dann ließe sich der moralische Appell auch als Warnung für den Prediger verstehen.

4. Die Hirsauer – Reformklöster in der Nachfolge Clunys

Die cluniazensische Reform hat im deutschen Sprachraum nie direkt Fuß gefasst. Sie wirkte vielmehr indirekt über die Klöster Siegburg, Sankt Blasien und Hirsau. Dies wurde bereits in der schon zitierten Chronik Bernolds hervorgehoben. Die Rolle Hirsaus und Abt Wilhelms beschrieb Ortlieb in der Zwiefalter Chronik (12) mit folgenden Worten: „Denn er [Wilhelm] leitete die Gewohnheiten der Mönche und die Weisungen der Väter, nach denen die Regel des heiligen Benedikt in den Klöstern durchgeführt werden könnte, aus der Quelle von Cluny und führte sie der Dürre der Klöster diesseits der Alpen wie eine breitströmende Flut zu." Die deutschen Reformzentren waren jedoch nicht Teil der *ecclesia cluniacensis*, sondern übernahmen auf unterschiedlichen Wegen deren Gewohnheiten. Hier soll nur der baugeschichtlichen Bedeutung der „Hirsauer" nachgegangen werden.

Die Klosterkirche Sankt Peter und Paul in Hirsau

Die Reformen unter Abt Wilhelm führten auch zu einer steigenden Zahl der Mönche. Der im Jahre 1071 begonnene und sich im Grundriss noch am Mutterkloster Einsiedeln orientierende Neubau der Aureliuskirche schien schon bald zu klein. So wurde auf einem Plateau auf der anderen Seite der Nagold ab 1082 ein neues Kloster auf jungfräulichem Grund errichtet, von dem, aufgrund der Brandschatzung durch die Franzosen im Jahre 1692 sowie der späteren Nutzung als Steinbruch, fast nichts mehr blieb. Die neue Klosterkirche Sankt Peter und Paul wurde am 2. Mai 1091 geweiht und das alte Aureliuskloster damit zum Priorat. Der Grad der Vollendung der neuen Kirche bleibt allerdings unklar. Denn neben bauarchäologischen Beobachtungen scheinen das hohe Alter Abt Wilhelms und sein Tod am 5. Juli desselben Jahres dafür zu sprechen, dass man bemüht war, Wilhelm selbst noch die Möglichkeit zu geben, seine Kirche zu weihen.

Die Klosterkirche (Abb. 38) war eine dreischiffige, über kreuzförmigem Grundriss errichtete, flach gedeckte Säulenbasilika. Die Langhausarkaden ruhten auf sieben Säulenpaaren und im Osten auf einem Pfeilerpaar in Kreuzform. Ob die Fenster des Obergadens axial auf die Arkaden ausgerichtet waren, lässt sich aus der Skizze von Johann Liefkoop (1702) nicht mehr mit Bestimmtheit sagen (Abb. 39). An der Westwand wurden die Arkadenbögen von rechteckigen Wandvorlagen aufgenommen, im Osten von den Vorlagen der Vierungspfeiler. Der östlichste Abschnitt zwischen den Langhauspfeilern und Vierungspfeilern wird als *chorus minor* gedeutet, der Raum, in dem alte und kranke Mönche während der Gebetszeiten Platz nahmen. Eine Abschrankung des Chores konnte archäologisch nicht nachgewiesen werden. Jedoch zeigt die Darstellung von Liefkoop, dass auf Höhe der Langhauspfeiler sowohl die Seitenschiffe als auch das Mittelschiff von Bögen überspannt waren, die Räume also besonders hervorgehoben wurden. Während die Obergadenzone ungegliedert blieb und wahrscheinlich aus verputztem Kleinquadermauerwerk bestand, wurde die Arkadenzone mit einen horizontalen Gesimsband abgeschlossen, welches durch vertikale Bänder mit den Kämpfern über den Kapitellen verbunden war. Die Arkadenzone bestand aus einem auf Sicht

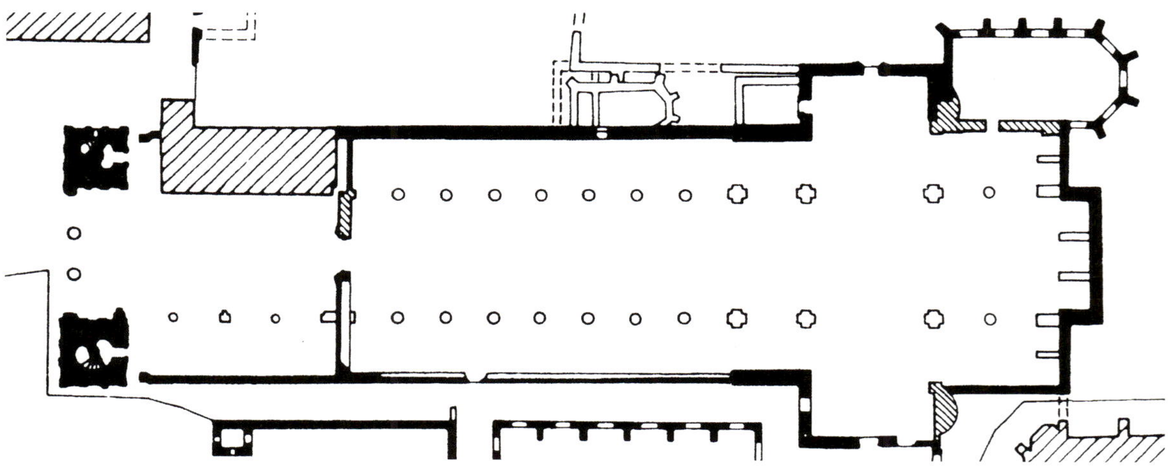

38 ► Hirsau (Baden-Württemberg), Benediktinerkloster, Klosterkirche, Grundriss. Die langgestreckte Klosterkirche bestand aus drei Komplexen, der Doppelturmfassade mit Eingangshalle, der Vorhalle und dem eigentlichen Kirchengebäude. Abgesehen vom Eulenturm wurde die Kirche bis auf die Grundmauern zerstört.

gearbeiteten Quadersteinmauerwerk. Auffällig ist zudem, dass die Seitenschiffsaußenmauern auf Höhe des *chorus minor* erheblich stärker ausgebildet waren. Dies führte zu der These, dass in den Ecken zwischen Lang- und Querhaus ursprünglich Glockentürme vorgesehen waren, auf Grund eines Planwechsels jedoch nicht zur Ausführung kamen. Das komplette Langhaus schloss oben entweder mit flachen Holzdecken ab oder verfügte über einen offenen Dachstuhl. Es besaß – bei einem Verhältnis von Mittelschiffsbreite zu Mittelschiffshöhe von 1 : 1,6 – relativ gedrungene Proportionen. Diesen Eindruck spiegeln auch die Säulen, deren kräftige, aus Trommeln gefügte Schäfte verhältnismäßig voluminöse Würfelkapitelle trugen.

Die Querhausarme ragten über die Fluchten der Seitenschiffe des Langhauses hinaus. Sie besaßen jeweils an den Stirnseiten sowie an den Westseiten einfach gearbeitete Durchgänge. Das Querhaus wurde von der Vierung dominiert, die im Grundriss quadratisch angelegt und wahrscheinlich als ausgeschiedene Vierung gestaltet war. Annähernd dieselbe Fläche nahmen die Querhausarme ein. Im Langhaus funktionierte das Vierungsquadrat als Grundmodul jedoch nicht. Das Mittelschiff ist breiter als beide Seitenschiffe zusammen. Die Querhausarme besaßen einst Apsiden.

Das sich östlich an das Querhaus anschließende dreischiffige Presbyterium, dessen mittlerer Teil der Fläche des Vierungsquadrats entsprach, war nach Osten gestaffelt. Der mittlere Teil, durch Zungenmauern in drei Kompartimente unterteilt, ragte gegenüber den Seiten nach Osten hervor. Die drei Altarnischen wurden, wie Liefkoops Skizze zeigt, auf halber Wandhöhe von Rundbögen geschlossen. Der nördliche und südliche Nebenraum verfügte über jeweils zwei Altäre. Der Altarhauptraum öffnete sich durch Bögen zu den Nebenräumen. Wie diese zu rekonstruieren sind, bleibt fraglich. Angenommen wird ein von einer mittleren Säule getragener Zwillingsbogen. Auffällig ist, dass sowohl die nördliche und südliche Außenmauer des Presbyteriums nicht mit den korrespondierenden Außenmauern der Seitenschiffe fluchteten, als auch die Querhausapsiden einst mit der an sie anschließenden Mauer des Presbyteriums kollidierten.

Offen bleibt die Lage von Hoch- und Kreuzaltar sowie die konkrete Nutzung der Nebenräume des Presbyteriums. Die in der älteren Literatur vermuteten Abschrankungen für *chorus minor*, Mönchschor (*chorus maior*) und Altarraum sowie eine Höhenstaffelung des Fußbodenniveaus nach Osten zum Hochaltar hin konnten bauarchäologische Untersuchungen nicht bestätigen.

39 ▼ Staatsgalerie Stuttgart (Baden-Württemberg), Rötelzeichnung von Johann Liefkoop d. Ä., Ruine der Hirsauer Klosterkirche, Blick nach Osten. Trotz künstlerischer Freiheit bleibt die Zeichnung von Liefkoop das einzige Dokument, welches auf die Innenraumgestaltung des Kirchenbaus Hinweise enthält.

40 ▲ Schaffhausen (Kt. Schaffhausen), Benediktinerkloster Allerheiligen, Klosterkirche, Blick ins Mittelschiff nach Osten. Die Klosterkirche von Schaffhausen gilt als erster Nachfolgebau in der Tradition von St. Peter und Paul in Hirsau.

Dem Langhaus war im Westen eine Vorkirche vorgelagert, deren endgültige Gestalt aus einer dreischiffigen Vorhalle bestand, die strukturell dem Langhaus folgte. Sie war vierjochig, gewölbt und in der Stützenfolge (Säule – Pfeiler – Säule) akzentuiert. Westlich der Vorhalle schlossen zwei Türme mit einem nicht mehr genau zu rekonstruierenden mittleren Eingangsbereich an. Die Baugeschichte des Westbaus ist besonders kompliziert, da verschiedene Bauphasen und Planwechsel geschieden werden müssen. Festzuhalten bleibt, dass die Vorhalle nicht zusammen mit der alten Westfassade errichtet wurde und dass auch die Türme wiederum der Vorhalle vorgesetzt sind.

Relative Bauchronologie und absolute Baudaten sind nicht einfach zu bestimmen. Dass der Westbau nicht zum ursprünglichen Konzept gehörte, steht außer Frage, dessen Vollendung kann jedoch nur vermutet werden. Um 1120 war wohl der Nordturm errichtet. Die Gestalt der Kirche im engeren Sinn zeigt, dass sich die Proportionen im Grundriss mit Vierung, Querhaus und Presbyterium änderten. Hier bildete das Vierungsquadrat die Grundlage, im Langhaus nicht. Dies spräche dafür, wie Stefan Kummer vermutet, dass von West nach Ost gebaut wurde. Allerdings führen die nicht mit den Seitenschiffsaußenmauern fluchtenden Mauern des Presbyteriums sowie deren merkwürdiger westlicher Anschluss an die Querhausapsiden zu neuen Fragen. Kummer nimmt deshalb einen erneuten Planwechsel an und geht davon aus, dass ursprünglich ein dreischiffiger Staffelchor mit apsidialen Schlüssen vorgesehen war, wie er u.a. in Paulinzella errichtet wurde. Dies würde schließlich mindestens vier Bauphasen bedeuten.

Das Volumen des Baukörpers der Hirsauer Klosterkirche Sankt Peter und Paul ist zwar relativ groß gewesen, die Gesamtgestaltung hingegen eher schlicht. In dem aus rotem Sandstein errichteten Bau blieben die Wandflächen im Wesentlichen ungegliedert, nur die Ecken am Außenbau wurden durch Großquader betont. Die sich in den Bauphasen spiegelnden Konzeptionswechsel legen nahe, dass bei Baubeginn kein zwingendes, bis in alle Details ausgearbeitetes Gestaltungskonzept vorlag, sondern während der Bauzeit flexibel Anpassungen vorgenommen werden konnten.

Allerheiligen Schaffhausen und das Priorat Wagenhausen

Allerheiligen Schaffhausen (Kt. Schaffhausen) wurde 1049 durch Ita und Eberhard von Nellenburg als Eigenkloster gegründet und später zur Grablege erkoren. Graf Eberhard trat 1075 selbst in seine Gründung als Mönch ein und starb dort drei Jahre später. Graf Burkhardt, der Nachfolger, verzichtete

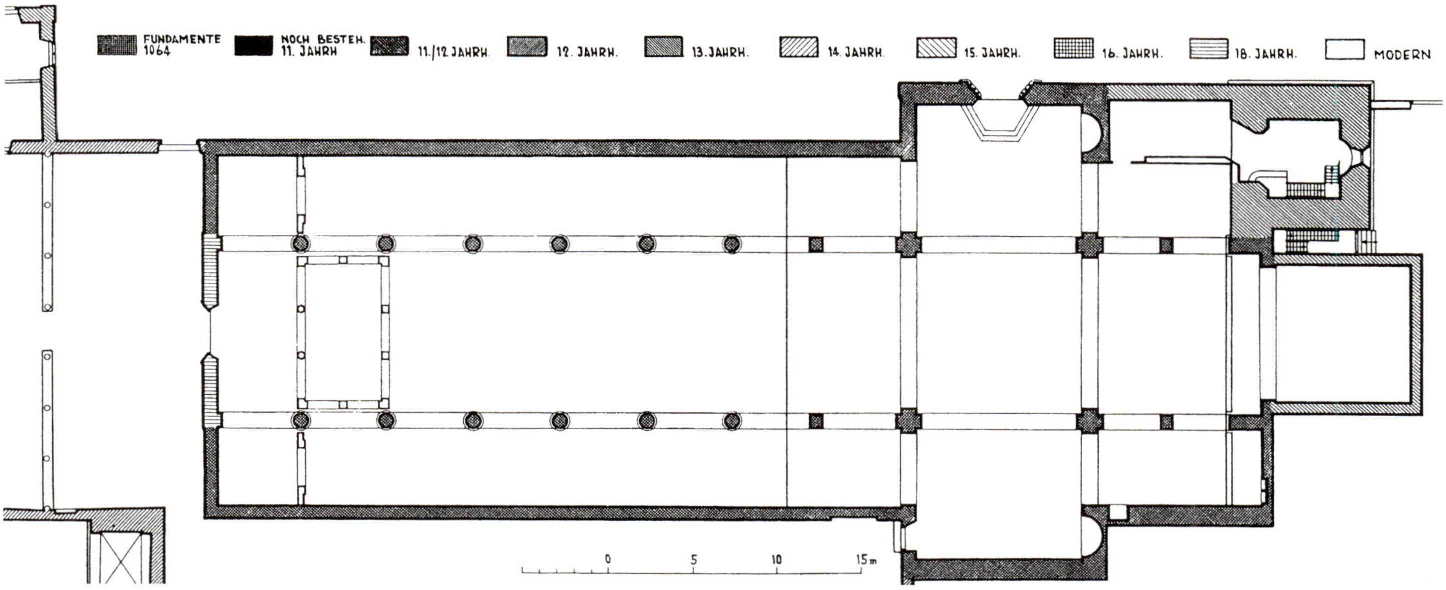

41 ▲ Schaffhausen (Kt. Schaffhausen), Benediktinerkloster Allerheiligen, Grundriss der Klosterkirche. Hervorzuheben sind die Apsidiolen an der Ostwand des Querhauses, die nicht am Außenbau erscheinen, sowie die Öffnungen des Sanktuariums durch Doppelarkaden zu den Nebenkapellen.

1080 auf seine Rechte als Eigenkirchenherr, womit die freie Abtwahl ermöglicht wurde und dem Kloster auch Zins- und Marktrechte zufielen. Der Abt war zugleich Stadtherr, Graf Burkhardt blieb Klostervogt. Letzterer bat Abt Wilhelm von Hirsau um Mönche zur Reformierung des Konvents. Konflikte blieben nicht aus, sodass Abt Siegfried († 1096) sogar den Konvent umsiedeln wollte. Dennoch nahm das Klosterleben um die Jahrhundertwende einen neuen Aufschwung.

Um 1090 wurde eine neue Klosteranlage begonnen, die in Teilen um die bestehende alte Klausur herumgebaut wurde. Allein das Projekt der Klosterkirche – sie sollte fünfschiffig werden – war sehr ambitioniert und kam über die Grundmauern nicht hinaus. Schließlich wurde es korrigiert und über den bestehenden Grundmauern eine kleinere Klosterkirche errichtet. Diese war um 1105 fertiggestellt. Sie gilt als erster Nachfolgebau Hirsaus. Trotz späterer Um- und Einbauten zeigt die heutige Kirche im Wesentlichen noch ihre romanische Gestalt (Abb. 40).

Die Klosterkirche wurde als flach gedeckte Säulenbasilika über kreuzförmigem Grundriss ausgeführt (Abb. 41). Das Langhaus erstreckt sich über acht Fensterachsen, d.h. über sechs Säulenpaare und ein Pfeilerpaar westlich der Vierung. Die Obergadenfenster sitzen jeweils über dem Bogenscheitel der Arkaden, die aus steinsichtigem Quadersteinmauerwerk errichtet wurden und deren Bögen aus wechselnden roten und grauen Sandsteinen bestehen. Getragen werden sie von Säulen, bestehend aus Basis, monolithen schlanken Schäften, mit doppelten Schilden verzierten Würfelkapitellen und Kämpfern. Das östlich abschließende Pfeilerpaar mit Kämpfern unter dem Bogenansatz ist im Querschnitt quadratisch und aus rotem Sandstein aufgemauert. Die Obergadenwände sind verputzt. Die heutige Holzdecke stammt von 1956.

Das Querhaus ragt über die Seitenschiffe hinaus und wird von der Vierung dominiert, in der sich einst wohl der Mönchschor befand. Das Vierungsquadrat fungiert für den gesamten Kirchenbau als Grundmodul. An der nördlichen Stirnwand des Querhauses und an der südlichen Westwand desselben befinden sich Durchgänge. Auffallend sind die Apsiden in der Querhausostwand, die rechteckig ummantelt wurden und am Außenbau nicht in Erscheinung treten.

Das Presbyterium war ursprünglich dreischiffig, wobei der mittlere Altarraum annähernd quadratisch angelegt ist und über die Seitenräume nach Osten hinausragt. Die Fenstergruppe mit den drei Rundbogenöffnungen ist rekonstruiert. Es handelt sich hier um ein eingezogenes Altarhaus. Die Chornebenräume befanden sich in Verlängerung der Seitenschiffe des Langhauses. Die Wände zum zentralen Altarraum sind durch einen Doppelbogen, der von einem Pfeiler getragen wird, geöffnet. An der Nordostseite des Presbyteriums ist ein Glockenturm angefügt.

Während der Vorgängerbau wohl über eine Doppelturmfassade verfügte, wurde beim Neubau der Klosterkirche auf Westtürme verzichtet und nur eine Vorhalle errichtet. Die heutige ist neoromanisch und stammt aus dem Jahr 1857.

Der Kirchenraum hat mehrere Wandlungen erfahren. Kurz nach der Reformation wurde 1531 die Inneneinrichtung weitgehend entfernt. Es verschwanden Altäre, Bilder und Chorgestühl. Zwischen 1594 und 1598 wurde die Münsterkirche renoviert, die alten Chorschranken abgebrochen, die Orgel abgebaut und die Glasmalereien zerstört. So entstanden eine völlig andere Raumsicht und Beleuchtung. Der

42 ▲ Wagenhausen (Kt. Thurgau), Benediktinerpriorat Wagenhausen, Ansicht der Klosteranlage von Nordosten. Der Klosterbau erhebt sich direkt über dem Rheinufer. Er stellt ein Kleinod der in der Regel verlorenen Beispiele von Prioratsklöstern dar.

folgenden Renovierung (1750 – 53) fielen die Stiftergrabmäler vor dem ehemaligen Kreuzaltar (heute im Museum aufgestellt) und das romanische Westportal mit einer Darstellung des Jüngsten Gerichts zum Opfer. In der Mitte des 19. Jahrhunderts versuchte man durch eine historisierende Rekonstruktion, vor allem durch eine vermeintlich mittelalterliche Ausmalung den ursprünglichen Charakter wiederherzustellen. Dies wurde durch die Restaurierungen der Jahre 1950 – 1958 wieder korrigiert.

Ein Vergleich mit der Klosterkirche in Hirsau zeigt im Detail Modifikationen, vor allem hinsichtlich der Gestalt des Westbaus und der Form des Presbyteriums. Übereinstimmend sind jedoch die schlichte Ausbildung des Baukörpers, eine klare Raumgestaltung, die ungegliederten Wände sowie der weitgehende Verzicht auf bauplastischen Schmuck.

Bei Stein am Rhein etwas flussabwärts hat sich mit dem Priorat Wagenhausen (Kt. Thurgau) ein architekturgeschichtliches Kleinod erhalten (Abb. 42). Der Gründer Tuoto von Wagenhausen-Honstetten beauftragte 1083 das Kloster Schaffhausen, wo er später selbst Mönch wurde, mit der Einrichtung eines Klosters. Sein späterer Widerruf und die folgenden vermögensrechtlichen Streitigkeiten mögen hier außer Acht bleiben. Im Jahre 1105 fiel Wagenhausen an das Bistum Konstanz und der Bischof unterstellte es dem Kloster Petershausen bei Konstanz. Trotz rechtlicher Turbulenzen prosperierte Wagenhausen im ersten Drittel des 12. Jahrhunderts. Der Gründungsbau der Jahre 1083 – 1087 (Abb. 43) bestand in einer dreischiffigen, flach gedeckten Pfeilerbasilika, ohne echtes Querhaus und ausgeschiedene Vierung. Die Seitenschiffe endeten im Osten apsidial, das Chorquadrat im Mittelschiff schloss ebenfalls halbrund. Letzteres bildete wiederum eine Art Grundmodul. Das nördliche Seitenschiff musste aus statischen Gründen abgebrochen werden. Es drohte Richtung Rhein abzurutschen. Zwei Schwibbögen deuteten die ursprüngliche Gliederung der Ostpartie an, wobei der erste heute nicht mehr erhalten ist. Dieser befand sich auf Höhe des fünften Pfeilerpaares. Der zweite überspannt noch immer die Stufen zum Altarraum. Während der erste queroblonge Raum zwischen den Bögen als *chorus minor* interpretiert wird, befanden sich im eigentlichen Chorraum der Hochaltar und das Chorgestühl der Mönche, deren Zahl immer relativ moderat blieb.

43 ▸ Wagenhausen (Kt. Thurgau), Benediktinerpriorat Wagenhausen, Prioratskirche, Blick ins Mittelschiff nach Osten. Auf der linken Seite sind die zugemauerten Mittelschiffsarkaden zu erkennen, die nach dem Abbruch des Seitenschiffs die Außenmauer bilden.

Das Baumaterial bestand im Wesentlichen aus Feldstein, die Arkaden und Mauerecken aus Jurakalkstein und die Fenstergewände aus Tuffstein. Die Kirche verfügt noch heute über Reste der spätgotischen Ausmalung (vgl. Abb. 1).

Im Westen der Prioratskirche schloss einst eine zweigeschossige Vorhalle an, deren Obergeschoss zum Mittelschiff hin wohl geöffnet war. Das angenommene Michaelspatrozinium für den Altar im Obergeschoss ist ein problematischer Analogieschluss. Die heutige Empore ist von 1892 und die Orgel von 1934.

Die erste Klausur dürfte aus Holz gewesen und bei einem Brand um 1100 wohl zerstört worden sein. In der Petershausener Zeit wurde die Kirche repariert und eine neue Klausur errichtet, deren Reste noch heute im Erdgeschoss von Ost- und Südflügel stecken (Abb. 44). Der Westbau wurde 1829 abgetragen.

Der architekturhistorische Fokus auf Großbauten, die „Schule“ machten, verstellt oftmals den Blick und verzerrt die Relationen. Dies gilt für Cluny, aber auch für die Hirsauer Reform. Zu Cluny gehörten im ausgehenden 11. Jahrhundert circa 1200 Klöster in Frankreich, Spanien, England, Italien und der Schweiz als Priorate oder relativ selbstständige Abteien. Von der Mehrheit der Bauten ist wenig oder gar nichts bekannt. Für die Hirsauer Reform wird es noch problematischer, weil der reale Grad der Abhängigkeit vom Reformzentrum oft nur wage bestimmt werden kann und manchmal nur temporär gegeben sein konnte. Zudem erlaubte die freie Abtwahl auch die Wahl von Mönchen aus anderen Konventen, die nicht zwingend in Hirsauer Abhängigkeit standen, sondern eine ähnliche spirituelle Grundhaltung einnahmen. Derartige Karrieren über mehrere Stationen waren, trotz Benedikts Gebot der *stabilitas in congregatione* (Kap. 4,78), keineswegs selten. Ein erweiterter Kontext, der Konventsgröße, finanzielle Ausstattung, ökonomische Leistungskraft, regionale Bautraditionen, die unterschiedliche Interpretation gleicher spiritueller Werte oder landesherrliche Ein-

44 ▸ Wagenhausen (Kt. Thurgau), Benediktinerpriorat Wagenhausen, nordöstliche Kreuzgangecke. Im Untergeschoss des östlichen Klausurflügels stecken noch große Teile des mittelalterlichen Mauerwerks.

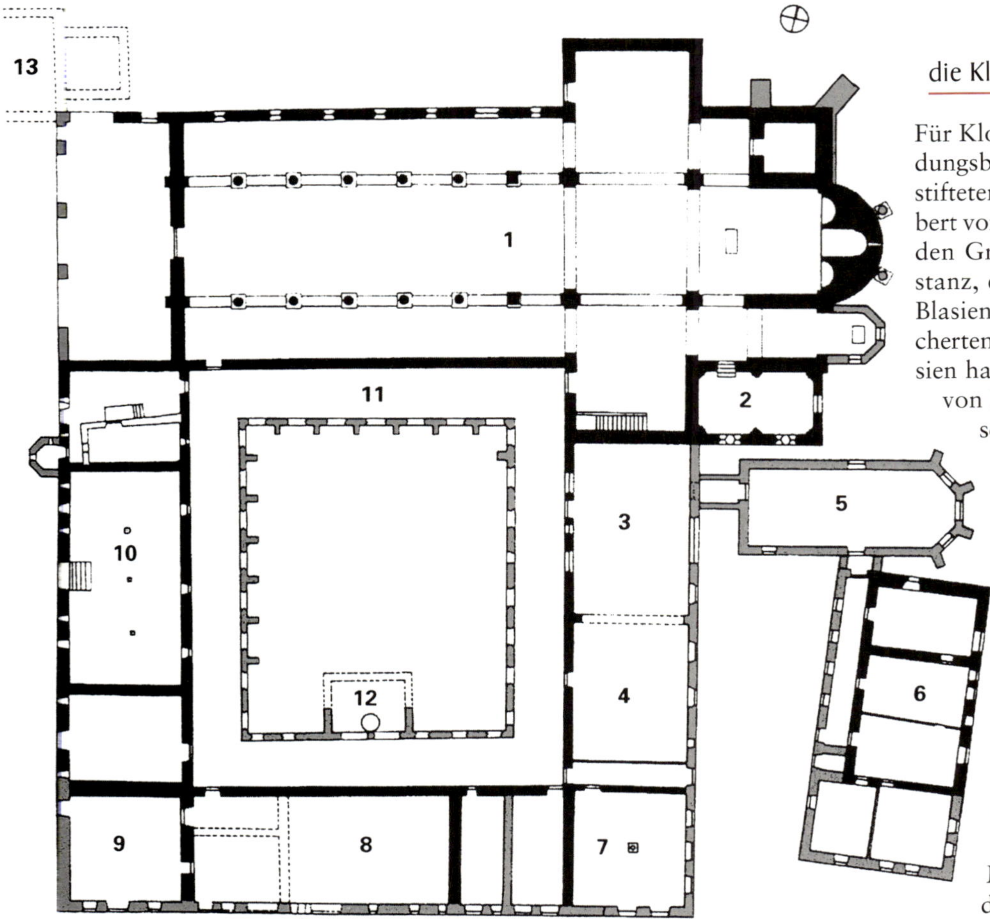

45 ▲ Alpirsbach (Baden-Württemberg), Benediktinerkloster, Grundriss der Klosteranlage: 1 Klosterkirche, 2 Sakristei, 3 Kapitelsaal, 4 Parlatorium (?), 5 Marienkapelle, Obergeschoss Bibliothek (abgebrochen), 6 Infirmarium (heute Pfarrhaus), 7 Fraterie/Brüdersaal, 8 Refektorium (heute katholische Pfarrkirche), 9 Küche (heute Pfarramt), 10 Cellarium im UG, erstes und zweites Geschoss Wohn- und Diensträume des Abtes, 11 Kreuzgang, 12 Brunnenhaus (?), 13 altes Oratorium, später Leutkirche (abgebrochen).

flussnahme berücksichtigt, lässt nur recht allgemeine Urteile über architektonische Beziehungen zu. Die Suche nach konkret deklinierbaren architektonischen Leitmotiven war bisher erfolglos, auch deshalb, weil die wissenschaftliche Bearbeitung der Denkmäler, gemessen an der Gesamtzahl der vermuteten Bauten, aus verschiedenen Gründen höchst selektiv ist. Insofern ist das Priorat Wagenhausen ein erhellendes Beispiel für einen unspektakulären Klosterbau, der in besten Zeiten ungefähr zwei Dutzend Mönchen eine Heimstatt bot. Allein die Tatsache, dass das Priorat Schaffhausen unterstand und später dem reformfreudigen Petershausen in Obhut gegeben wurde, lässt diese Unternehmung im historischen Rückblick als etwas Besonderes erscheinen.

Alpirsbach – die Klosterkirche Sankt Nikolaus in Alpirsbach

Für Kloster Alpirsbach an der Kinzig, so der Gründungsbericht und ein päpstliches Privileg von 1101, stifteten Graf Alwig von Sulz und die Adligen Adalbert von Zollern sowie Ruotmann von Hausen 1095 den Grundbesitz. Bischof Gebhard III. von Konstanz, einst Mönch in Hirsau, und Uto von Sankt Blasien (1086 – 1108), Abt des Mutterklosters, sicherten die freie Wahl von Abt und Vogt. Sankt Blasien hatte sich wohl auf Betreiben Herzog Rudolfs von Rheinfelden einer Variante der cluniazensischen Reform über das oberitalienische Kloster Fruttuaria (Piemont) angeschlossen, das um 1015/16 von Wilhelm von Volpiano († 1031), Abt von Saint-Bénigne in Dijon, gegründet wurde. Die Reihenfolge der ersten Äbte, ihre Abbatiate sowie deren Herkunft können nur ungenügend rekonstruiert werden. Hervorzuheben ist jedoch, dass nach dem Gründungsabt Kuno (1095 – 1114), der aus Sankt Blasien kam, mit Trageboto († 1130/40) einer aus Zwiefalten gewählt wurde und mit Conradus und Bertoldus später weitere Professen aus Hirsau im Amt waren.

Der gegenwärtigen Klosterkirche, die ab Mitte der zwanziger Jahre des 12. Jahrhunderts errichtet wurde, gingen ein 1095 geweihtes hölzernes und ein 1099 geweihtes steinernes Oratorium voraus. Mit dem Neubau erhielt die Kirche wohl auch ihr neues Patrozinium, Sankt Nikolaus. Im Gegensatz zu Hirsau oder Schaffhausen besitzt Alpirsbach noch eine vollständige Klausur, wenngleich diese in späterer Zeit mehrfach umgebaut wurde und vom romanischen Zustand kaum noch etwas blieb.

Die heutige Klosterkirche ist eine flach gedeckte, dreischiffige Säulenbasilika über kreuzförmigem Grundriss (Abb. 45). Die Langhausarkaden werden von fünf Säulenpaaren, im Osten von einem im Querschnitt quadratischen Pfeilerpaar getragen und durch einen horizontal verlaufenden Zickzackfries zum Obergaden hin abgeschlossen (Abb. 46). Die Bogensteine der Arkaden sind zackenartig in die Horizontalfugen eingebunden. Der zwischen Langhauspfeilern und Vierungspfeilern begrenzte Raum wird als *chorus minor* gedeutet. Das Chorgestühl der Mönche hätte dann in der Vierung gestanden. Es fällt jedoch auf, dass das östliche Säulenpaar im Gegensatz zu den einfach gearbeiteten Würfelkapitellen durch figürlichen Schmuck an Kapitellen und Basen akzentuiert ist, wobei das nördliche Würfelkapitell mit den dargestellten Köpfen und Flügeln Engelwesen assoziiert,

46 ▸ Alpirsbach (Baden-Württemberg), Benediktinerkloster, Klosterkirche, Blick ins Mittelschiff nach Osten. Die Langhausarkaden werden durch einen horizontalen Fries abgeschlossen, so dass die Fensterreihe des Obergadens deutlich als eigenständige Zone hervortritt.

das südliche mit dem Motiv des Schlingens und den Drachenköpfen eher an die diabolische Seite denken lässt (Abb. 47). Für die konkrete liturgische Nutzung und die damit verbundene Raumaufteilung durch feste Abschrankungen oder durch unterschiedliche Fußbodenniveaus gibt es keine hinreichenden bauarchäologischen Zeugnisse. An der Westwand des Mittelschiffs befinden sich über dem Eingang zwei von Säulen getragene Doppelarkaden, die ein ehemaliges Obergeschoss der Vorhalle zur Kirche hin öffnen.

Die heutige eingeschossige Vorhalle, bei der altes Steinmaterial wiederverwendet wurde, stammt aus spätgotischer Zeit. Hervorzuheben ist das romanische Westportal mit einer ursprünglich wohl farbig gefassten Darstellung der *Majestas Domini*, flankiert von zwei die Mandorla haltenden Engeln (Abb. 48, 49). In den Bogenzwickeln befinden sich links ein kniender Mönch und rechts eine kniende, Schleier tragende Frau mit erhobenen Händen, die Christus anbeten. Beide Figuren sind von kleinerer Statur als die Engel. Ikonografie und Umschrift im Tympanonbogen – *Ego svm ostivm dicit Dominus, per me siqvis introierit saluabitur* (Ich bin die Tür, sprach der Herr, ein jeder, der durch mich eintreten wird, wird gerettet werden) – verweisen auf das Jüngste Gericht. Original sind außerdem die bronzenen Türzieher in Form von Löwenköpfen sowie die Türbeschläge aus Eisen.

An das Langhaus schließt östlich ein seitlich weit ausladendes Querhaus mit ausgeschiedener Vierung über quadratischem Grundriss an. Während das Langhaus im Grundriss auf dem Grundmodul des Vierungsquadrates basiert, sind die Querhausarme queroblong ausgeführt.

Das Sanktuarium besteht aus einem quadratischen Hauptraum, in dem einst der Hochaltar stand. Dessen östlicher Abschluss ist äußerlich apsidial, im Inneren jedoch gerade mit drei Altarnischen, deren mittlere tiefer ausgebildet ist. Der über den Nischen ansetzende Teil mit den polygonalen Wänden, den Maßwerkfenstern und dem Rippengewölbe stammt aus spätgotischer Zeit. Der obere Abschluss über den Nischen bildete ein Podest, welches ursprünglich über einen Steg von der nördlichen Seitenkapelle zugänglich war. Für Hirsau wird ebenfalls ein bühnenartiger Abschluss angenommen, wobei hier die Nutzung und der eventuelle Zugang unklar bleiben. Die flankierenden Nebenchöre sind gegenüber der

47 ▴ Alpirsbach (Baden-Württemberg), Benediktinerkloster, Klosterkirche, Kapitell mit schlingenden Wesen. Da nur die Kapitelle eines Säulenpaares figürlich gestaltet worden sind, wird angenommen, dass sie zugleich die Raumgrenze zwischen Laienraum und Mönchschor signalisierten.

48 ◂ Alpirsbach (Baden-Württemberg), Benediktinerkloster, Westportal der Klosterkirche. Die Tür weist noch die mittelalterlichen Beschläge, einschließlich der bronzenen Türzieher auf.

originalen Intention stark verändert. Auf der Nordseite erhebt sich ein Glockenturm, dem wohl auf der Südseite ebenfalls einer folgen sollte. Der nördliche besaß ursprünglich jedoch nur ein Freigeschoss und dessen Untergeschoss war einst Teil des Altarraums. Sein Gegenstück im Süden wurde durch einen späteren polygonalen Anbau verändert. Die Chorflankentürme bedingten eine stärkere Ausprägung jener Seitenmauern, die Hauptaltarraum und Seitenkapellen trennen. In Hirsau, daran sei erinnert, waren ursprünglich Türme in den Ecken zwischen Lang- und Querhaus intendiert. In Schaffhausen wurde nur ein nördlicher Chorflankenturm errichtet.

Der romanische Baukörper ist kaum gegliedert und besteht wesentlich aus Kleinquadermauerwerk. Nur Kanten und Fenstergewände sind am Außenbau durch Großquader akzentuiert. Am Presbyterium, vor allem an der Hauptapsis, wird die Gliederung etwas reicher. Das Kircheninnere erfuhr mannigfache Veränderungen. Es wurde, wie in Schaffhausen, mehrfach umgestaltet. Vor allem die Veränderungen in der zweiten Hälfte des 19. Jahrhunderts sind durch Restaurierungen in der zweiten Hälfte des 20. Jahrhunderts wieder zurückgenommen worden.

Von der Ausstattung ist fast nichts geblieben. Die oft geäußerte Vermutung, dass das Freudenstädter Lesepult sowie der romanische Taufstein in Freudenstadt aus Alpirsbach stammen, ist quellenkritisch nicht zu belegen, doch geben beide Objekte eine gute Vorstellung von dem, was zeitgenössisch möglich war. Zur ehemaligen Ausstattung der Klosterkirche gehörten auch die ursprünglich im Fußboden eingelassenen, in der zweiten Hälfte des 19. Jahrhunderts. jedoch in die Wände eingesetzten Epitaphien. Die Grabplatten spiegeln eine allgemeine Entwicklung, von der einfachen Form mit Krümme, als Symbol des Abtes – mit oder ohne Inschrift –, hin zur figürlichen Gestaltung durch Ritzzeichnung, Flachrelief und später Hochrelief. Die Gestaltung der Grabmale für Äbte ist nicht nur vom Gedanken adäquater Repräsenta-

49 ◂ Alpirsbach (Baden-Württemberg), Benediktinerkloster, Tympanon des Westportals der Klosterkirche. Im Zentrum des Tympanons befindet sich Christus als Weltenrichter thronend in einer Mandorla, flankiert von zwei Engeln und zwei fürbittenden Personen in den Zwickeln, deren Identität ungewiss ist.

tion bestimmt, sondern auch vom spirituellen Wert und der liturgischen Form des Totengedenkens.

Paulinzella

Das ursprünglich Marienzella (*Cella Sanctae Mariae*) genannte Kloster im thüringischen Rottenbachtal wurde zwischen 1102 und 1105 für eine religiöse Laiengemeinschaft gegründet. Umstände und Verlauf der Gründung sind ausführlich in der *Vita Paulinae* beschrieben. Die Stifterin Paulina († 1107), eine sächsische Adlige, die dafür ihr gesamtes Vermögen einsetzte, zog sich selbst dahin zurück und ließ die erste, der Maria Magdalena geweihte Kapelle dort errichten. Paulina wünschte jedoch die Umwandlung der Laiengemeinschaft in ein reguliertes Kloster und erbat dafür Mönche aus Hirsau. Die Beziehung zum Reformkloster war bereits durch Paulinas Vater Moricho gegeben, der selbst in Hirsau Mönch wurde. Um übler Nachrede zu entgehen, zog die Stifterin mit den weiblichen Religiosen an einen Ort, der etwas abseits vom Männerkloster lag. Die Hirsauer Mönche Eberno und Sigeboto scheiterten an ihrer Aufgabe. Dennoch erlangte Paulina bei Papst Paschalis II. († 1099 – 1118) ein Privileg, in dem ihre Gründung gegen die jährliche Zahlung einer Goldmünze dem Heiligen Stuhl unterstellt wurde.

Im Jahr ihres Todes erreichte die Gründerin durch ihren Sohn Werner, der nun als Konverse im Kloster lebte, dass der Hirsauer Abt Bruno von Beutelsbach (1105 – 1120) den Mönch Gerung von Buchenau († 1120) freigab, sodass er, unterstützt von sechs Mönchen, den Konvent übernehmen konnte. Gerung gehörte zu jenen Mönchen, die Abt Wilhelm von Hirsau einst zum praktischen Studium der *Consuetudines* nach Cluny geschickt hatte. Die Beziehung zum Reformkloster blieb auch weiterhin eng. Paulinas Sohn Werner wurde, als er später vom Laienbruder in den Stand des Mönches wechselte, selbst nach Hirsau gesandt, „auf daß er sich genauere Grundkenntnisse der klösterlichen Zucht, des Ordens und der Regel" aneigne (*Vita Paulinae*, Kap. 44). Dieses Wissen sollte im Heimatkonvent Früchte tragen. Zudem brachte er einige Mönche mit, unter denen sich auch jener Ulrich befand, den Abt Gerung zu seiner Unterstützung erbat. Ulrich leitete nach seiner Ankunft zuerst die Klosterschule, wurde dann Prior und folgte schließlich Gerung im Amt nach. Der Einfluss Hirsaus wird in der *Vita Paulinae* (Kap. 45) metaphorisch gewürdigt: „Dem Höchsten Vater aller", so heißt es dort, „stattete man Dank ab, denn auf sein Geheiß hin hatte Schwaben nicht gezögert, mit entsprechendem Mauerwerk und kundigen Bauleuten auf den Grundlagen weiterzubauen, die es selbst einst als Grundlage eines klösterlichen Baus gelegt zu haben schien." Dieser Satz dürfte, obwohl er zweideutig bleibt, nicht wörtlich im bautechnischen Sinn zu verstehen sein, sondern vielmehr theologisch-spirituell im paulinischen. Der Apostel habe „als ein weiser Baumeister das Fundament gelegt", worauf andere aufbauen (1 Kor 3,10).

Die Bedeutung der Stifterin für das Kloster war enorm. Dies spiegelt sich nicht nur in dem relativ ungewöhnlichen Gründungsakt durch eine Frau, in der Überführung ihrer Gebeine ein Jahr vor der Weihe der neuen Klosterkirche in dieselbe und deren Bestattung zwischen Hoch- und Benediktaltar sowie in der vom Mönch Sigeboto zwischen 1133 und 1163 verfassten *Vita* wider, sondern auch in der späteren Verdrängung des Marienpatroziniums durch ihren Namen (Paulin[a]zella).

Der Siedlungsort, der in der *Vita Paulinae* (Kap. 38) mit topischem Lob als Ort der „schrecklichen Einsamkeit" (*horribilis solitudo*) gerühmt wird, schien den Mönchen nur bedingt geeignet, weshalb man 1108 eine Umsiedlung versuchte. Jedoch mangelte es an Wasser und Holz, zudem gab es Streit mit dem Vogt über die Nutzung der Besitzungen. Das Scheitern legt die *Vita* retrospektiv als Fehlgriff aus. Der Konvent kehrte jedoch nicht vollständig an den ursprünglichen Ort zurück. Einige Mönche, die mit den unwirtlichen Lebensbedingungen im Rottenbachtal nicht einverstanden waren, baten in Hirsau um Aufnahme und wurden dorthin zurückgeschickt (*Vita Paulinae*, Kap. 41). Schließlich sei noch erwähnt, dass Kaiser Heinrich V. (1106/1111 – 1125) im Jahre 1114 die Besitzrechte bestätigte, das päpstliche Schutzprivileg akzeptierte und die freie Wahl von Abt und Vogt zusicherte.

Die Klosterkirche (Abb. 50) entstand im Wesentlichen zwischen 1105/06 und 1124, dem Jahr der Weihe. Die Westtürme dürften zur Jahrhundertmitte vollendet gewesen sein. Als Abt Gerung eintraf, waren die Fundamente bereits gelegt. Was noch fehlte, so die *Vita* (Kap. 36), wurde durch ihn ergänzt. Im Zuge des materiellen Ausbaus wurde damit begonnen, die Wände aufzurichten. Der temporäre Umzug brachte eine Bauunterbrechung. Doch mit der Rückkehr setzten die Bauaktivitäten mit neuem Elan ein. In der *Vita Paulinae* (Kap. 44) heißt es: „Sie wandten sich gleichzeitig mit großem Eifer der Errichtung von Gebäuden zu; sie führten die Mauern der Kirche auf und bauten die Werkstätten." Der Kreuzgang und die Klausurgebäude befanden sich südlich der Kirche. Ihre Fundamente wurden 1874 bei Ausgrabungen freigelegt.

Der von Ost nach West errichtete und heute nur noch in Teilen erhaltene Kirchenbau war eine flach gedeckte, dreischiffige, über kreuzförmigem Grundriss errichtete Säulenbasilika (Abb. 51). Westlich des

50 ▲ Paulinzella (Thüringen), Benediktinerkloster, Ansicht der Klosterkirche von Südosten. Die Klosterruine diente vor allem in der Romantik als künstlerisches Sujet. Der Kreuzgang, der einst südlich an die Kirche anschloss, konnte in seinen Ausdehnungen nur noch ergraben werden.

Langhauses schloss sich eine zweigeschossige Vorkirche an (Abb. 52). Sie war im Untergeschoss dreischiffig. Zwei dreibogige Arkadenreihen ruhten auf jeweils zwei Pfeilern. Die Arkaden sind elaborierter als die des Langhauses. Auch sind den Pfeilern an den Ost- und Westseiten Halbsäulen vorgelegt. Sie setzen sich als Bogenwulst in den Arkaden fort. Das Obergeschoss öffnete sich durch sieben Rundbogenarkaden und zwei darüber befindliche Rundbogenfenster zum Mittelschiff. Der Vorhalle vorgelagert waren zwei Türme, die eine Doppelturmfassade bildeten und deren Fundamente nicht in die der Vorhalle einbinden. In der Westwand des Mittelschiffes befindet sich das noch weitgehend erhaltene repräsentative Eingangsportal. Es ist als gestuftes Gewändeportal, mit jeweils vier eingestellten schlanken Säulen ausgebildet. Die Schilde der Würfelkapitelle sind entweder durch Flachrelief ornamentiert oder mit figürlichem Schmuck im Hochrelief ausgearbeitet. Über den Kämpfern erheben sich kräftig profilierte Archivolten. Das Portal war, wie erste restauratorische Untersuchungen zeigen, farbig gefasst.

Das Mittelschiff des Langhauses (Abb. 53) entsprach im Grundriss vier Vierungsquadraten. Dem korrespondierte in den Seitenschiffen ein Viertel der Fläche pro Fensterachse. Die Arkaden wurden von sechs Säulenpaaren und einem östlichen, im Querschnitt quadratischen Pfeilerpaar getragen. Die aus Sandstein gearbeiteten monolithischen Säulenschäfte weisen eine leichte Entasis auf. Sie tragen schlichte

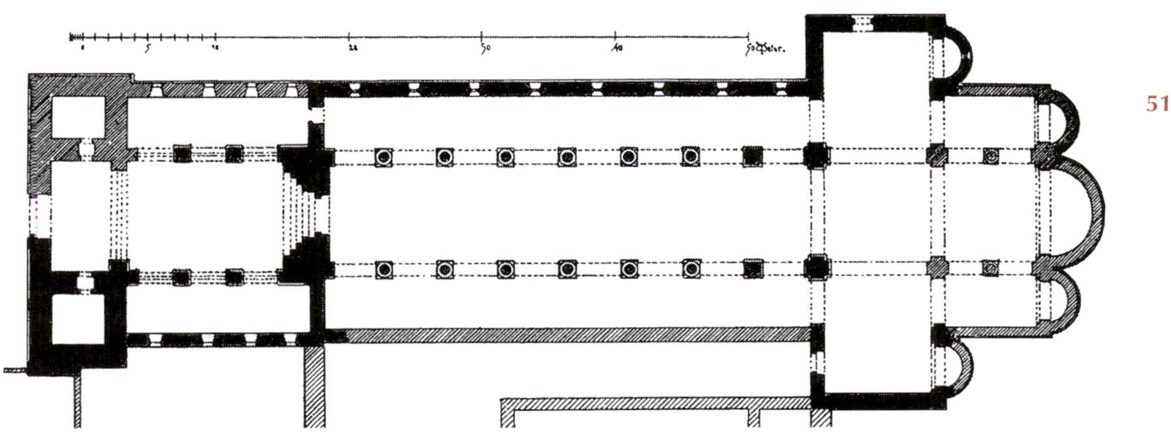

51 ◂ Paulinzella (Thüringen), Benediktinerkloster, Grundriss der Klosterkirche. Die noch erhaltenen Teile der romanischen Säulenbasilika sind schwarz gehalten, schraffiert dargestellt wurden die zerstörten bzw. ergrabenen Teile.

52 ▸ Paulinzella (Thüringen), Benediktinerkloster, Ruine der Klosterkirche, Blick ins Langhaus nach Westen. Gut zu erkennen sind die Rundbogenöffnungen, durch die das Obergeschoss des Westbaus mit dem Kirchenhauptraum verbunden war und durch die ein Blick ins Sanktuarium ermöglicht wurde.

Würfelkapitelle mit Schildbögen. Die Arkadenzone wurde abgeschlossen durch ein horizontales Ziergesims in Form eines Schachbrettfrieses, bestehend aus kleinen Würfeln, der zugleich senkrecht und der Säulenachse folgend mit den Kämpfern verbunden war. Die Rundbogenfenster des Obergadens sitzen axial über den Scheiteln der Arkaden. Der letzte Abschnitt zwischen Pfeilerpaar und Vierungspfeiler wird als *chorus minor* interpretiert. Die Proportionen des Mittelschiffs sind wesentlich steiler als in Hirsau, Schaffhausen und Alpirsbach.

Das Querhaus mit zwei Apsiden an der Ostwand wurde durch die ausgeschiedene Vierung bestimmt. Die Querhausarme sind queroblong, also etwas länger als eine Seite des Vierungsquadrats. Die Pforte in der nördlichen Querhausstirnwand führte einst zum Friedhof und die in der Westwand des südlichen Querhausarmes zum ehemaligen Kreuzgang.

Östlich des Querhauses lag ein dreischiffiges, mit drei Apsiden geschlossenes Presbyterium, dessen größere, mittlere Apside die beiden kleineren etwas überragte. Einschließlich der Querhausapsiden ließe sich von einem Staffelchor sprechen. Hervorzuheben ist, dass sich der Raum des Hauptaltares durch Doppelarkaden zu den Nebenkapellen öffnete, wobei letztere mit den Seitenschiffen fluchteten.

Geht man davon aus, dass die Klosterkirche in jeder Apside eine Altarstelle besaß, sich zwischen Mönchschor und Hochaltar der Benediktaltar befand und im Langhaus, ungefähr auf Höhe des letzten östlichen Säulenpaares, d.h. vor der Abschrankung zum Mönchschor, noch ein Kreuzaltar gestanden hat, so verfügte die Klosterkirche über mindestens sieben Altäre.

Gegenüber Hirsau bleibt festzuhalten, dass in Paulinzella durchgängig mit sorgfältig behauenen Großquadern gebaut wurde und der Außenbau, wenn auch moderat, mit Rundbogenfriesen und Lisenen akzentuiert wurde.

Reformmonastisches Bauen und die Hirsauer Schule

Die Vorstellung einer „Hirsauer Bauschule“ ist bereits 1937 von Manfred Eimer kategorisch abgelehnt und 1950 von Wolfbernhard Hoffmann nochmals, nun jedoch abwägender zurückgewiesen worden. Fakt ist: Es gab weder ein verpflichtendes Modell noch homogene wandernde Bautrupps weltlicher Bauleute oder gar hirsauischer Laienbrüder, die von Baustelle zu Baustelle zogen. Es gab jedoch für eine Zeitspanne von 40 oder 50 Jahren Konvente, die ähnlichen oder gleichen Gewohnheiten folgten und deren Spiritualität von reformmonastischen Ideen geprägt war, die sie im Geiste, trotz realer Unterschiede in den lebenspraktischen Details, miteinander verband.

In der Architektur fallen in Hirsau und den von hier aus reformierten Klöstern neben klaren Raumstrukturen einige Details auf: der Verzicht auf Krypten, die Betonung des östlichsten Arkadenabschnitts im Langhaus vor der Vierung, die weitgehende Aufgabe der Gliederung der Wandflächen durch Lisenen, Pilaster, Halbsäulchen oder Friese – dies vor allem

53 ▲ Paulinzella (Thüringen), Benediktinerkloster, südliche Arkaden der Westvorhalle. Im Gegensatz zu den Langhausarkaden sind jene des späteren Westbaus aufwendiger gestaltet.

am Außenbau –, sodann die Arkadenrahmung, aber auch eine hohe Qualität der Steinbearbeitung. Des Weiteren ist zu beobachten, dass man auf die Einwölbung der Seitenschiffe konsequent verzichtete, obwohl dies, wie bereits der Neubau der Hirsauer Aureliuskirche zeigt, zumindest technisch möglich gewesen wäre. In den Kirchenbauten lassen sich in unterschiedlicher Weise Bezüge zu lokalen, regionalen und überregionalen Bauformen herstellen, die sich nicht aus einer imaginären, klosterübergreifenden Bauidee herleiten lassen, sondern aus den konkreten historischen Kontexten der Einzelklöster erklärt werden müssen.

Zu den in cluniazensischer Tradition stehenden Bauteilen gehören auch die Vorkirchen, die meist zweigeschossig angelegt waren und sich emporenartig zum Mittelschiff des Langhauses hin öffneten. Die Frage nach der Funktion dieser Räume im Obergeschoss, nach den dort aufgestellten Altären und deren Patrozinien kann ohne zeitgenössische Hinweise nicht beantwortet werden. Es ist nicht einmal klar, dass dort zwingend Altäre aufgestellt waren. Hier verbieten sich Analogieschlüsse (u.a. Michaelsaltar), die, wie Kristina Krüger an burgundischen Kirchenbauten der Cluniazenser zeigen konnte, unreflektiert in die Fachliteratur eingingen, den konkreten historischen Gegebenheiten jedoch nicht gerecht werden. Zudem fällt auf, dass die Westbauten oft nicht zur ursprünglichen Planung gehörten, Doppelturmfassaden nicht zwingend waren und Glockentürme auch als Chorflankentürme errichtet werden konnten.

Nur unzureichend kann die liturgische Disposition dieser Klosterkirchen rekonstruiert werden. Die meist aus der Auswertung normativer Texte, wie den *Consuetudines* oder *Libri ordinarii*, angenommene Staffelung liturgischer Orte auf der Längsachse des Kirchengebäudes (Bereich der Laien im Westen des Langhauses, Kreuzaltar vor dem Lettner bzw. den Chorschranken im östlichen Teil des Mittelschiffs, *chorus minor* westlich der Vierungspfeiler, *chorus maior* in der Vierung und schließlich der Hochaltar im Osten des Presbyteriums) lässt konkrete, nicht mehr verifizierbare Varianten in den Hintergrund treten. Dass die ursprüngliche liturgische Gliederung des Raumes sowie die Ausstattung mit Lettnern, Chorschranken, Chorgestühlen, Triumphkreuzen, Altären, Altaraufsätzen oder Lesepulten unwiederbringlich verloren ist, mag beklagt werden. Doch ist dabei auch zu berücksichtigen, dass aufgrund der fehlenden Ausstattung die heutige Raumerfahrung und Raumwahrnehmung eine völlig andere ist, weil sie Sichtachsen, Betrachterstandpunkte sowie Bewegungen im Kirchenraum ermöglicht, die in mittelalterlicher Zeit nicht allen gegeben waren.

Die oft konstatierte bescheidene, zurückhaltende, sparsame und zweckmäßige Gestaltung des Baukörpers ist jedoch nicht an konkrete architektonische Einzelformen gebunden, sondern drückt sich vielmehr in der Art und Weise aus, wie einzelne Elemente behandelt werden. Es wäre einer systematischen Betrachtung wert, ob nicht im reformmonastischen Bauen die Zurückhaltung in der Durchbildung des Baukörpers durch steigende Raumvolumina kompensiert wurde, die in einem eklatanten Missverhältnis zum real beanspruchten Raum in Bezug auf die zeitgenössischen Konventsstärken standen. Schließlich ist zu berücksichtigen, dass auch im reformmonastischen Credo die *freiwillige* Armut geschätzt wurde, nicht jene, die sich aus Sachzwängen und Abhängigkeitsverhältnissen ergab. Auf die Architektur bezogen heißt dies, Bauluxus kann nur der ablehnen, der sich ihn potenziell auch zu leisten vermag.

III. Die Zisterzienser

1. Die Zisterzienserfiliationen im deutschen Sprachgebiet

Nimmt man das Jahr 1153, in dem der hl. Bernhard starb, als Zäsur, so wird deutlich, dass Clairvaux mit Abstand die erfolgreichste Primarabtei war. Sie zählte bis dahin 80 unmittelbare Tochtergründungen. Es folgten Cîteaux und Morimond mit 28, Pontigny mit 16 und La Ferté mit nur fünf direkten Ausgründungen. Insgesamt kam Immo Eberl auf 738 Zisterzen in jener Zeit, wobei die unmittelbaren Tochtergründungen der Primarabteien vor allem im französischen Sprachgebiet lagen. Im deutschen Sprachraum gab es bis dahin nur wenige direkte Gründungen. Von Morimond wurden Kamp (1123), Ebrach (1127), Altenberg (1133, Abb. 54), Weiler-Bettnach (1133) im heutigen Luxemburg und Heiligenkreuz (1133) in Niederösterreich besiedelt und von Clairvaux schickte der hl. Bernhard Mönche nach Himmerod (1134) und Eberbach (1136). Für Deutschland und Österreich avancierte Morimond zur dominierenden Primarabtei und die Abtei Kamp über ihre Tochterklöster Walkenried (1129), Volkenroda (1131), Amelungsborn (1135), Hardehausen (1140) und Neuenkamp (1233) – von Michaelstein (1146) ging keine weitere Gründung aus – zur erfolgreichsten Abtei auf dem Gebiet der heutigen Bundesrepublik. Über die Tochter- und Enkelklöster reichte der Einflussbereich bis nach Ostmitteleuropa. In Österreich waren es vor allem die Abtei Heiligenkreuz und das von Ebrach 1129 gegründete Kloster Rein, die mit sieben bzw. vier Tochtergründungen über die Landesgrenzen ausstrahlten.

Die Gründung von Zisterzienserklöstern hatte für die Stifter neben dem erhofften spirituellen Lohn auch gewisse wirtschaftliche Vorteile, da die Ausstattung weit geringer ausfiel als bei vergleichbaren benediktinischen Stiftungen. Dadurch waren auch Familien aus dem niederen Adel oder Edelfreie in der Lage, ein Kloster adäquat auszustatten. Der Anspruch möglichst fern der Zivilisation zu siedeln, sich mit eigener

54 ▸ Altenberg (Nordrhein-Westfalen), Zisterzienserkloster, Ansicht der Klosterkirche von Nordosten. In Altenberg waren die Umgangskapellen ursprünglich durch ein umlaufendes Dach zusammengefasst. Doch entschied sich die ältere Denkmalpflege wie in Doberan für Einzeldächer, die mit der Vorstellung von Kathedralarchitektur verknüpft sind.

55 ▲ Lehnin (Brandenburg), Zisterzienserkloster, Ansicht der Klosterkirche von Südosten. Die Hauptapsis der Klosterkirche wird von zweigeschossigen Nebenkapellen flankiert. Eine ähnliche Raumkonzeption findet sich im Augustinerchorherrenstift auf dem Petersberg.

Hände Arbeit, unterstützt von Konversen und Familiaren, den Lebensunterhalt durch Eigenwirtschaft selbst zu verdienen, erlaubte es den Stiftern, infrastrukturell wenig entwickeltes Land zu schenken, oder gar Gebiete, die erst durch Trockenlegung von Sümpfen oder Feuchtgebieten bzw. durch Rodung urbar gemacht werden mussten, zur Verfügung zu stellen. Die Zisterzienser haben hier durchaus ihre Verdienste, wenngleich der Pioniergeist in der älteren Forschung etwas überschätzt wurde. Denn auch die Weißen Mönche kapitulierten hin und wieder vor der Natur. Viele Gründungen scheiterten im ersten Versuch und mussten verlegt werden, weil die ungünstigen klimatischen oder topografischen Bedingungen ein erfolgreiches Klosterleben nicht zuließen.

Neben Gründungen auf unbebautem Land wurden in einigen Fällen auch ältere Klöster oder aufgelassene Abteien mit Zisterziensern neu besetzt. Als 1136 die Mönche aus Clairvaux in Eberbach Einzug hielten, nahmen sie ein ehemaliges Augustinerchorherrenstift in Besitz. Der Konvent, der von Schönau 1190 nach Bebenhausen kam, übernahm ein vormaliges Prämonstratenserkloster und die Brüder, die von Kamp 1131 nach Volkenroda ausgesandt wurden, zogen in ein früheres Benediktinerkloster.

Die Zisterzienser spielten, vor allem östlich der Elbe, beim Landesausbau, der Grenzbefriedung, der Missionierung und Kultivierung des neu zu erschließenden Brachlandes eine besondere Rolle. Hier waren es vor allem Geschlechter mit landesherrlichen Ambitionen, die Zisterzen gründeten, wie die Wettiner oder Askanier. Hinzu kommt das Interesse der Erzbischöfe von Magdeburg, die heidnischen Gebiete erfolgreich zu christianisieren.

Markgraf Otto von Meißen (1156–1190 ließ sich 1162 von Kaiser Friedrich Barbarossa (1152/55–1190) die Gründung eines Klosters für Mönche, die nach der Benediktregel lebten, bestätigen. Die Ansiedlung zog sich aufgrund der unwirtlichen Gegend hin. Im Jahre 1170 wurde die Stiftung von den Zisterziensern in Pforta, einem Tochterkloster von Walkenried, übernommen. Fünf Jahre später zog der Konvent nach Altzella um, wo man nun das wettinische Hauskloster mit Grablege zu errichten begann. Die Stiftung des askanischen Hausklosters Lehnin (Abb. 55) durch Markgraf Otto I. († 1184), Sohn Albrechts des Bären, im Jahre 1180, deren Mönche drei Jahre später aus Sittichenbach dort einzogen, zeigt, dass der Jahrzehnte früher gewonnene Kreuzzug gegen die Wenden keineswegs das Land christlich befriedet hatte. Die Mönche, die wohl auch zur Mission eingesetzt wurden, stießen in der heidnisch geprägten Bevölkerung vorerst auf Ablehnung. Gründungsabt Sibold soll 1184/85 von Slawen ermordet worden sein. Trotz dieser Anfangsschwierigkeiten gelang es den Zisterziensern in der Mark Brandenburg Fuß zu fassen und ihren Einfluss durch weitere Tochtergründungen auszubauen. Sie bildeten einen wichtigen Faktor im Zuge des Landesausbaus und der Grenzbefriedung.

Im Nordosten des Reiches zwischen Elbe, Ostsee und Oder behaupteten sich slawische Fürsten, die zum Christentum konvertierten. So stiftete der Abodritenfürst Pribislav († 1178), der sein Territorium als Lehen von Heinrich dem Löwen zurückerhielt, 1171 das Kloster Doberan (Abb. 56) und besetzte damit eine alte heidnische Kultstätte mit christlichen Mönchen aus Amelungsborn. Die Anregung geht auf Berno, Bischof von Schwerin (1155/60–1190/91), zurück, der selbst Mönch in Amelungsborn war. Wie in Lehnin gab es auch hier anfänglich Konflikte. Das Kloster wurde 1179 von Slawen geplündert und musste 1186 neu begründet werden. Für das Küstengebiet der Ostsee war schließlich auch der Einfluss des dänischen Königshauses von Bedeutung. Bereits Bernhard von Clairvaux nutzte seine Freundschaft mit Eskil († 1181/82), Erzbischof von Lund, um die Zisterzienser in Dänemark anzusiedeln. Eskil berief 1153 Mönche aus Clairvaux nach Seeland in die Abtei Esrom. Von hier kamen die Konvente für die pommerschen Gründungen Dargun (1172) in Zirzipanien und Kloster Kolbatz (1173) östlich der Oder. Die Darguner Mönche flüchteten 1199 nach Eldena. Auf Initiative des pommerschen Fürsten und des Bischofs von Kammin wurde Dargun zehn Jahre später gegründet und mit Mönchen von Doberan, das der Filiation von Morimond angehörte, besetzt. Dies führte in der Folgezeit zu Streitigkeiten zwischen Doberan und dem alten Mutterkloster Esrom über die Aufsicht des Tochterklosters. Der Streit wurde 1258 auf dem Generalkapitel zugunsten von Doberan entschieden.

2. Ordensvorschriften und Klosteranlage

Die unter Abt Harding entstandene *Carta caritatis* regelte die Beziehungen der Klöster untereinander und bildete damit das juristische Fundament für den Prozess der Ordensbildung. Obwohl das Original verloren ist, geben spätere Redaktionsstufen ein recht präzises Bild. In der *Carta caritatis prior* (3,2) heißt es u.a.: „Darum halten wir es für angebracht, und es ist auch unser Wille, dass ihre Bräuche, ihr Gesang und alle für die Gebetszeiten bei Tag und Nacht und für die Messe notwendigen Bücher mit denen des Neuklosters übereinstimmen, damit in unseren Handlungen keine Uneinigkeit herrscht; vielmehr wollen wir in einer Liebe, unter einer Regel und nach gleichen Bräuchen leben." Um dies zu sichern, beschloss man im Generalkapitel (*Instituta* 3), dass jedes neu gegründete Kloster einen Satz liturgischer Bücher erhalten solle. Dieser bestand aus Missale, Epistolar, Evangeliar, Kollektar, Graduale, Antiphonar, Regel, Hymnar, Psalter, Lektionar und Kalendar. Um die Einheit des Ordens zu ermöglichen, schuf man schließlich ein autorisiertes Normexemplar, den *Liber correctorius* (um 1180/86), der heute in der Stadtbibliothek in Dijon aufbewahrt wird (Abb. 57). Dieser Musterkodex enthielt die folgenden Texte: I–III Breviarium (Lektionar für die Nachtoffizien), IV Epistolar, V Evangeliar, VI Missale, VII Kollektenbuch, VIII Kalendar (Martyrologium), IX Benediktregel, X Consuetudines, XI Psalter, XII Cantica, XIII Hymnar, XIV Antiphonar und XV Graduale. Damit erhielten die Äbte, die das Generalkapitel besuchten, die Möglichkeit, ihre Normtexte zu vergleichen und konnten sie notfalls korrigieren.

Der *Liber usuum* und die *forma ordinis*

Die Gewohnheiten der Zisterzienser, das *Corpus consuetudinum cisterciensium* (Magdalena Aust) wurde in den späteren Sammlungen der Beschlüsse des Generalkapitels, den Kodifikationen (Cod. 1202, I,7) als *Liber usuum* bezeichnet. Dieses „Buch der Gewohnheiten", dessen frühester Textzeuge in einem Manuskript aus Weiler-Bettnach (Diözese Metz) überliefert ist und heute in der Biblioteca communale von Trient (Cod. 1711, um 1138/40) aufbewahrt wird, bestand aus einer Sammlung von Texten, die ebenfalls in unterschiedlichen Redaktionsstufen erhalten sind: den *Exordia*, die die Gründung des Neuklosters schildern, einer Variante der *Carta caritatis*, Beschlüssen des Generalkapitels (*Capitula/Instituta/Statuta*), den *Ecclesiastica Officia*, in denen die wesentlichen Aspekte des Klosteralltags geregelt sind, und schließlich

56 ◂ Bad Doberan (Mecklenburg-Vorpommern), Zisterzienserkloster, Klosterkirche, Ansicht von Norden. Der Baukörper der Klosterkirche, der sich heute etwas unvermittelt im Landschaftspark erhebt, entfaltet eine monumentale Wirkung, vor allem weil die einst mit ihm verbundenen Klausurgebäude fehlen.

57 ▲ Dijon, Bibliothèque Municipale, Ms 114, f. 1v (um 1180/86), *Liber correctorius* – Frontispiz. Die Umschrift lautet übersetzt: „In diesem Band sind die Bücher, die den Gottesdienst betreffen, enthalten. Es geziemt sich nicht, dass diese in unserem Orden verschieden sind. Sie sind hier hauptsächlich aus dem Grunde in einem Band zusammengefasst, damit das vorliegende Buch ein unveränderliches Vorbild sei, zur Bewahrung der Einheitlichkeit und zur Korrektur der Unterschiede in anderen Büchern."

den *Usus conversorum*, in denen Aufgaben und Verhalten der Laienbrüder festgelegt wurden.

Die Einführung des Generalkapitels als erweitertes Hauskapitel von Cîteaux konstituierte den Orden als Rechtssubjekt, denn die Einzelabteien gingen auf der Basis einer korporativen Verfassung (*Carta caritatis*) wechselseitig Verpflichtungen ein und unterwarfen sich damit allgemeinen, für alle verbindlichen Handlungsrichtlinien und Normen. Durch das Generalkapitel wurde Recht prospektiv gesetzt, aktualisiert oder modifiziert. Im Streitfall konnten Schlichtungen herbeigeführt, bei Missachtung Sanktionen erlassen werden. Da nun auf der Basis von Texten Recht gesprochen wurde, avancierte Schriftlichkeit zum Kriterium normativer Geltung. So waren die Zisterzienser auch auf dem Gebiet pragmatischer Schriftlichkeit äußerst innovativ. Die Institution des Generalkapitels findet sich in der Folge auch bei den Kartäusern, Prämonstratensern, Dominikanern und Franziskanern.

Ein Merkmal dieser legislativen Bestimmungen besteht darin, dass sie in Begriffen geäußert wurden, die ihren Ursprung in spirituellen Konzepten hatten und eine Anpassung an sich verändernde historische Umstände erlaubten. Das Ziel mönchischen Daseins bestand darin, unabhängig von Zeit und Ort, ein Leben in Demut (*humilitas*), Einfachheit (*simplicitas*) und freiwilliger individueller Armut (*paupertas*) zu führen, sich auf das Notwendige (*necessitas*) zu beschränken. Da dieses nicht gottgegeben war, sondern erkämpft werden musste, galt es den Stolz (*superbia*) zu besiegen, die Neugier (*curiositas*) zu verbannen, Nachlässigkeiten (*levitas*) und Überflüssiges (*superfluitas*) zu meiden. Das allgemeine Anspruchsniveau wurde dann mit dem Begriff der *forma ordinis* gefasst, der sowohl die individuelle als auch die institutionelle Ebene umfasst. Diese *forma* wurde in den normativen Texten nie konkret bestimmt, verfügte jedoch als relativer Terminus über die nötige semantische Flexibilität, um den zeitgenössischen Veränderungen wirksam begegnen zu können.

Die Analyse der Beschlüsse des Generalkapitels zeigt, dass, gemessen an ihrer Gesamtzahl, der Anteil jener zu Architektur und Ausstattung marginal ist. Zudem nimmt ab der zweiten Hälfte des 12. Jahrhunderts das Bestreben, neue Grundsätze zu erlassen, ab. Am Ende des Jahrhunderts wird vor allem über konkrete Fälle verhandelt. Zudem überliefern die knappen Urteile, dass etwas gegen die Form des Ordens (*contra formam ordinis*) sei oder der Einförmigkeit (*uniformitas*) des Ordens widerspräche, weder die konkreten Kontexte noch die speziellen Umstände, einschließlich der in der Auseinandersetzung gefallenen Argumente. Die aus spirituellen Grundsätzen abgeleiteten Gegensatzpaare wie *necessitas* und *superfluitas* oder *unitas* bzw. *uniformitas* und *diversitas* sind keine Begriffe, die konkrete Gestaltungsmerkmale fassen, sondern bieten eher eine moralische Einschätzung derselben. Beziehen sich diese Begriffspaare vor allem auf die institutionelle Ebene, so ist der Vorwurf der Neugier (*curiositas*) primär auf den einzelnen Mönch gerichtet, der der Augenlust (*concupiscentia oculorum*) erliegt und durch die Neugier von der Meditation abgelenkt werde.

Die frühesten Bestimmungen in den *Capitula* zum Klosterbau legen Folgendes fest: Der Siedlungsort musste außerhalb von Städten, befestigten Ortschaften oder Dörfern liegen. Bevor der Konvent einzog, waren Oratorium, Refektorium, Dormitorium, ein Haus für die Gäste und eine Zelle für den Pförtner zu errichten (*Capitula* 9,2 – 5). Die Kirche schließlich sollte der Mutter Gottes geweiht werden. Hinsichtlich der Ausstattung wurden Skulpturen verboten, Kreuze mussten aus Holz sein und durften ursprünglich nur bemalt werden. Ähnlich strenge Vorschriften galten für liturgische Kleidung und liturgisches Gerät, einschließlich der Bücher (*Capitula* 25 – 26). In der Folgezeit gab es weitere Ge- bzw. Verbote, so zu Fenstern, die einfarbig und ohne figürliche Darstellung sein sollten (*Inst.* 82,2), zu Glockentürmen, die auch als freistehende verboten wurden (*Statuta* 1158:16, S. 579), oder zu Fußböden, deren raffinierte Gestaltung Anlass zur Klage gab (*Codificationes* 1202,I,6). Abgesehen davon, dass verschiedene Verbote wiederholt wurden, ohne dass bekannt wäre, was sie wirklich bewirkten, entstanden auch dort Konflikte, wo bereits bestehende Abteien in den Zisterzienserorden inkorporiert wurden oder sich ein ganzer Verband, wie der von Savigny, dem Orden anschloss. Aber auch hier gilt: Die Aufforderung etwas zu verändern, auszutauschen oder rückzubauen ist eines, ob dem nachgekommen wurde, ein anderes.

Zusammenfassend lässt sich sagen, dass selbst die komprimierten Bestimmungen aus den ersten Kodifikationen von 1202 zum Bau der Abtei und ihrer Ausstattung keine Grundlage bieten, um eine, wie auch immer zu definierende „Ordensarchitektur" daraus ableiten zu können. Die ursprüngliche Strenge, die sich in der zweiten Hälfte des 12. Jahrhunderts zu lockern begann, relativiert sich, zieht man in Betracht, dass der Orden sehr schnell wuchs, sich über große geografische Räume mit unterschiedlichen topografischen und klimatischen Verhältnissen ausdehnte und dabei auch kulturelle Unterschiede ausgleichen musste. Zudem schafft Arbeit Reichtum und individuelle Armut kollektiven Wohlstand. Während die für die Frühzeit beobachtete Strenge in der Lebensweise in Teilen auch einer realen Ressourcenknappheit geschuldet war, ließen Eigenwirtschaft und die gegenüber den cluniazensischen Abteien stark eingeschränkte Armenfürsorge zunehmend Mittel für ambitionierte Bauprojekte frei werden. Jetzt erst wurde die Versuchung groß, der Baulust (*libido aedificandi*) zu erliegen und die finanziellen Überschüsse in ehrgeizige architektonische Projekte zu investieren.

Das benediktinische Klosterschema

Am Sankt Galler Klosterplan wurde bereits dargelegt, wie sich Benedikts Forderung eines minutiös geplanten Tagesablaufs räumlich organisieren ließ. Die Zisterzienser haben in der Raumorganisation des klösterlichen Lebens eine Perfektion erreicht, die den französischen Zisterzienserforscher Marcel Aubert einst dazu bewegte, einen Idealplan für eine Zisterze zu entwerfen. Dieses eher didaktisch wirksame Schema bedarf jedoch einer kurzen Bemerkung. Es ist in seiner Vollkommenheit nie verwirklicht worden und war auch als Ziel nie intendiert. Im Kern ging es darum, alle wichtigen Funktionsräume so miteinander zu verknüpfen, dass das kontemplative Leben des Einzelnen nicht durch äußere Einflüsse gestört würde. Dabei konnte es in vielfältiger Weise Varianten geben, die im historischen Rückblick jedoch nicht als „Abweichungen" zu betrachten, sondern als mögliche Lösungen zu akzeptieren sind.

Mit Blick auf die gesamte Klosteranlage, einschließlich der Nebengebäude, sind für das deutsche Sprachgebiet u.a. die Zisterzen Bronnbach, Eberbach (Abb. 58), Heiligenkreuz und Maulbronn besonders hervorzuheben, wenngleich in jedem der Klöster die Erhaltung des Baubestandes mit Modifikationen, Teilabrissen, Umbauten und Restaurierungen zu unterschiedlichen Zeiten einhergingen. Dennoch bleibt der auf das Mittelalter zurückgehende Baubestand beachtlich. Allerdings ist bis auf Maulbronn (Lettner/Chorgestühl) die mittelalterliche Ausstattung der Konventskirchen verloren. In Doberan hingegen hat sie sich in einzigartiger Weise erhalten. Dies betrifft nicht nur Altäre, Retabel und Sakramentshaus, sondern auch die Chorgestühle der Mönche und Laienbrüder. Letztere wurden bis auf das nördliche im Mönchschor im 19. Jahrhundert jedoch umfassend ergänzt.

Die Doberaner Mönche entschieden nach einem Brand im Jahre 1291, ihre alte Kirche durch einen gotischen Neubau zu ersetzen. Es entstand eine dreischiffige Basilika mit Querhaus, Umgangschor und Kapellenkranz. Die Architektur wird im nächsten Abschnitt Gegenstand sein, hier soll nur die Raumaufteilung und Ausstattung interessieren (Abb. 59). Der westliche Teil des Langhauses bis zum Lettner gehörte den Laienbrüdern. Westlich davon liegt das Chorgestühl der Konversen, mit ursprünglich je 26 Stallen pro Seite. Der Laien- und Mönchsbereich trennende Lettner wurde meist als eine massive Schranke errichtet (Haina, Maulbronn), an deren Westseite der Kreuzaltar stand. In Doberan markiert ein Kreuzaltar mit Retabel (1368/70), über dem sich ein großes doppelseitiges Triumphkreuz (Ende 15. Jahrhundert) erhebt, die Grenze (Abb. 60). Frühe doppelseitig bemalte Triumphkreuze sind noch in Loccum (um 1260), Pforta (um 1260/70) und Kaisheim (Ende 15. Jahrhundert) erhalten. In Doberan sind Christus und die Gottesmutter plastisch ausgearbeitet. Während Christus den Laienbrüdern zugewandt ist,

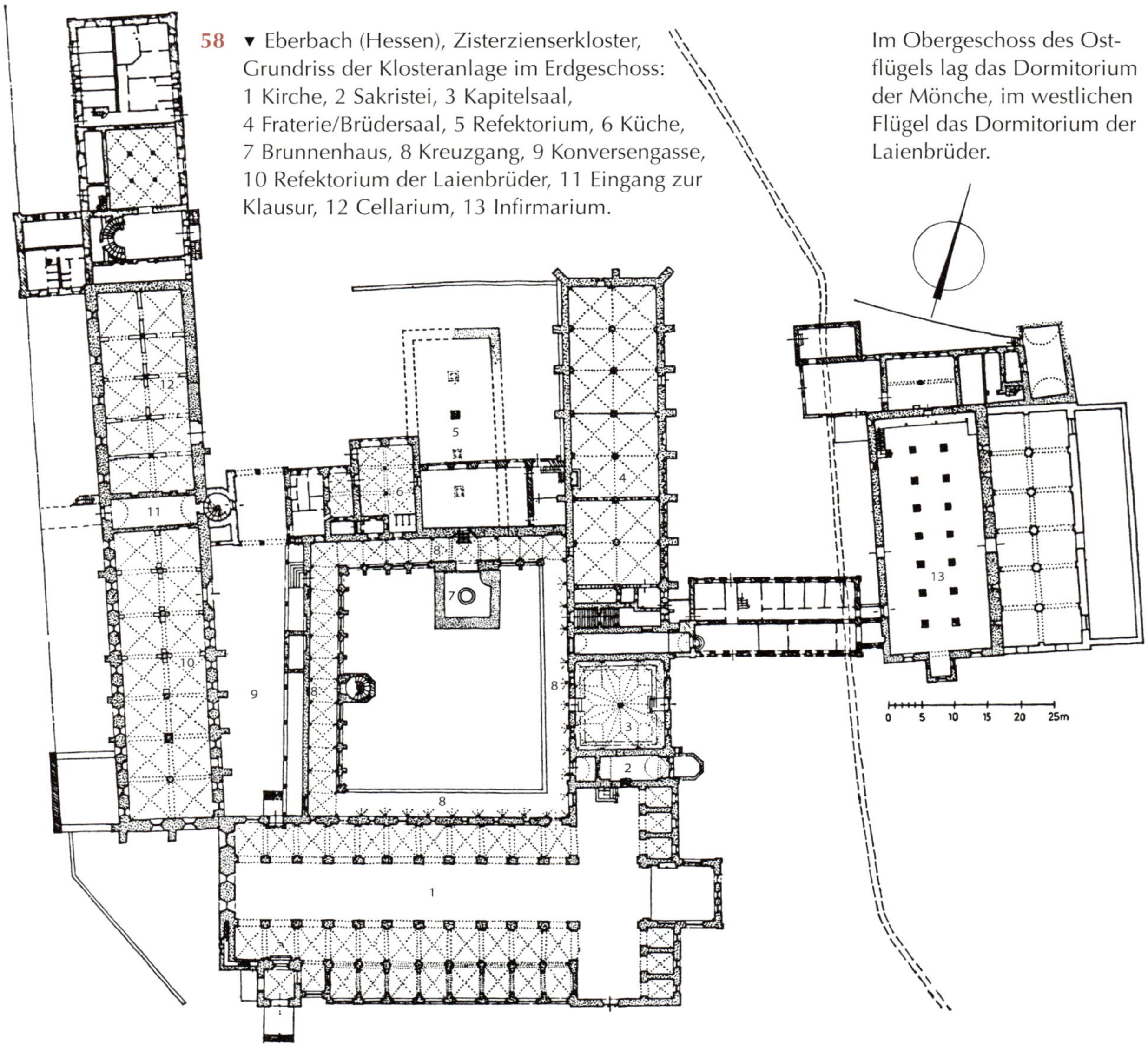

58 ▾ Eberbach (Hessen), Zisterzienserkloster, Grundriss der Klosteranlage im Erdgeschoss: 1 Kirche, 2 Sakristei, 3 Kapitelsaal, 4 Fraterie/Brüdersaal, 5 Refektorium, 6 Küche, 7 Brunnenhaus, 8 Kreuzgang, 9 Konversengasse, 10 Refektorium der Laienbrüder, 11 Eingang zur Klausur, 12 Cellarium, 13 Infirmarium.

Im Obergeschoss des Ostflügels lag das Dormitorium der Mönche, im westlichen Flügel das Dormitorium der Laienbrüder.

59 ▸ Bad Doberan (Mecklenburg-Vorpommern), Zisterzienserkloster, Grundriss der Klosterkirche. Im Grundriss ist noch die Kontur der Vorgängerkirche eingetragen. Die neue Klosterkirche wurde im Osten begonnen und um die alte, soweit es ging, herumgebaut.

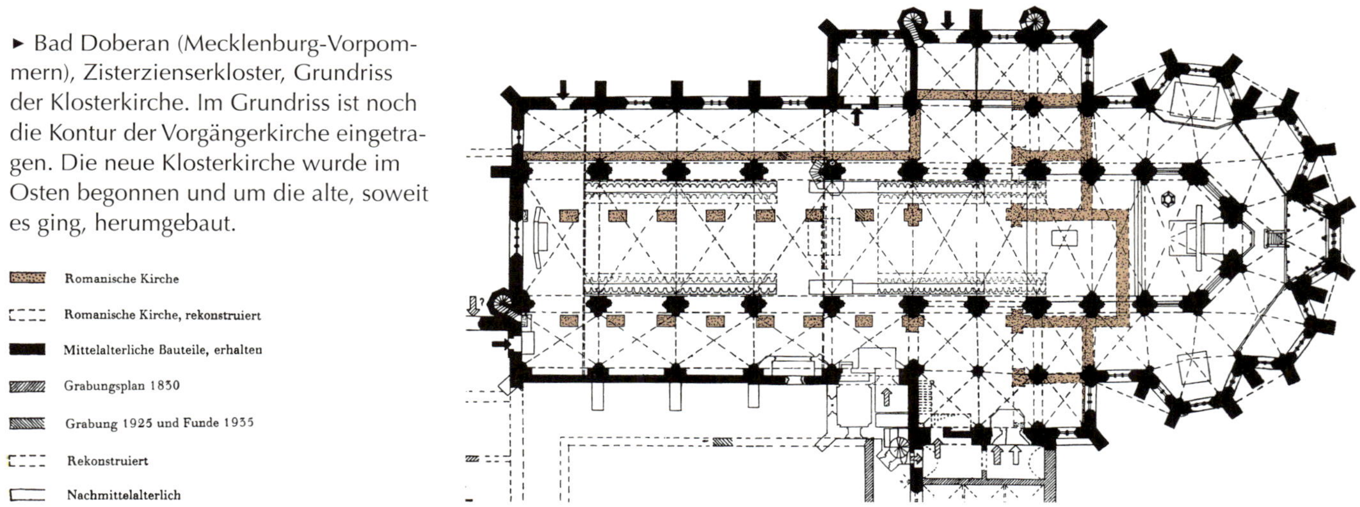

60 ◂ Bad Doberan (Mecklenburg-Vorpommern), Zisterzienserkloster, Klosterkirche, Blick ins Mittelschiff nach Osten. Im Vordergrund befindet sich der ehemalige Chor der Laienbrüder, an dessen östlicher Grenze der Kreuzaltar steht. Dieser markiert die Schranke zum dahinterliegenden Mönchschor.

blickt Maria, den Jesusknaben auf dem linken Arm haltend, in den Mönchschor, der auf den Hochaltar (um 1300) im Binnenchor bezogen ist. Das Gestühl der Mönche besitzt 24 Stallen je Seite. Es erstreckte sich von der Mitte der Vierung bis zum vierten Pfeilerpaar von Westen. Im Raum zwischen Lettneraltar und Mönchsgestühl könnte einst das Gestühl für die kranken und schwachen Mönche gestanden haben. Der Altaraufsatz über der Mensa des Hauptaltares gehört zu den frühesten Beispielen von Flügelaltären. Die untere Zone kam einige Jahrzehnte später hinzu. Zur weiteren Ausstattung der Doberaner Kirche aus mittelalterlicher Zeit gehören verschiedene Nebenaltäre, ein Sakramentsturm aus Eichenholz (um 1368/70), ein Kelchschrank mit Aufsatz (um 1280/1310) zur Aufbewahrung liturgischer Geräte, ein Levitensitz am Hochaltar sowie verschiedene Grabmale, deren ursprüngliche Orte nicht immer mit Gewissheit angegeben werden können.

Der Kreuzgang (*claustrum*) war Durchgangs-, Verbindungs- und Aufenthaltsraum. Er bildete sowohl das spirituelle als auch organisatorische Zentrum des Mönchslebens und lag entweder nördlich oder südlich der Klosterkirche (*ecclesia*), deren Langhaus parallel zu diesem verlief, sodass das Seitenschiff meist direkt an ihn anschloss. Aber auch hier gab es Ausnahmen, wie Walkenried belegt. Der annähernd quadratisch angelegte Kreuzgang besteht aus vier miteinander verbundenen Laufgängen, die auch für Prozessionen genutzt wurden. An den Seiten zum Innenhof öffneten sich ursprünglich einfache Bögen, die in späterer Zeit in maßwerkartigen Strukturen ausgebildet und verglast wurden. Auf den gegenüberliegenden Seiten werden die in der Regel eingewölbten Laufgänge von den Klausurgebäuden begrenzt, die sie letztlich miteinander verbinden.

Der kirchenseitige Flügel war mit Sitzbänken ausgestattet, wie sie in Heiligenkreuz (Abb. 61) oder Zwettl (Niederösterreich) noch heute von den Mönchen genutzt werden. Denn hier fanden die wöchentliche Fußwaschung (*mandatum*), die abendliche Lesung (*collatio*), aber auch die individuelle Lektüre statt. Für die Entsorgung des Wassers nach der Fußwaschung gab es kleine Ausgussbecken, wie sie z. B. in Bebenhausen, Maulbronn oder Zwettl noch zu finden sind.

Im östlichen Trakt, dem „Mönchshaus", befanden sich im Untergeschoss die Sakristei (*sacristia*), das Bücherdepot (*armarium*), der Kapitelsaal (*capitulum*), der Hörsaal oder Sprechraum (*auditorium*), ein Durchgang, der zum Obstgarten und zum Krankensaal (*infirmarium*) führte, die meist östlich der Klausur lagen, sowie ein Multifunktionsraum, der in der Literatur neutral als Tagesraum der Mönche beschrieben wird. Über die gesamte Länge des Obergeschosses erstreckte sich der Schlafsaal (*dormitorium*) für die Mönche (Abb. 62). Von diesem führte eine Treppe (Nachttreppe) direkt in den südlichen bzw. nördlichen Querhausarm und eine zweite (Tagestreppe) direkt in den Kreuzgang. Am kirchenfernen Ende des Schlafsaals lagen die Latrinen (*necessaria*).

61 ◂ Heiligenkreuz (Niederösterreich), Zisterzienserkloster, nördliche Kreuzganggalerie. Wenngleich die hölzernen Einbauten aus nachmittelalterlicher Zeit stammen, so verweisen doch die Steinbänke auf dessen Funktion als Kollationsflügel, in dem die abendliche gemeinsame Lesung von erbaulichen Texten vor der Komplet stattfand.

Neben der Kirche und dem Refektorium gehörte der Kapitelsaal (Abb. 63) zu jenen Bauaufgaben, denen besondere Aufmerksamkeit geschenkt wurde. Im Kapitelsaal begründete sich die Gemeinschaft der Mönche institutionell immer wieder neu, und zwar spirituell durch die Lesung eines Abschnitts (*capitulum*) aus der Regel Benedikts, korporativ durch die Regelung den Konvent betreffender, organisatorischer und finanzieller Angelegenheiten, disziplinarisch durch das Schuldkapitel und sozial durch Gebetsverbrüderung und kollektives Totengedächtnis.

Der Kapitelsaal konnte nicht wie Bethaus und Speisesaal in die Höhe streben, da er durch das darüberliegende Dormitorium begrenzt wurde. Doch konnte etwas an Höhe durch das Absenken des Fußbodenniveaus gewonnen werden (z. B. Ossegg, Eberbach). Dies war insofern wichtig, als die Gewölbe bei entsprechender Raumgröße durch ihre Bogenradien

62 ▲ Eberbach (Hessen), Zisterzienserkloster, Schlafsaal der Mönche, Blick nach Süden. Das Mönchsdormitorium aus der 2. Hälfte des 13. Jh.s besteht aus einem zweischiffigen, elfjochigen kreuzgratgewölbten Raum. An den Seitenwänden befanden sich einst mit Holzläden verschließbare Dreierfenstergruppen.

63 ▸ Ossegg (Tschechische Republik, Böhmen), Zisterzienserkloster, Kapitelsaal mit Lesepult (2. Viertel 13. Jh.). Die Lesepulte dürften normalerweise zur mobilen Einrichtung des Kapitelsaals gehört haben und sind spätestens mit der Säkularisierung verschwunden. Das *lectorium* in Ossegg ist zugleich ein Kleinod mittelalterlicher Bildhauerkunst.

schon eine gewisse Höhe in Anspruch nahmen. Um den Raum stabil einwölben zu können, bedurfte es einer Grundform, die, solange man konstruktiv den Rundbogen zugrunde legte, möglichst auf annähernd quadratischen Modulen basierte. Denn bei einem Quadrat hat jede Seite die gleiche Länge und die über den vier Seiten konstruierten Bögen verfügen über die gleiche Scheitelhöhe. Nur die diagonalen Bögen mussten etwas gestaucht werden, wenn die gleiche Scheitelhöhe wie an den Seiten erreicht und die Differenz, die bei einem Rundbogen über die Diagonalen zur Höhe der Seitenbögen entsteht, nicht durch Busung ausgeglichen werden sollte. Erst der Spitzbogen erlaubte eine optimale Angleichung der Scheitelhöhen bei unterschiedlichen Seitenlängen des Gewölbefeldes durch flexible Bogenradien. Die Minimalvariante in der Wölbung bestand in einem Einstützenraum wie in Zwettl (um 1180), wo vier annähernd quadratische Gewölbefelder von einer Mittelstütze getragen werden. Sollten die Gewölbefelder kleiner bzw. ein größerer Raum überwölbt werden, so konnten vier Stützen neun Gewölbefelder tragen, wie in Arnsburg (2. Hälfte 13. Jahrhundert), Bebenhausen (1. Hälfte 13. Jahrhundert), Bronnbach (um 1180), Chorin (um 1300) oder Heiligenkreuz (1. Hälfte 13. Jahrhundert). War die Grundform rechteckig oder queroblong, genügten Mittelstützen wie in Michaelstein (um 1170/80), Altzella (um 1200) oder Ossegg (2. Viertel 13. Jahrhundert). Im Gegensatz zur Höhenbeschränkung bildete die Außenflucht des Mönchshauses keine zwingende Beschränkung. Die Kapitelsäle konnten nach Osten über die Gebäudeflucht hinausragen (z. B. Altenberg, Chorin, Walkenried).

Am kirchenfernen Kreuzgangflügel lagen mit Wärmeraum (*calefactorium*) und Küche (*coquina*) die beiden einzigen beheizbaren Räume der Klausur. Wärmeräume mussten nicht zwingend über große Kamine verfügen, wenngleich dies wohl die Regel war, sondern konnten auch wie in Maulbronn oder Chorin technisch raffinierter über eine Hypokaustenheizung befeuert werden. Von Küchenbauten sind kaum noch mittelalterliche überliefert. Ein äußerst beeindruckendes Beispiel ist jedoch in Chorin (um 1280) erhalten geblieben (Abb. 64). Zwischen Kalefaktorium und Küche befand sich der Speisesaal (*refectorium*), der in der Frühzeit parallel zum Kreuzgang, später um 90 Grad gedreht mit der Giebelseite zu diesem errichtet wurde. Dem Refektoriumseingang gegenüber befand sich das Brunnenhaus (*lavatorium*). Bei diesen Zentralbauten handelt es sich oft um architektonische Kleinodien, obgleich die dazugehö-

64 ◂ Chorin (Brandenburg), Zisterzienserkloster, Klosterküche mit großem Kamin (um 1280). Die großen Klosterküchen wurden mit der Privatisierung des Mönchslebens schnell überflüssig. Dieser Küchenbau zählt zu den wenigen mittelalterlichen Beispielen im deutschen Sprachraum. Die rußgeschwärzten Gewölbe verweisen auf die einst intensive Nutzung.

65 ▸ Heiligenkreuz (Niederösterreich), Zisterzienserkloster, Brunnenhaus, Ansicht von Süden. Das Brunnenhaus besitzt mit den sogenannten Babenberger Scheiben exzellente Beispiele mittelalterlicher Glasmalerei. Darunter befindet sich auch eine Darstellung des Zisterziensers und späteren Bischofs Otto von Freising.

renden originalen Brunnenschalen oft verloren sind. In Maulbronn, Zwettl oder Heiligenkreuz (Abb. 65) sind sie immer noch bzw. wieder in Funktion. Das Brunnenhaus in Heiligenkreuz ist außerdem für die sogenannten „Babenberger Scheiben" berühmt, auf denen u.a. Familienmitglieder der Markgrafen und Herzöge von Österreich dargestellt sind. Die Zisterzienser, dies gilt es besonders hervorzuheben, verfügten über ein ausgeklügeltes Wassersystem, in dem Trink- und Brauchwasser getrennt wurden. Das Wassermanagement wird in einer Beschreibung Clairvaux' aus dem 13. Jahrhundert eindrucksvoll erläutert.

Der Speisesaal, der bei den Zisterziensern gegen Ende des 12. Jahrhunderts meist quer zum Kreuzgang errichtet wurde, konnte als Raum mit mancher Kirche konkurrieren. Die Benediktregel (Kap. 39 – 41) gab den Rahmen für die Speisegebote vor, die die Zisterzienser im Zweifelsfalle strenger auslegten als die zeitgenössischen Benediktiner. In baulicher Hinsicht kamen zwei Forderungen Benedikts Bedeutung zu. Die Mahlzeiten sollten von einer Lesung spiritueller Texte begleitet werden und die letzte war noch bei Tageslicht einzunehmen. Hinzu kommt, dass die Sitzordnung analog der im Chor arrangiert war. Es mussten also Räume errichtet werden, die durch große Fensteröffnungen genügend Licht boten und entsprechend lang waren, sodass Tische und Bänke in U-Form aufgestellt werden konnten, wobei Abt oder Prior an der Stirnseite präsidierten. Für die Lesung fanden die Zisterzienser eine architektonische Lösung, indem sie die Lesekanzel nicht als bewegliche in den Raum stellten, sondern in die Wand integrierten. In Michaelstein (Ende 12. Jahrhundert) hat sich ein kreuzgratgewölbtes Refektorium erhalten, welches noch parallel zum Kreuzgang errichtet wurde. In Heilsbronn (Mitte 13. Jahrhundert) steht es quer zum Kreuzgang, der allerdings verloren ist. Der Raum kommt ohne Stützen aus, wobei die Gewölbeanfänger aufgrund der großen Spannweite sehr

66 ▸ Heilsbronn (Bayern), Zisterzienserkloster, Mönchsrefektorium, Blick nach Norden. Aufgrund des verlorenen Kreuzgangs, der nördlich der Kirche lag, und großer Teile der Klausur ist das Refektorium als solches auf den ersten Blick kaum zu erkennen.

67 ▲ Eberbach (Hessen), Zisterzienserkloster, Dormitorium der Laienbrüder. Das zweischiffige Dormitorium von gut 83 m Länge zählt zu den wenigen erhaltenen Beispielen eines Schlafsaals im Konversentrakt. Durch die spätere Fussbodenerhöhung sind einige Säulenbasen verdeckt worden.

niedrig ansetzen (Abb. 66). Der Verzicht auf Mittelstützen vereinheitlicht den Raum und nimmt ihm etwas von der Höhenwirkung – ganz im Gegensatz zum Herrenrefektorium in Maulbronn (um 1220), dessen Zweischiffigkeit die Vertikale betont. Zudem ist der Raum durch die weit nach unten gezogenen Rundbogenfenster sehr gut belichtet. In Bebenhausen stellt das um 1335 entstandene zweischiffige Sommerrefektorium mit Sterngewölben ein gutes Beispiel dar, wie ein ursprünglich schlichter Speisesaal zu einer *ecclesia secunda*, zu einer zweiten Kirche werden kann. Ordenseigene Bewertungskriterien wie *humilitas* oder *simplicitas* greifen hier nicht mehr. Es ist vor allem das gesteigerte Raumvolumen, das beeindruckt, weniger die architektonischen Details.

Der Westflügel gehörte den Laienbrüdern und beherbergte verschiedene Wirtschaftsräume. Im Untergeschoss lagen Keller (*cellarium*) und Arbeitsräume für die Konversen sowie deren Speisesaal, dessen östliche Wand an die Küche angrenzte und mit der Küche in Verbindung stand. Über das gesamte Obergeschoss erstreckte sich der Schlafsaal analog dem Mönchshaus mit den Latrinen am Ende und einem direkten Zugang zur Kirche (Abb. 67). In einigen Klöstern gab es eine Konversengasse, die entweder wie in Eberbach bzw. Arnsburg zwischen dem westlichen Kreuzgangflügel und dem Konversenbau entlangführte oder außerhalb der Klausur an der Westseite des Konversentraktes lag, wie es für Chorin oder Maulbronn angenommen wird.

3. Der „Bernhardinische Plan“

Für die architekturhistorischen Analysen der Zisterzienserklöster waren die Arbeiten von Marcel Aubert (1947) und Anselm Dimier (1949) besonders einflussreich. Während Aubert erstmals das Kloster in seiner Vielzahl von Bauaufgaben vergleichend auf breiter Denkmalbasis beschrieb, publizierte Dimier eine Plansammlung von Klosterkirchen, die zwar nicht immer maßstabsgerecht und detailgetreu sind, doch mit den mehr als 300 Grundrissen eine bis dahin nicht gekannte Übersicht boten. Auf diesen Ergebnissen aufbauend publizierte Karl Heinz Esser 1953 seine These vom „Bernhardinischen Plan“. Im Gegensatz zu zeitgenössischen Benediktinerklöstern, Chorherrenstiften oder Kathedralkirchen, so die Beobachtung, bevorzugten die frühen Zisterzienser in der Gestaltung der Ostpartien der Klosterkirche einen geraden Schluss für die Querhauskapellen und das Sanktuarium, wie es in Eberbach noch beispielhaft zu sehen ist (Abb. 68). Esser glaubte, darin eine „persönliche Anteilnahme des hl. Bernhard“ erkennen zu können. Denn das älteste erhaltene Zeugnis dieses Typs findet sich in Fontenay, einem Tochterkloster von Clairvaux. Es wurde 1119 gegründet und mit Mönchen aus Clairvaux besiedelt. Im Jahr 1147 weihte Papst Eugen III. (1145 – 1153), selbst Zisterzienser und ehemaliger Schüler Bernhards, die Klosterkirche. Problematisch an der These ist jedoch, dass die Übernahme der Bauform symbolisch aufgeladen wurde und programmatischen Charakter erhielt. Die Bauform, so die Idee, fungiere als Bedeutungsträger für reformmonastisches Bauen. Es konnten jedoch weder der direkte Einfluss des hl. Bernhard auf die Bauform noch die Beziehung zwischen Gestalt und Gehalt überzeugend nachgewiesen werden. Ein Blick nach England zeigt, dass dort die Bischofskirchen einen geraden Abschluss bevorzugten, die Zisterzienser jedoch nicht ein anderes Hoheitsmotiv ersannen, um sich im programmatischen Sinne mit einer reformmonastischen Bauidee davon abzuheben.

Hanno Hahn ging über Esser hinaus, indem er nicht nur eine bestimmte Grundrissdisposition als Vorbild annahm, sondern diese mit Aufriss und Wölbung zur Einheit verschmolz. Auch für Hahn bildete die Kirche von Fontenay den Prototyp. Die wichtigsten Merkmale im Aufriss sind eine Höhenstaffelung der Gewölbe und ein Gewölbesystem, bestehend aus einer Kombination von Längs- und Quertonne. Die Höhenstaffelung der Gewölbe zeigt sich darin, dass die Querhausarme niedriger als das Hauptschiff sind und die Wölbung im Mittelschiff bis zur Ostseite der Vierung durchläuft.

Die These vom „Bernhardinischen Plan“ ist von Matthias Untermann wieder aufgegriffen und in andere Begründungszusammenhänge gestellt worden. Er verwarf die Idee vom direkten Einfluss des

68 ▸ Eberbach (Hessen), Zisterzienserkloster, Ansicht des Presbyteriums von Nordosten. Die Klosterkirche stellt ein frühes Beispiel für jenen Typus dar, der nach dem sogenannten „Bernhardinischen Plan“ gestaltet wurde.

hl. Bernhard auf die Bauform und entkoppelte zudem den Grundriss vom Aufriss. Was bleibt, ist eine Grundrissdisposition à la Fontenay und die Vorbildwirkung von Clairvaux im Sinne einer *dispositio claraevallensis*. Zwar konnte Untermann zeigen, dass zwischen dem ersten Holzkloster in Clairvaux, dem *monasterium vetus*, und der für die Mitte des 12. Jahrhunderts bezeugten großen Klosterkirche noch ein Interimsbau bestanden haben muss, über dessen Gestalt ist jedoch nichts bekannt. Sie wird aus dem Tochterkloster Fontenay rückgeschlossen. Die Ableitung bleibt ohne archäologische Beweise tautologisch. Unglücklich scheint mir die Beibehaltung des Begriffes „Bernhardinischer Plan", denn dieser suggeriert, obwohl ausdrücklich verneint, einen persönlichen Einfluss des Abtes von Clairvaux und konterkariert damit die angenommene institutionelle Geltung Clairvaux' als Primarabtei, die weit über den Tod Bernhards hinaus wirkte.

Die gute Organisation der Zisterzienser, vor allem die Traditionen, aber auch die Verpflichtungen, die sich aus den Filiationsverhältnissen ergaben, wo sich jede Abtei stammbaumartig auf eine der vier Primarabteien zurückführen ließ, hat architekturgeschichtlich zur Frage geführt, ob diese wechselseitigen Abhängigkeiten einen generellen Niederschlag in den Bauformen gefunden haben. Mehr noch, auf der horizontalen Ebene, zwischen Abteien verschiedener Filiationslinien einer Region, wäre auch Konkurrenz denkbar. Der relativ hohe Denkmalbestand zeigt jedoch, dass ordens- oder filiationsübergreifende Leitmotive nur auf einem hohen Abstraktionsniveau und einem hohen Verallgemeinerungsgrad gefunden werden können, somit zur Erklärung eines individuellen Falls wenig beitragen. Dennoch wird in Einzelanalysen deutlich, dass die Zisterzienser sich auf unterschiedlichen Ebenen orientierten und aufeinander beziehen konnten. Deshalb ist es sinnvoll, vom Einzelbau auszugehen und zu überprüfen, inwieweit es Berührungspunkte mit der Ordenstradition bezüglich der Primarabteien oder Filiation gibt, inwieweit regionale Aspekte eine Rolle spielen, aber auch epochale Neuerungen eingeflossen sind.

4. Hochgotische Chorbauten des 13. und 14. Jahrhunderts

In der zweiten Hälfte des 12. Jahrhunderts entstehen in den Primarabteien Clairvaux, Pontigny und Morimond, aber auch im Mutterhaus Cîteaux neue Presbyterien. Die einfachen Sanktuarien werden nun durch Umgangschöre mit Kapellenkranz ersetzt, die, wie in Clairvaux und Pontigny, radial angelegt waren oder, wie in Morimond und Cîteaux, in Rechteckform ausgeführt wurden. Für den Typ eines Chorumgangs mit Radialkapellen stehen im deutschen Sprachgebiet u. a. die Chorbauten von Heisterbach (1202 – 1237), Marienstatt (um 1220/27 – 1243), Altenberg (begonnen um 1259), Doberan (begonnen nach 1291), Zwettl und Kaisheim (2. Hälfte 14. Jahrhundert). Die Rechteckvariante findet sich u. a. in Ebrach (1200 – 1239), Lilienfeld (1206 – 1230), Georgenthal (Mitte 13. Jahrhundert), Riddagshausen (1216 – 1275), Salem (Chorweihe 1307), Amelungsborn (2. Hälfte 14. Jahrhundert) und mit Einschränkung in Walkenried (Mitte 13. Jahrhundert). Sowohl die Reduktion bestimmter architektonischer Schemata des Kathedralbaus als auch die zurückgenommenen Einzelformen haben in der architekturhistorischen Diskussion dazu geführt, derartige zisterziensische Chorlösungen als reformmonastische Antwort auf die großen Bischofskirchen zu interpretieren. Neuere Forschungen aber zeigen, dass dies keine Einbahnstraße war, sondern Zisterzienserabteien auch Maßstäbe setzen konnten. Die Entwürfe für Altenberg und Doberan stehen für zwei Grundrisstypen, die in Variationen im gotischen Kathedralbau vielfach angewandt wurden. Beim ersten wird der Binnenchor über sieben Seiten, beim zweiten über fünf Seiten polygonal geschlossen. Dem Chorpolygon entsprechen dann im Umgangschor sieben bzw. fünf Radialkapellen. Die ungerade Zahl des Chorschlusses führt zur Ausbildung einer Scheitelkapelle, die jedoch, im Gegensatz zu einigen Kathedralen, nicht architektonisch betont wurde. Bei den rechteckigen Umgangschören zeigen die Zisterzienser eine relativ eigenständige Entwicklung. Hervorzuheben ist, dass die Orientierung an bereits üblichen Schemata und Formen eine kreative und individuelle Adaption keineswegs ausschließen muss. Hier dürften detaillierte bauarchäologische Untersuchungen, in deren Mittelpunkt konstruktive Prinzipien stehen, noch zu vielen Neueinsichten gegenüber den traditionellen stilistischen und ikonografischen Analysen führen.

Altenberg und Doberan

Das im Bergischen Land liegende Kloster Altenberg, unweit von Köln, wurde im Jahre 1133 von den Grafen zu Berg gegründet und von Mönchen aus Morimond besiedelt. Der Bruder des Grafen hatte bereits 1129 in Morimond den Habit genommen. Den ursprünglichen Ort in der aufgelassenen Burg der Stifter gab man aus praktischen Gründen schnell wieder auf und zog in das Tal der Dhünn. Dort wurde die erste Klosterkirche in Stein errichtet. Die weitgehend ergrabene Klosterkirche bestand im Grundriss aus einem dreischiffigen Langhaus mit westlicher Vorhalle, einem ausladenden Querhaus mit apsidial geschlossenen Querhauskapellen und einem ebenfalls apsidial geschlossenen Sanktuarium. Gefördert wurde das Kloster u.a. durch die Erzbischöfe von Köln. Die Klausur, die sich einst südlich an die Kirche anschloss, entstand im 13. Jahrhundert.

Im Jahre 1222 soll die Kirche durch ein Erdbeben Schaden genommen haben. Offen bleibt, inwieweit dieses Ereignis einen realen Bezug zum Neubau besaß, dessen Grundsteinlegung am 3. März 1259 erfolgte. Die Bauarbeiten, die von Ost nach West voranschritten, zogen sich mit gewissen Unterbrechungen bis 1410 hin.

Der Kirchenbau blieb bis zur Aufhebung des Klosters im Jahre 1803 von größeren Umbaumaßnahmen verschont. Danach setzte ein rapider Verfall ein. Man bot das gesamte Inventar, wozu auch die Fensterverglasungen im Kreuzgang zählten, zur Versteigerung an. Verkauft wurden außerdem die Abteigebäude, mit Ausnahme der Kirche, die für den Gottesdienst erhalten bleiben sollte. Die im Ostflügel des Kreuzganges eingerichtete chemische Fabrik explodierte. Detonation und Brand zerstörten die Klausurgebäude weitgehend, richteten aber auch erhebliche Schäden an der Kirche an. Die nur notdürftig gesicherte Anlage war durch Witterung dem Verfall preisgegeben. Im Jahr 1821 stürzte, nach Abbruch des Dormitoriums, das südliche Querhaus mit dem östlich angrenzenden Chorseitenschiff ein. Neun Jahre später brach das Vierungsgewölbe zusammen. Zudem stürzten weitere Gewölbe im Hochchor und im Mittelschiff ein. Die Schäden wurden durch Sanierungs- und Wiederaufbauarbeiten der Jahre 1836 – 1847 behoben, wobei die erheblichen staatlichen Zuschüsse an die Bedingung geknüpft wurden, dass das Gotteshaus in der Zukunft sowohl Katholiken als auch Protestanten dienen soll. Die Klosterkirche ist in den letzten Jahren nochmals umfassend restauriert worden.

Der 1259 begonnene Neubau, dessen Außenmauern die alte Kirche von Ost nach West einschlossen, wurde als in allen Teilen kreuzrippengewölbte, dreischiffige Basilika über kreuzförmigem Grundriss, mit Querhaus, Langchor, Chorumgang und Kapellenkranz errichtet (Abb. 69, 70). Der Wandaufriss ist dreizonig. Die Arkaden werden von zylindrischen Stützen getragen, deren Kapitellzonen im Chorbereich mit vegetabilem Schmuck versehen sind. Darüber befindet sich ein zum Dachraum hin öffnendes Triforium, dessen mittlerer Stab bis zu den Obergadenfenstern reicht

69 ▾ Altenberg (Nordrhein-Westfalen), Zisterzienserkloster, Grundriss der Klosterkirche. Der Altenberger Chor mit seinen sieben Radialkapellen orientiert sich an zeitgenössischen Kathedralschemata, deren strukturelle Eigenheiten auf die Zisterzienserkirche Longpont zurückgeführt werden können.

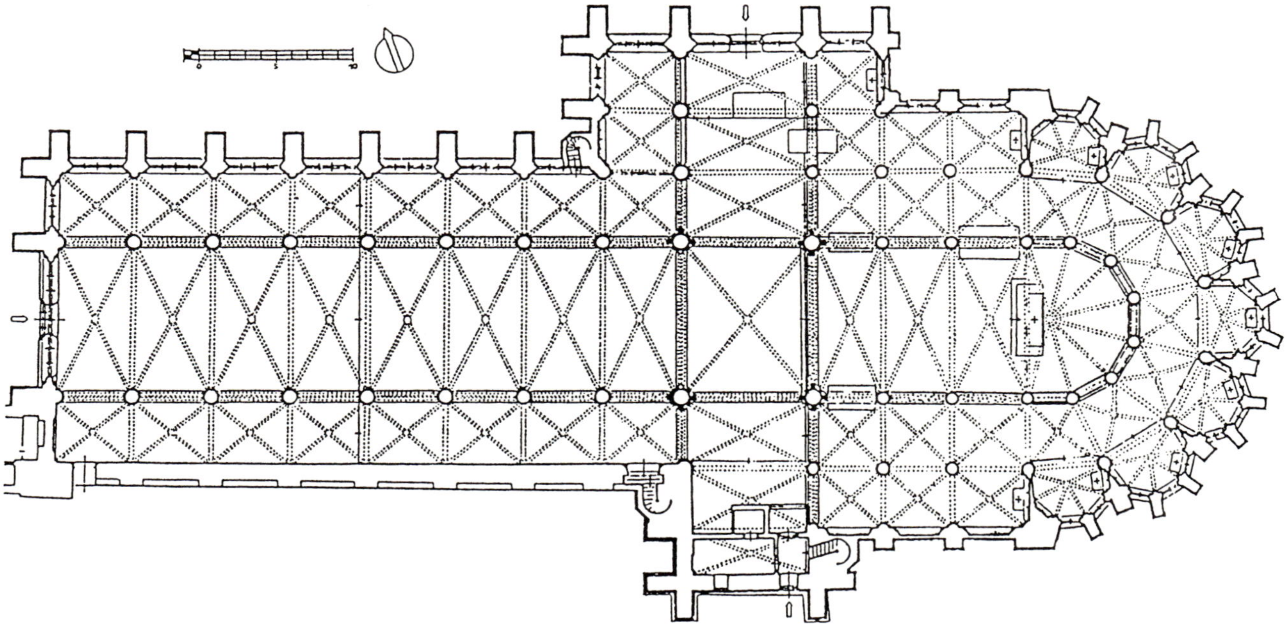

70 ► Altenberg (Nordrhein-Westfalen), Zisterzienserkloster, Klosterkirche, Blick nach Osten vom Mittelschiff in den Chor. Der Innenraum ist von eindrucksvoller Klarheit. Im Gegensatz zu Doberan, wo das Triforium auf die Wandfläche gemalt wurde, besitzt Altenberg einen echten dreizonigen Wandaufriss.

71 ▸ Altenberg (Nordrhein-Westfalen), Zisterzienserkloster, Grisaillefenster aus dem Chorumgang. Die Grisaillemalereien im Altenberger Dom gehören zu den Höhepunkten zisterziensischer Glasmalereien. Hier dominiert nicht das Flechtwerkmotiv, sondern vegetabile Ornamentik, die sich überwiegend an der Pflanzenwelt der Gegend orientiert.

und damit beide Zonen verbindet. Die Obergadenfenster sind durchweg mit Maßwerk gefüllt, im Chorpolygon sind sie zweibahnig, sonst vierbahnig. Zählt man die Travée östlich der Vierung zum Querhaus, so ist dieses dreischiffig angelegt. An das Querhaus schließt ein fünfschiffiger Langchor an, der drei bzw. zwei Joche tief ist. Der polygonale Binnenchor wird von sieben Seiten eines Zwölfecks geschlossen. Der Chorumgang im Polygon besitzt demzufolge sieben auf den Binnenchorschluss ausgerichtete trapezförmige Gewölbefelder, an die die Chorkapellen angrenzen. Letztere sind ebenfalls polygonal (5/8-Schluss) ausgebildet. Die den Hauptstrebepfeilern gegenüberliegenden Zungenmauern geben den Kapellen eine gewisse räumliche Tiefe. Die Kapellen besaßen ursprünglich kein eigenes Dach, sondern ein umlaufendes, wie auf einem Stich von 1834 zu sehen ist. Im Unterschied zu einigen Kathedralen, wie z. B. dem Kölner Dom, wurde auf ein Treppenhaus im Inneren des Strebepfeilers zwischen den westlichen Chorkapellen und dem Langchor verzichtet.

Einige Fenster im Chorumgang (Abb. 71), aber auch das große Fenster im nördlichen Querhausarm besitzen noch originale Glasmalereien (um 1300) in Grisaille, eine Technik, die die Zisterzienser bevorzugten, da ursprünglich figürliche und farbige Darstellungen, ein bemaltes Kruzifix ausgenommen, untersagt wurden. Auffällig ist zudem, dass hier nicht auf die übliche, seit der Frühzeit gebräuchliche Flechtbandornamentik zurückgegriffen wurde, sondern vegetabile Formen zum Einsatz kamen, die bis auf wenige Ausnahmen der heimischen Pflanzenwelt entnommen worden sind. Dieses Phänomen hatte Josef Hermann Roth bereits am Blattschmuck der Stützen im Chor beobachtet.

Norbert Nussbaum wies darauf hin, dass sich der Altenberger Chorgrundriss in seinen allgemeinen strukturellen Eigenheiten auf die französische Zisterze Longpont zurückführen lässt, die wiederum inspirierend für die Kathedralen von Amiens und Beauvais wirkte, aber auch innerhalb des Ordens für die königliche Stiftung Royaumont von Bedeutung war. Im Gegensatz zur bisherigen Forschung, die hinsichtlich des Vorbildes für Altenberg sich primär mit der Frage Köln oder Royaumont beschäftigte, erweiterte Nussbaum den Horizont durch die analytische Einbeziehung des Entwurfsprozesses im Sinne der konkret zu lösenden konstruktiven Aufgaben. So lässt sich trotz Übernahme eines allgemeinen Schemas eine gewisse Eigenständigkeit in der Behandlung von Grundriss, Aufriss und Proportionen feststellen.

Für den Neubau der Doberaner Klosterkirche ist mit dem Brand von 1291, den der Franziskaner Detmar in der Lübeckischen Chronik (um 1385) erwähnt, ein Fixpunkt gefunden. Doch ist es strittig, ob der Brand den alleinigen Grund für das Bauvorhaben darstellt oder nur willkommener Anlass war, ein bereits in Planung und vielleicht auch Ausführung befindliches Projekt zu legitimieren. Abt Konrad III. von Lübeck († 1291) hinterließ dem Konvent 11 000 Mark Silber, eine komfortable Summe, die in Bau und Ausstattung einer neuen Klosterkirche investiert werden konnte. Über Johann I. von Dahlen (1294 – 1299)

72 ▲ Bad Doberan (Mecklenburg-Vorpommern), Zisterzienserkloster, Ansicht der Klosterkirche von Osten. Der Gesamteindruck wird stark durch die von Möckel einzeln überdachten Kapellen geprägt, die ursprünglich von einem durchlaufenden Dach zusammengefasst wurden.

berichtet Ernst von Kirchberg in der Mecklenburgischen Reimchronik (Kap. 137): Johann „brach daz hulzene munstir nider vnd machte es schone steynen wider". Das „hölzerne Münster" dürfte sich auf die alte flach gedeckte Klosterkirche beziehen. Die neue Kirche wurde, wenn die partiellen Grabungsbefunde richtig interpretiert sind, um die alte herumgebaut. Den Fixpunkt bildete die Nordostecke des Kreuzgangs. Weitere Baudaten sind bis zur Weihe der Kirche, am 4. Juni 1368, durch den Schweriner Bischof Friedrich von Bülow nicht bekannt. Neuere dendrochronologische Untersuchungen im Dachstuhl haben jedoch ergeben, dass dieser, bis auf den Eingriff für den Dachreiter während der Restaurierungen Ende des 19. Jahrhunderts unter Gotthilf Möckel, über die gesamte Länge von West nach Ost in einem Zug aufgerichtet wurde. Die Fälldaten der Eichenstämme liegen zwischen 1292 und 1296. Die Praxis, das frisch geschlagene Holz möglichst zeitnah zu verbauen, führte zur neuen Datierung kurz vor 1300. Das späte Weihedatum dürfte größtenteils dem „Doberaner Mönchskrieg" (1315/19 – 1362) geschuldet sein, in dem die wendische und die sächsische Fraktion miteinander stritten. Das Doberaner Münster ist damit das früheste Beispiel der Adaption des Kathedralschemas in Mecklenburg, noch vor der Rostocker Marienkirche und dem Schweriner Dom.

Die Klosterkirche, die über kreuzförmigem Grundriss errichtet wurde, besteht aus einem fünfjochigen Langhaus, einem seitlich ausladenden Querhaus ohne ausgeschiedene Vierung, aber mit Kapellenanbauten und einem Chorumgang, an dem sich fünf Radialkapellen anschließen, wobei die mittlere als Scheitelkapelle fungiert (vgl. Abb. 59). Der dreijochige Binnenchor schließt mit fünf Seiten eines Achtecks. Die Besonderheit des Chorumgangs besteht darin, dass hier Radialkapellen und Umgang miteinander verschmelzen, eine Gestaltungsweise, die erstmals in Soissons beobachtet wurde und wohl über die Niederlande nach Lübeck und Doberan kam. Der Raumvereinheitlichung im Inneren korrespondierte einst ein umlaufendes Dach über Umgang und Kapellen am Außenbau. Die Restaurierungen von Möckel, die sich am Ideal der Kathedrale orientierten und ein eigenes Kapitel wert wären, führten dann ahistorisch zu Einzeldächern über den Kapellen (Abb. 72).

Eine zweite Besonderheit ist die Anlage der Querhäuser, die von außen gut zu erkennen sind, im Durchschreiten des Innenraumes aber kaum auffallen, es sei denn, man schaut ins Gewölbe. Die Querhausarme bilden selbständige Räume aus, die sie von der Vierung trennen, da die Mittelschiffsarkaden über die Vierung bis in den Langchor durchlaufen. Der sonst dreizonige Wandaufriss (Arkade, Triforium, Obergaden) ist zwischen den nördlichen und südlichen Vierungspfeilern durch Scheinarkaden modifiziert. In der Triforiumszone folgten die Bauherren zwar dem Kathedralschema, doch entschieden sie sich nicht für ein räumlich ausgebildetes Triforium, das sich zum Dachraum über den Seitenschiffen hin öffnet, sondern beließen es bei einem aufgemalten. Die Querhausarme, die mindestens an ihren Ostseiten von Beginn an eine Kapelle besaßen, werden von vier Gewölbefeldern überspannt, die auf einer schlanken, achteckigen Mittelstütze ruhen (Abb. 73). Die Pfeiler sind durch

73 ◂ Bad Doberan (Mecklenburg-Vorpommern), Zisterzienserkloster, Klosterkirche, Blick ins Gewölbe des nördlichen Querhausarmes. Die Querhäuser erschließen sich aus der Perspektive des Innenraumes als Seitenräume erst durch den Blick in das Gewölbe.

verschiedenfarbig lasierte Ziegel zwar betont, doch stehen sie in der Flucht der Seitenschiffsaußenwände des Langhauses. Damit trennen sie optisch das südliche bzw. nördliche Joch des Querhauses von jener Passage, die quasi zwischen diesen und der Vierung die Seitenschiffe mit dem Chor verbindet. Während man im nördlichen Querhausarm diese Raumteilung als Auszeichnung einer Kapelle begreifen kann, führte in den südlichen Teil nur die Treppe, die das Dormitorium mit der Kirche verband. Neben einer symbolischen Interpretation dürften auch statische Überlegungen eine Rolle gespielt haben, denn der Schub der Mittelschiffsgewölbe, die durch die Vierung durchlaufen, wird nicht allein durch die Scheinarkaden aufgenommen. Hinzu kommt der schwierige Baugrund. Vier Gewölbefelder, die von einer Mittelstütze getragen werden, können auch den an dieser Stelle auftretenden seitlichen Schubkräften vom Mittelschiff besser entgegenwirken.

Die Doberaner Klosterkirche stand im Wettbewerb mit der Lübecker Marienkirche und dem Schweriner Dom. Sie ist in der Durchbildung des Baukörpers und in ihrer Ausschmückung keineswegs pompös. Die Wände blieben, abgesehen vom bemalten Triforium, steinsichtig. Durch Letzteres wird die Horizontale betont. Die Scheinarkaden im Vierungsbereich und die hohen Gestühlsrückwände, die die Arkadenöffnungen teilweise verstellen, verstärken den Eindruck eines Binnenraumes innerhalb der Kirche. Die Kapitellzonen sind sparsam mit vegetabiler Ornamentik verziert und die Dienste des Mittelschiffs nicht bis zum Boden geführt. Auch am Außenbau gibt es, abgesehen von den Kleeblattfriesen unter den Traufen der Dächer, keine die Wände strukturierenden Gliederungen. Akzente wurden durch lasierte Ziegel an Gesimsen, Sockeln und Maßwerkrosetten gesetzt. Die Klarheit und Schlichtheit in der Ausführung wird lediglich konterkariert durch das enorme Volumen des Baukörpers, das, weil die Kirche heute als Solitär im Landschaftspark eine andere Wirkung entfaltet, monumentaler hervortritt.

Lilienfeld, Riddagshausen und Heiligenkreuz

Die Zisterzienser entwickelten mit dem rechteckigen Chorumgang eine Alternative zum polygonalen Umgangschor. Der Prototyp innerhalb des Ordens, die zweite Klosterkirche des Mutterhauses in Cîteaux, wurde 1193 geweiht (vgl. Abb. 14). Auch die neue Kirche der Primarabtei von Morimond, die 1253 geweiht wurde, folgte mit einiger Verzögerung ähnlichen Prinzipien. Zu den frühesten Beispielen rechteckiger Umgangschöre im deutschen Sprachgebiet gehören u.a. Lilienfeld/Niederösterreich (1202/1206, Chorweihe 1230), Ebrach II (um 1200, geweiht 1285), Walkenried (um 1210, geweiht 1290), Riddagshausen (nach 1216, geweiht 1275) und Heiligenkreuz/Niederösterreich, wo 1295 die Weihe des neuen Hallenchors stattfand. Die an einigen Eckdaten erkennbare lange Bauzeit einiger Kirchen bedarf noch einer Erläuterung. Da es im Folgenden nur um die Gestaltung der Ostpartie der Klosterkirchen geht, ist zu berücksichtigen, dass die Schlussweihen Ausdruck der relativen Vollendung des Gesamtbaus sind, die Chorbauten mithin viel früher fertig gewesen sein müssen, da man in der Regel den Neubau im Osten begann. Für eine dichte Bauchronologie fehlen überall die Daten, sodass hier nur anhand stilkritischer Überlegungen eine Binnendifferenzierung erreicht werden kann, die naturgemäß in ihrer Aussagekraft unscharf bleiben muss.

74 ▾ Lilienfeld (Niederösterreich), Zisterzienserkloster, Grundriss der Klosterkirche. Eine besondere architektonische Herausforderung bestand darin, den polygonalen Binnenchor mit einem rechteckigen Chorumgang zu kombinieren.

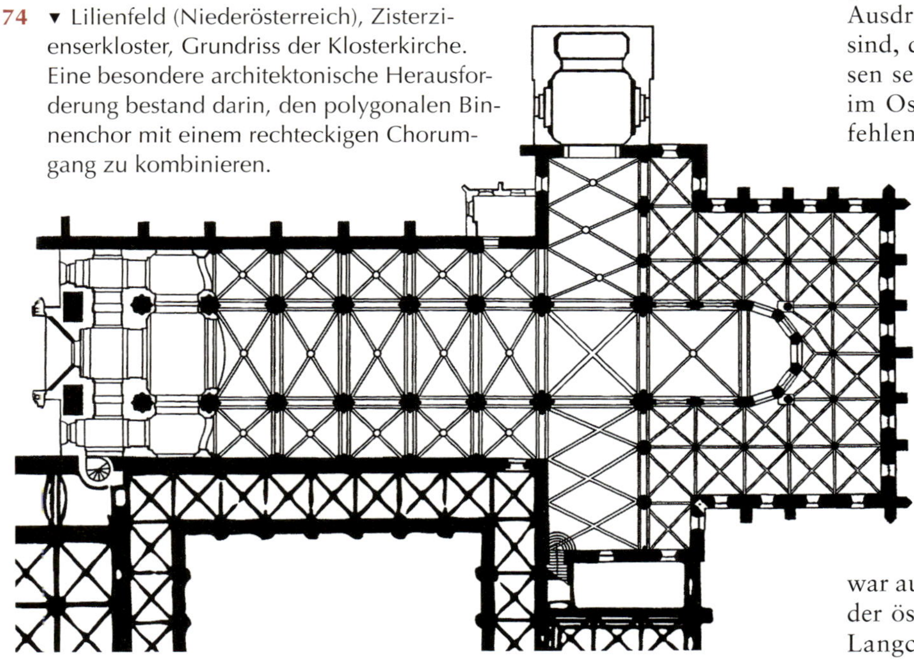

Im Jahre 1202 gründete Herzog Leopold VI. († 1230) von Österreich, aus dem Hause der Babenberger, die Abtei Lilienfeld. Der Gründungskonvent, der aus der Babenberger Stiftung Heiligenkreuz kam, zog 1206 ein. Für das Jahr 1230, in welchem Leopold in Italien verstarb, nach Lilienfeld überführt und dort vor dem Hauptaltar beigesetzt wurde, ist die Weihe der Klausur und der Ostteile der Kirche überliefert. Um 1263 war auch das Langhaus vollendet. Der Umgangschor, der östlich der Vierung ansetzt, ist im zweijochigen Langchor fünfschiffig ausgebildet (Abb. 74). Der

75 ▲ Lilienfeld (Niederösterreich), Zisterzienserkloster, Klosterkirche, östlicher Chorumgang. Durch die Pfeiler und gleichen Gewölbehöhen im Umgang entsteht der Eindruck einer Wandelhalle.

Umgang selbst ist durchweg zweischiffig. Der Binnenchor schließt über fünf Seiten eines Zehnecks. Die Kombination eines rechteckigen Chorumgangs mit einem polygonalen Chorschluss im Binnenchor, die auf eine Planänderung zurückgeführt werden muss, stellt die erste Besonderheit dar, die zweite verbindet sich mit der hallenartigen Gestaltung des Umgangs (Abb. 75), dessen beide Schiffe gleich hoch sind. Der Außenbau zeigt, dass am Umgang Strebepfeiler angesetzt und die Fenster des Binnenchores später geschlossen wurden (Abb. 76). Wie die Gewölbe des inneren Umgangs am Binnenchorpolygon vermitteln müssen, so muss auch das einfache Pultdach zwischen polygonaler Form und Rechteck ausgleichen. Durch den barocken Altareinbau sind die Fenster im Hochchor, aber auch das ursprüngliche Gewölbe im Polygon durch zeitgenössische Schöpfungen ersetzt worden. Bernd Nicolai sieht Lilienfeld mit seiner zweistufigen Höhenstaffelung der Ostteile und den 16 Kapellen im Umgang eher in der Tradition von Morimond, obwohl er betont, dass das Konzept durch den hallenartigen Umgang und den polygonalen Schluss des Binnenchores erheblich modifiziert wurde.

Der Neubau der Klosterkirche in Riddagshausen, einem Tochterkloster von Amelungsborn, begann nach 1216. Da aus stilkritischen Argumenten heraus die Kapitelle der Vierung um 1230/40 datiert werden, dürften zu dieser Zeit Chorumgang, Vierung und Querhaus vollendet gewesen sein.

Die Anschubfinanzierung hat König Otto IV. († 1218), Sohn Heinrichs des Löwen, wohl aus Buße

76 ◂ Lilienfeld (Niederösterreich), Zisterzienserkloster, Klosterkirche, Ansicht des Chores von Norden. Der Binnenchor ist auch am Außenbau durch die barocken Veränderungen geprägt.

geleistet. Nach den Chronisten Otto von Sankt Blasien (frühes 13. Jahrhundert) und Arnold von Lübeck († 1211/14) soll Abt Heidenreich von Morimond König Otto auf dem Würzburger Hoftag im Mai 1209 für die kirchenrechtlich problematische Heirat mit Beatrix von Schwaben im Jahr 1212 als moralische Wiedergutmachung die Stiftung eines Klosters auf Allodialbesitz oder den Neubau zweier bereits bestehender Gotteshäuser gefordert haben. Als Indiz des königlichen Engagements wertete Wolfgang Bickel den Wechsel von sorgfältig bearbeiteten Quadersteinen zu grob zugerichteten Hausteinen. Dieser Wechsel wird mit dem Tod des Herrschers 1218 in Verbindung gebracht und dahingehend interpretiert, dass die stark reduzierten Geldmittel durch verminderten Arbeitsaufwand in der Steinbearbeitung aufgefangen wurden. Zudem wird die welfische Förderung von Riddagshausen in Konkurrenz zur staufischen Unterstützung von Ebrach interpretiert.

An das einschiffige, weit ausladende Querhaus mit ausgeschiedener Vierung schließt sich im Osten der rechteckige Umgangschor an (Abb. 77, 78). Der Umgang ist axial auf die sehr schmalen Seitenschiffe des Langhauses bezogen und bildet quasi deren „Fortsetzung“. Insgesamt 14 Kapellen sind am Umgang angegliedert, wobei die südlichste und nördlichste Kapelle an der Ostseite des Presbyteriums nur über die davorliegenden Seitenkapellen erreicht werden können. Der ursprünglich über Stufen zweifach erhöhte Binnenchor wird von sieben Pfeilern eingefasst. Hier stand einst der Hauptaltar. Die Chor-

77 ▸ Riddagshausen (Niedersachsen), Zisterzienserkloster, Grundriss der Klosterkirche. Im Grundriss ist gut erkennbar, dass der Chorumgang in der Verlängerung der schmalen Seitenschiffe liegt.

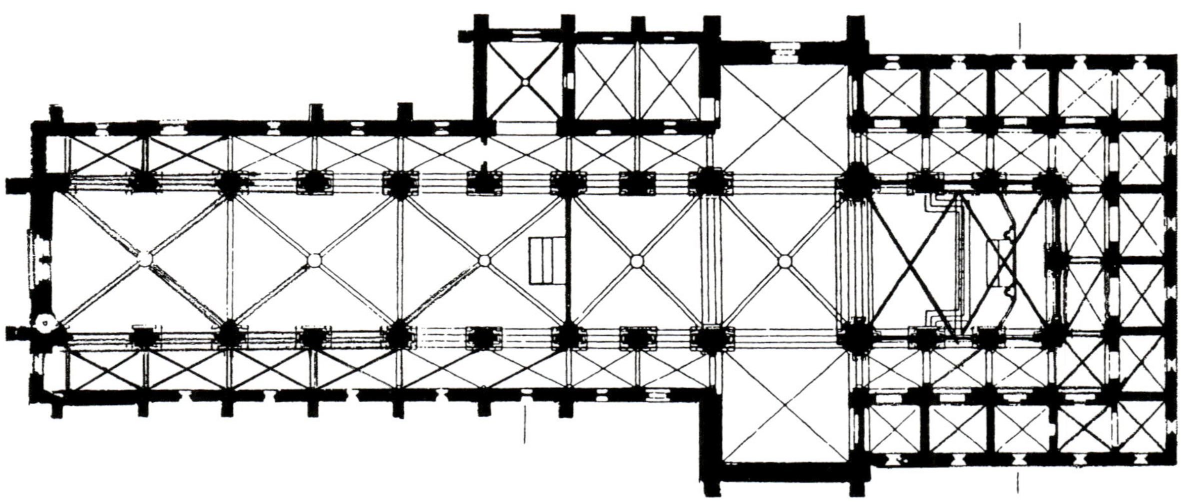

78 ◂ Riddagshausen (Niedersachsen), Zisterzienserkloster, Klosterkirche, Ansicht des Chores von Südosten. Der dreifach höhengestufte Außenbau spiegelt die innere Struktur mit Umgangskapellen, Chorumgang und Binnenchor wider.

79 ▲ Riddagshausen (Niedersachsen), Zisterzienserkloster, Klosterkirche, Blick in die Gewölbe von Vierung und Binnenchor, Ansicht von Westen. In Riddagshausen stehen die Gewölbe des Binnenchores nicht in logischer Verknüpfung mit den Arkaden des Umgangs.

anlage ist im Aufriss in drei Zonen gegliedert. Die unterste bilden die Umgangskapellen, dieser folgt eine mittlere, die des eigentlichen Umgangs. Beide treten am Außenbau deutlich durch das umlaufende Pultdach hervor. Während jede Kapelle ein Fenster besitzt, sind es in der Umgangszone je vier pro Seite und im Obergaden sind die Fenster zu Gruppen von je drei Lanzettfenstern zusammengezogen, deren mittleres die seitlichen etwas überragt. Die Obergadenfenster erscheinen auf den ersten Blick unlogisch, denn man würde je ein Fenster über den Arkaden des Binnenchores erwarten. Aus der Innenraumperspektive wird schnell klar, warum dies so ist (Abb. 79). Während die Kapellen und der Umgang eine Gewölbeeinheit je Raum bzw. Umgangsjoch besitzen, also strukturell logisch aufeinander bezogen sind, negiert das vierteilige Kreuzrippengewölbe im Binnenchor die von den Pfeilern vorgegebene Disposition. Anstelle von drei schmalen Gewölbefeldern wurden zwei größere eingezogen, wobei der mittlere, die Einheiten trennende Gurtbogen über dem Scheitel der mittleren nördlichen bzw. südlichen Arkade zu liegen kommt. Der Wandaufbau bleibt zweizonig, ohne Triforium. Durch den Verzicht auf Strebepfeiler tritt der strukturelle Wechsel im Inneren am Außenbau nicht hervor.

Die in der Höhe dreifach gestaffelten Ostteile und die vollständige Abtrennung der einzelnen Kapellen

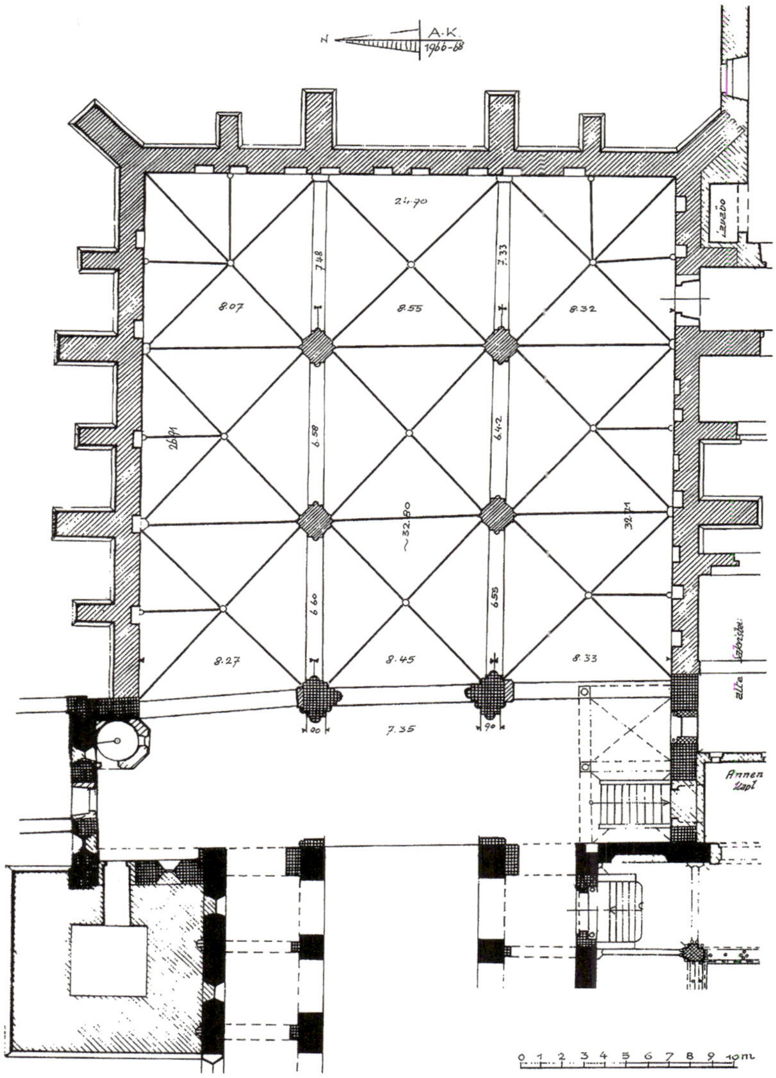

80 ▲ Heiligenkreuz (Niederösterreich), Zisterzienserkloster, Klosterkirche, Ansicht des Chores von Osten. Die Ausprägung als Hallenchor führte im Außenbau zu einem relativ kompakten Baukörper, der zwar in seiner Durchbildung schlicht, zugleich aber auch monumental wirkt.

81 ▲ Heiligenkreuz (Niederösterreich), Zisterzienserkloster, Grundriss des neuen Chores der Klosterkirche. Nur im Mittelteil des Hallenchores wurden vierteilige Kreuzrippengewölbe eingesetzt, an den Seiten und im südöstlichen bzw. nordöstlichen Gewölbefeld wurden fünf- bzw. sechsteilige Gewölbefelder eingezogen.

durch Mauern hat Riddagshausen mit dem burgundischen Mutterhaus Cîteaux II gemeinsam. Darüber hinaus ist zu beobachten, dass in der deutschen Zisterze die Raumstruktur recht elaboriert ist, die Bauausführung im Sinne der Gliederung von Wandflächen, Gestaltung von Sockeln, Kämpfern, Konsolen, Kapitellen und Schlusssteinen jedoch äußerst schlicht bleibt. Die zunehmende Konkurrenz der Bettelorden dürfte eine Neubesinnung auf die alten Ordensprinzipien befördert haben.

Der 1295 geweihte Chor der Abtei Heiligenkreuz in Niederösterreich stellt eine weitere Variation des rechteckigen Chorumgangs dar (Abb. 80). Heiligenkreuz wurde 1133 von Markgraf Leopold von Österreich († 1136) gegründet, dessen Sohn Otto († 1158) als Mönch in Morimond eintrat, später zum Bischof von Freising ernannt wurde und wohl seinen Vater zur Stiftung überredete. Der gotische Chorneubau, der sich unmittelbar an das ältere Querhaus anschließt, wurde über quadratischem

Grundriss errichtet und als Hallenchor ausgebildet (Abb. 81, 82). Der kreuzrippengewölbte Chor ist dreischiffig und drei Joche tief. Vier große, hochaufragende, schlanke Pfeiler tragen die insgesamt neun Gewölbefelder. Während die Gewölbe des Hauptschiffes, die durch Gurtbögen von den Seitenschiffen getrennt sind, vierteilige Gewölbe besitzen, haben die der Seitenschiffe fünf- bzw. sechsteilige. Letztere überspannen die Eckjoche im Osten. Das mittlere Joch barg das erhöhte Sanktuarium mit dem Hauptaltar. Somit entsteht zwar ein Chorumgang, doch ist dieser als eigenständige Raumeinheit kaum noch wahrnehmbar. Durch die Wahl des Hallenraumes wird das ältere Modell des Umgangschores neu interpretiert und eine starke Vereinheitlichung in der Raumwirkung erreicht. Die Kapellen an der Ostwand und in den Seitenschiffen wurden nicht mehr durch massive Trennmauern geschieden. Für die Ostwand sind sechs Altäre, für die Seitenschiffe mindestens vier belegt. Markus Thome sieht aufgrund der Tatsache, dass Heiligenkreuz selbst innerhalb vergleichbarer zeitgenössischer zisterziensischer Bauvorhaben (u. a. Marienstern, Neuenkamp/Franzburg, Neuzelle, Kamieniec Ząbkowicki/Kamenz) relativ allein steht, für Heiligenkreuz eine bewusste Auseinandersetzung mit der Bettelordensarchitektur, insbesondere mit der Dominikanerinnenkirche in Tulln.

82 ◂ Heiligenkreuz (Niederösterreich), Zisterzienserkloster, Klosterkirche, Blick in den Chor von Südwesten. Es scheint eine Strategie der Reformorden gewesen zu sein, die Schlichtheit der Einzelformen durch gesteigerte Raumvolumina kompensieren zu wollen.

IV. Die Augustinerchorherren

1. Die Augustinerchorherren im deutschen Sprachgebiet

In der zweiten Hälfte des 11. Jahrhunderts begannen Kanoniker, die *Vita apostolica* und urkirchliche Ideale wieder ernster zu verfolgen. Dies führte in Verbindung mit dem Rückgriff auf die Regeln des Augustinus zur Neuausrichtung ihrer Lebensweise. Die *Regula canonica*, bisher mehr gelebte Tradition als exakt kodifizierter Brauch, wurde modifiziert, ergänzt und als gesatztes Recht verschriftlicht. Die neuen *Consuetudines* entstanden nun neben der Augustinerregel, doch bezogen sie sich ausdrücklich auf diese. Kanoniker, die sich dieser Reform anschlossen, wurden Regularkanoniker genannt. Die Blüte der Erneuerung lag in der ersten Hälfte des 12. Jahrhunderts. Bereits zu Mitte desselben gab es im Reichsgebiet mehr als 150 Augustinerchorherrenstifte und über 50 Prämonstratenserklöster.

Zu den großen Zentren dieser Erneuerungsbewegung zählten die Reformstifte Rottenbuch (1074) in Oberbayern, Marbach (1089) im Elsass, Springiersbach (1107) in der Eifel, Hamersleben (1107) bei Halberstadt und das Domstift Salzburg. Hinzu gesellten sich kleinere wie Klosterrath (um 1104) bei Aachen und Neuwerk (1116) bei Halle. Während Stifte wie Rottenbuch und Marbach dem *Ordo antiquus* verpflichtet waren, orientierten sich Klosterrath, Springiersbach, Salzburg, Hamersleben oder Neuwerk am *Ordo novus*. Von diesen Zentren ausgehend, wurden andere Stifte reformiert, die in unterschiedlichen Graden der Abhängigkeit zum Mutterstift standen, ähnlich wie dies bereits bei den „Hirsauern" zu beobachten war.

Die Initiative zur Gründung neuer Reformstifte oder zur Reformierung bestehender ging sowohl von Landesherren bzw. Adligen (u. a. Rottenbuch, Marbach, Springiersbach) als auch von Bischöfen (u. a. Salzburg, Hamersleben, Neuwerk) aus. Für die Reformkanoniker waren die relative Eigenständigkeit gegenüber dem Ortsbischof, die freie Propstwahl, die freie Wahl des Bischofs für Ordination und Weihen sowie die Beschränkung des Vogteirechts auf die Schutzfunktion, wie es in der weiter unten zitierten Urkunde für das Stift auf dem Lauterberg zum Ausdruck kommt, besonders wichtig. Dies bedeutete nicht nur eine Einschränkung des bisher üblichen Eigenkirchenrechts, sondern auch eine Beschneidung der Befugnisse des Ortsbischofs. Dennoch zeigt sich in der Rückschau, dass die Regularkanoniker gerade für die Bischöfe ein wirksames Instrument effektiver Diözesanpolitik darstellen konnten, denn die Kanoniker ließen sich als Kleriker, wie Stefan Weinfurter bemerkte, gut in die Verwaltungshierarchie der Bistümer eingliedern, betrachteten die Seelsorge (*cura animarum*) als eine ihrer zentralen Aufgaben, unterstrichen ihre religiöse Kraft durch einen besseren Lebenswandel und konnten so beispielgebend für den Klerus im Sprengel sein.

Bischöfe holten die Reformkanoniker oft von weit her, damit deren Unabhängigkeit gewahrt blieb und sie nicht von benachbarten Reformgruppen aufgesogen wurden. Auch wurde darauf geachtet, dass keine unnötige Konkurrenz unter verschiedenen Zweigen entstand. Reformbischöfe, wie Reinhard von Halberstadt (1107 – 1123) oder Konrad I. von Salzburg, vermochten es beispielhaft, die Reform in den Dienst ihrer Diözese zu stellen, indem sie die Pröpste zu ihren engsten Mitarbeitern machten, den Stiften Archidiakonate übertrugen und weitere Zellen gründeten, die ausgestattet mit eigenem Personal vor allem auf kirchlichem Eigenbesitz entstanden. Der große Unterschied zwischen dem Salzburger und Halberstädter Modell, so Weinfurter, lag darin, dass Bischof Reinhard nicht sein eigenes Kapitel reformierte, sondern Hamersleben zum Ausgangspunkt weiterer Aktivitäten wählte, während Erzbischof Konrad sein eigenes Domkapitel zum Zentrum auserkor, selbst die Profess auf die Augustinerregel ablegte und damit als Diözesanbischof zugleich Leiter des Reformverbandes war.

Wie bei der Hirsauer Reform funkelten die Sterne nur für relativ kurze Zeit. Nach drei bis vier Jahrzehnten war die Leuchtkraft verblasst. Josef Siegwart sah die Tragik dieser Reform vor allem darin, „daß die großen Männer der Erneuerung in ihrer Begeisterung für den Augenblick zuviel erreichen wollten und auf die Dauer zu wenig Erfolg hatten oder ihr Werk nicht über Generationen hinweg vor dem Zerfall bewahren konnten“ (1965, S. 83).

2. Ordensvorschriften und Klosteranlagen

Bei den klassischen Mönchsorden sind die Klosterregel (Benediktregel) und die sie erläuternden Gewohnheiten (*consuetudines*) aufeinander bezogen. Letztere ermöglichten die Anpassung der Lebensweise an örtliche und zeitliche Gegebenheiten. Die Auslegung der Regel und die Bewahrung derselben waren Teil der monastischen Kultur. Mit der Etablierung der neuen Orden im 12. Jahrhundert, deren Klöster durch Satzung miteinander verbunden waren, erhielten auch die Gewohnheiten überregionale Geltung. Am verfassungsrechtlichen Modell der Zisterzienser orientierten sich nicht nur die Prämonstratenser, sondern auch die Bettelorden. Für die Kanoniker waren die historischen Voraussetzungen andere.

Die Bestimmungen apostolischen Lebens im Neuen Testament sind sehr allgemein. Helmut Deutz hat dargelegt, dass die Kanoniker ihre Lebensweise unter dem Aspekt der *vita apostolica* zunächst an patristischen Texten, an der Aachener Regel von 816 sowie an den Bräuchen der Kanonikerregel (*regula canonica*) ausrichteten. Eine besondere Schwierigkeit bestand darin, dass die favorisierte Augustinusregel in verschiedenen Redaktionen vorliegt, vor allem spirituelle Ratschläge enthält und, sieht man vom *Ordo monasterii* ab, keinerlei konkrete Hinweise zur praktischen Organisation des täglichen Lebens beinhaltet. Die jeweiligen *Consuetudines* waren viel stärker an die Kanonikerregel gebunden und wurden in eigenständigen Regeltexten tradiert. Erst mit der Erneuerung des Kanonikerlebens im ausgehenden 11. Jahrhundert erhielt der Regeltext größere Bedeutung. Damit wird auch deutlich, dass die Regularkanoniker keine Gewohnheiten ausbildeten, die für alle verbindlich waren, sondern vielmehr einzelne Konvente, wie Klosterrath, durch Beispiel ausstrahlten.

Die *Consuetudines Rodenses* wurden von Abt Richer († 1122) verfasst, der selbst aus dem oberbayrischen Rottenbuch stammte und von dort zur Leitung des Konvents nach Klosterrath (Rolduc) gerufen wurde. Das Kanonikerstift geht auf eine von Ailbert um 1104 gegründete Eremitensiedlung zurück, die danach in ein reguliertes Chorherrenstift umgewandelt wurde. Richer erhielt seinen Auftrag 1112 vom Lütticher Bischof Otbert. Seine Aufgabe war es, eine aus Weltpriestern bestehende Gruppe von Religiosen auf ein Gemeinschaftsleben in persönlicher Armut, ohne Privateigentum und eigene Wohnung zu verpflichten. Der Abt erfüllte seine Aufgabe vorbildlich. Er verknüpfte die strengen Lebensideale des Einsiedlers Ailbert mit den Anforderungen des *Ordo monasterii* und hinterließ 1122 einen reformorientierten Konvent, doch lehnte er wie Ailbert vor ihm Doppelklöster strikt ab.

Richer griff bei der Erneuerung der Lebensweise nicht nur auf die Bräuche seines Heimatklosters zurück, sondern orientierte sich auch am *Ordo novus* von Springiersbach. Zudem sind, wie Stefan Weinfurter herausgearbeitet hat, die Gewohnheiten stark von jenen aus Hirsau und Marbach (Elsass) beeinflusst. In organisatorischen Fragen lehnte er sich an die *Constitutiones Hirsaugiensis* an, in liturgischen an die *Consuetudines Marbacenses*. Die Besonderheit der neuen Bräuche in Klosterrath, so Helmut Deutz, bestand darin, dass Richer sich ausdrücklich auf die beiden Augustinusregeln bezog, das *Praeceptum* und den *Ordo monasterii*, die für ihn keine Gegensätze darstellten. Klosterregel und Gewohnheit wurden unmittelbar miteinander verknüpft. Allerdings interpretierte er nicht wie im benediktinischen Mönchtum die Regel, sondern benutzte Augustinus und andere Kirchenväter, um seinen Satzungen Autorität, Authentizität und Geltung zu verleihen.

Die Gewohnheiten von Klosterrath geben zwar Hinweise auf Gebäude, doch sind diese weder systematisch noch vollständig. Erwähnt werden Kirche, Kreuzgang, Kapitelsaal, Dormitorium, Refektorium, Lavatorium, Sprechraum (*auditorium*), ein Krankensaal (*mansio infirmorum*), Wärmeraum (*domus hie-*

malis/aestuarium), Klosterküche, Gefängnis (*carcer*), Friedhof, Gästehaus sowie Gemeinschaftsgebäude für die Laienbrüder. Richer gab weder Hinweise auf die Lage der Räume zueinander, auf ihre Anordnung innerhalb eines Gesamtplans noch über ihre Gestaltung. Auch fehlen Forderungen im Hinblick auf Kosten, Schmuck und baugebundene Ausstattung. Nur beiläufig werden Teile der mobilen Ausstattung genannt.

Der allgemeine Bezug normativer Texte auf reale Bauten ist für Regularkanoniker methodisch äußerst fragwürdig. Denn nur die konkret vor Ort befolgten Gewohnheiten könnten auf die Bauzustände sinnvoll bezogen werden. Diese sind jedoch meistens verloren. Doch ist selbst dann Vorsicht geboten, wie die Gewohnheiten von Klosterrath (I,5,33) am Beispiel des *chorus minor* zeigen. Dieser wird folgendermaßen beschrieben: „Der Chorus minor ist dem Chorus maior benachbart, und damit der Zutritt vom einen in den anderen offen ist, ist er durch eine Wand von mittlerer Höhe mit einem Durchgang abgetrennt, so daß es leicht ist, von dem größeren in den kleineren hineinzusehen, in dem Sitze und Kniebänke wie im größeren stehen." In der Klosterkirche von Klosterrath ist nun eine architektonische Auszeichnung des *Chorus minor*, wie sie für die Hirsauer Tradition angenommen wird, nicht nachweisbar. Auch für Hirsau gibt es keine bauarchäologischen Belege. Die Interpretation Adolf Mettlers, auf den diese These zurückgeht, basiert einzig und allein auf den Hirsauer Konstitutionen (I,38). Auf diese bezieht sich auch der oben zitierte Passus, jedoch ohne eine architektonische Umsetzung. Es dürfte sich beim *Chorus minor* vielmehr um eine der dem normalen Chorgestühl verwandten Gestühlseinheiten gehandelt haben, die unmittelbar an die des *Chorus maior* anschlossen. Der offensichtlich mobile Charakter bedeutet auch, dass die durch Pfeiler ausgezeichnete letzte östliche Raumeinheit im Mittelschiff vor der Vierung nicht zwangsläufig als realer Ort des *Chorus minor* anzusehen ist. Denn die Übernahme der Bauform aus Tradition muss nicht zwingend mit der realen Ausgestaltung des Chorraumes zusammenfallen. Aus den *Consuetudines* geht nur hervor, dass *Chorus minor* und *Chorus maior* miteinander verbunden sind. Die konkrete Aufstellung des Gestühls im Kirchenraum konnte je nach örtlichen Gegebenheiten und der Konventsstärke flexibel gehandhabt werden. Das Pfeilerpaar vor der Vierung änderte dann seinen Charakter, von der symbolischen Form zum *Ornamentum*.

3. Klosterkirchen von repräsentativer Schlichtheit

Das Stift Hamersleben avancierte zum ersten ostsächsischen Reformzentrum, dem wenige Jahre später Neuwerk bei Halle folgte. Aus Neuwerk kamen die Kanoniker für das Petrusstift auf dem Lauterberg, dessen Stifterfamilie die Markgrafen von Meißen waren, die später auch das Stift Zschillen (Wechselburg) gründeten und mit Kanonikern vom alten Hauskloster besetzten.

Hamersleben

Im Jahre 1107, kurz nach seiner Amtsübernahme, gründete Bischof Reinhard von Halberstadt auf bischöflichem Eigengut in Osterwieck ein Stift, dessen Kanoniker „nach der Regel des heiligen Augustinus fromm und gesetzestreu leben und alles, was in derselben Regel geschrieben und eingerichtet worden ist", befolgen sollten. Nur wenige Jahre später wurde der Konvent aufgrund einer größeren Schenkung zweier adliger Damen, Thietburg und deren Tochter Mathilda, nach Hamersleben verlegt. Um zu verhindern, dass die Verlegung nicht als Neugründung interpretiert werde und damit Vogteirechte an Laien übergingen, überschrieb man den Besitz formal dem Domstift Halberstadt. Trotzdem verehrte der Konvent die beiden Damen quasi als Gründerinnen, was sich auch auf der spätgotischen Grabplatte, die heute in der Vierung liegt, zeigt. Auf ihr ist eine weibliche Figur mit einem Kirchenmodell dargestellt.

Unter der Leitung von Propst Thietmar († 1138) einwickelte sich das Stift zu einem religiösen Zentrum. Papst Paschalis II. (1099 – 1118) bestätigte 1116 die Stiftung und die Lebensweise. Vermutlich wurde hier der große Gelehrte Hugo von Sankt Viktor († 1141) in jungen Jahren erzogen.

Trotz des relativ geschlossenen Gebäudeensembles von Kirche und Klausur (Abb. 83) sind nur die Kirche und das aufgehende Mauerwerk der Sakristei aus romanischer Zeit weitgehend erhalten geblieben. Die alte Klausur, die nördlich der Kirche lag, wurde in den Jahren um 1600 abgebrochen und an selbiger Stelle erneuert. Hundert Jahre später erfolgte die barocke Umgestaltung. Darüber hinaus gingen an der Klosteranlage auch Reformation, verschiedene Plünderungen und Säkularisierung nicht spurlos vorüber.

Die Stiftskirche Sankt Pankratius ist eine dreischiffige, flach gedeckte, über kreuzförmigem Grundriss errichtete Säulenbasilika mit einer Querschnittfassade im Westen. Das Langhaus erstreckt sich über acht Fensterachsen (Abb. 84). Die Arkaden werden von Säulen mit figürlich gearbeiteten Kapitellen getragen, wobei das östlichste Stützenpaar ohne Kapitelle als Pfeiler ausgebildet ist. Arkadenscheitel und Obergadenfenster sind axial aufeinander bezogen. Die aus Sichtmauerwerk bestehenden Arkaden werden von einem Schachbrettfries nicht nur horizontal abgeschlossen, sondern auch in der Vertikalen gegliedert. Beinahe die komplette südliche Seitenschiffsmauer wurde Ende des 17. Jahrhunderts mit größeren Rundbogenfenstern erneuert. Dagegen blieb die nördliche aufgrund des dahinterliegenden Kreuzgangs fensterlos. Dem Langhaus schließt sich ein weit ausladendes, niedrigeres Querhaus an, dessen Firsthöhe an der Dachtraufe ansetzt (Abb. 85). Die Querhausarme sind zwar durch Chorschranken von der Vierung getrennt, oberhalb derselben jedoch durch eine Doppelarkade mit Mittelsäule zur Vierung hin geöffnet (Abb. 86). Die Chorschranken besitzen an der östlichen Seite, vor dem Vierungspfeiler, jeweils einen Durchgang. Sie waren von den Rückseiten mit bildlichen Darstellungen (um 1240) versehen, von denen noch drei Apostel auf der Nordseite erhalten sind. Eine einst den Kanonikerchor nach Westen hin abschließende Schranke oder ein Lettner wurden wohl im Zuge der barocken Umgestaltung abgebrochen, wobei die genaue Position umstritten ist. Die Vierung über quadratischem Grundriss ist nicht ausgeschieden, jedoch wird sie durch zwei Triumphbögen in Westostrichtung angedeutet. Dem entspricht eine Anhebung des Fußbodenniveaus, sodass auch hier Kanonikerchor und Sanktuarium nochmals akzen-

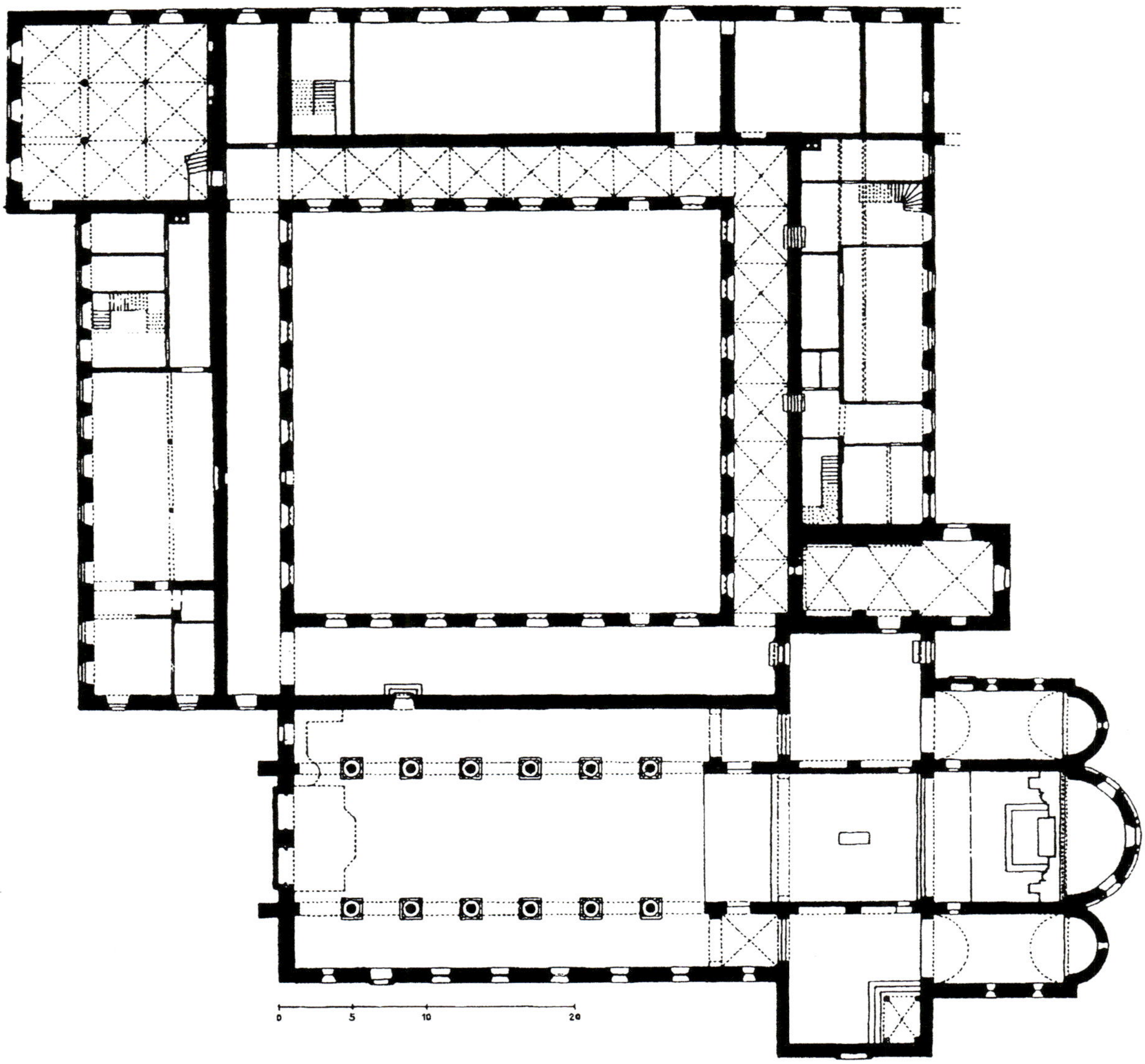

83 ▸ Hamersleben (Sachsen-Anhalt), Augustinerchorherrenstift, Grundriss der Klosteranlage im heutigen Zustand. Die subtile Staffelung der Ostpartie entsteht nur durch die geringeren Radien der eingezogenen Apsiden der Nebenkapellen.

tuiert werden. Das dreiteilige Presbyterium schließt mit leicht eingezogenen Apsiden, deren mittlere gegenüber den anderen etwas nach Osten hinausragt. Die Hauptapsis ist heute durch den barocken Altar nahezu völlig verstellt, sodass auch das Licht der Apsisfenster nicht mehr das Sanktuarium belichtet. Die Nebenkapellen in der Verlängerung der Seitenschiffe sind nach Norden bzw. Süden etwas hinausgezogen und besitzen Tonnengewölbe. Der Hauptaltarraum entspricht in der Fläche dem Vierungsquadrat, die langrechteckigen Nebenkapellen haben jeweils die Hälfte desselben. Betrachtet man das Presbyterium von außen, so zeigt sich im Fassadenquerschnitt ein mit Apsiden geschlossener dreischiffiger, basilikaler Chor. Hervorzuheben sind die Türme, die sich über den Seitenschiffen am Schnittpunkt von Lang- und Querhaus erheben. Ihre quadratischen Grundflächen gehen auf Traufhöhe des Langhauses in ein Achteck über. Der Außenbau ist, abgesehen von der Chorpartie im Osten, kaum gegliedert. Die Portale in der Westfassade sowie die Rundbogenportale im südlichen Querhausarm und in der nördlichen Nebenkapelle sind vermauert. Der Hauptzugang erfolgt heute über eine Tür im nördlichen Querhausarm, zwischen nördlicher Nebenkapelle und alter Sakristei bzw. über einen Zugang am westlichen Ende des südlichen Seitenschiffs.

Der Innenraum besticht durch klare Strukturen und das Langhaus durch steile Proportionen. Nicht

84 ▲ Hamersleben (Sachsen-Anhalt), Augustinerchorherrenstift, Klosterkirche, Blick vom Langhaus in den Chor. Die Abtrennung der Querhausarme gibt dem Mittelschiff eine Gerichtetheit nach Osten zum Altarraum hin.

85 ◂ Hamersleben (Sachsen-Anhalt), Augustinerchorherrenstift, Klosterkirche, Ansicht von Osten. In Hamersleben sind die Querhausarme niedriger als das Langhaus, so dass auch im Inneren die Längsachse betont wird.

nur die Kapitelle, die zu den qualitätvollsten Arbeiten der Region überhaupt zählen (Abb. 87), sondern auch das Mauerwerk selbst, bestehend aus sorgfältig bearbeitetem Großquadermauerwerk, zeugen von hoher handwerklicher Geschicklichkeit der Steinmetzen. Die erhaltenen Chorschranken mit ihren Durchgängen vermitteln noch etwas von der ursprünglichen liturgischen Raumgestaltung. Die vielen strukturellen Parallelen zur Klosterkirche in Paulinzella haben Anne-Christin Schöne bewogen, diese, trotz divergierender Aspekte im Detail, bevorzugt mit Hamersleben in Verbindung zu bringen. Auf jeden Fall zeigen die strukturellen Parallelen zu den Bauten im Hirsauer Einflussbereich, dass Mönche und Kanoniker weit weniger an einer Ordensbaukunst im Sinne eines Gestaltungskanons interessiert waren, als es Kunst- und Architekturhistoriker gerne hätten.

Lauterberg

Das Stift Sankt Peter auf dem Lauterberg (*mons serenus*), heute Petersberg bei Halle (Abb. 88), wurde 1124 als Hauskloster und Grablege des Grafen Dedo IV. von Wettin initiiert und löste damit das alte Eigenkloster Gerbstedt ab. Da Dedo noch im selben Jahr auf der Rückreise von einer Pilgerfahrt nach Jerusalem starb, wurde die Stiftung durch seinen Bruder Konrad I. († 1157), Markgraf von Meißen, vollendet. Propst Herminold von Gerbstedt († 1128) reiste im Auftrag Konrads mit einem Schreiben nach Rom. Darin heißt es u. a.: „Wir bringen dem heiligen Petrus, dem Apostelfürsten für die Errettung unserer und unserer Vorfahren Seelen aus unserem Erbgut dar einen Ort namens Lauterberg zusammen mit der Kapelle von Löbejün [Lobechune], [...] und der Kapelle von Ostrau [Ostraw], [...] und außerdem noch von unserem Eigengut 120 Hufen mit der Bestim-

86 ▴ Hamersleben (Sachsen-Anhalt), Augustinerchorherrenstift, Klosterkirche. Blick in den Kanonikerchor, Ansicht von Südwesten. Gut zu erkennen sind die massiven seitlichen Chorschranken, an deren Rückseiten sich ursprünglich Prophetendarstellungen befanden.

87 ▸ Hamersleben (Sachsen-Anhalt), Augustinerchorherrenstift, Klosterkirche, figürlich gearbeitetes Kapitell der Mittelschiffsarkaden. Die figürlich gearbeiteten Kapitelle der Mittelschiffsarkaden dokumentieren hohe Meisterschaft und sind in ihrer Qualität von überregionaler Bedeutung.

88 ◂ Lauterberg/Petersberg bei Halle (Sachsen-Anhalt), Augustinerchorherrenstift, Ansicht der Klosterkirche von Süden. Der massive Westbau ist weithin in der Landschaft sichtbar und demonstrierte allein durch seine optische Präsenz die Bedeutung des Stiftes.

mung, dass Kanoniker nach der Regel des heiligen Augustinus Gott daselbst in Freiheit dienen und dem heiligen Petrus in Rom jährlich ein Goldstück oder eine Viertelmark Silber zahlen. Nach dem gegenwärtigen Propst sollen die Kanoniker in der Klausur, oder wo immer der wichtigere Teil der Kanoniker will, einen anderen Propst wählen. Das Salböl, das heilige Öl, die Weihe der Altäre und Gotteshäuser, die Ordination der Kanoniker, die zu den geistlichen Weihen erhoben werden, sollen sie durch den Erzbischof von Magdeburg empfangen, zu dessen Diözese sie gehören, sofern er in der Gunst und Gemeinschaft des Apostolischen Stuhls lebt und sofern er dies unentgeltlich und ohne Falsch zu gewähren beliebt. Andernfalls soll ihnen gestattet sein, sich an einen anderen katholischen Bischof zu wenden, der ihnen lieber ist, und von ihm das Sakrament der Weihen zu empfangen; der soll ihnen, ausgestattet mit der Vollmacht des Apostolischen Stuhles, gewähren, was sie verlangen. Ich aber soll, solange ich lebe, und nach mir soll unser ältester Sohn oder ein anderer ältester Erbe ihr Vogt sein; ihm schulden sie keinerlei weltliche Leistungen, es sei denn entsprechend ihrem eigenen Wunsch […]" (*Chronica montis sereni*, S. 16). Herminold kehrte im Mai 1228 mit der päpstlichen Bestätigung zurück, die das Vogteirecht auf den Schutz der Stiftung beschränkte, eine freie Propstwahl zusicherte und das weitgehende Selbstbestimmungsrecht des Konvents gegenüber den Bischöfen festschrieb. Die Klosterchronik, die die Zeit von der Gründung bis 1225 umfasst, vermittelt nicht nur eine sehr lebendige und widerspruchsvolle Entwicklung des Konvents, sondern enthält auch wertvolle Hinweise zur Baugeschichte.

Der Konvent konnte vorerst auf eine bereits bestehende Kapelle zurückgreifen (Abb. 89). Die Bauarbeiten an der neuen Konventskirche dürften noch unter

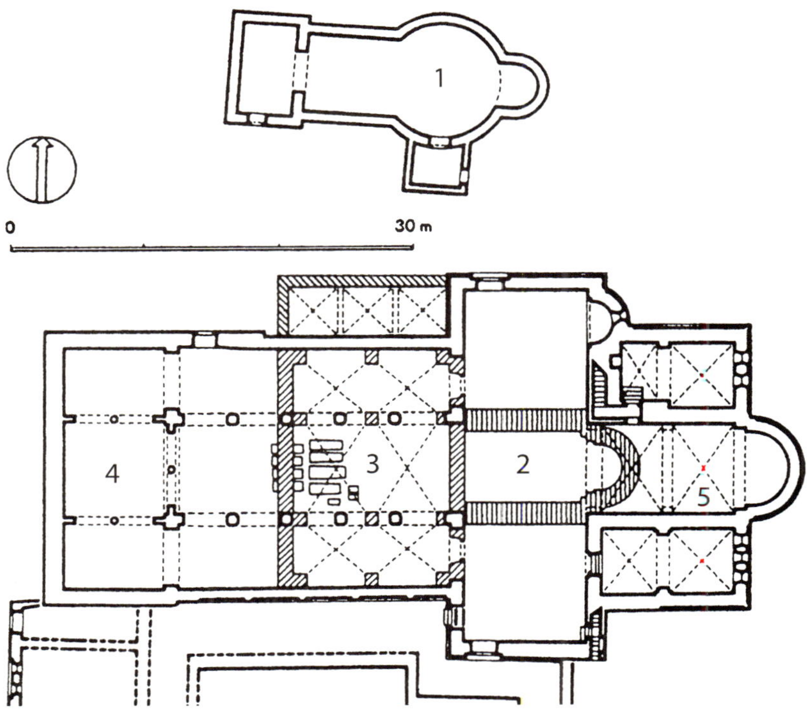

89 ▸ Lauterberg/Petersberg bei Halle (Sachsen-Anhalt), Augustinerchorherrenstift, Grundriss der Klosterkirche. Der Grundriss zeigt die verschiedenen Zäsuren der Klosterkirche bis in das 17. Jh. hinein. 1 Alte Kapelle, 2 Sanktuarium des Vorgängerbaus, 3 Langhaus, 4 Westbau, 5 Chorneubau.

90 ◂ Lauterberg/Petersberg bei Halle (Sachsen-Anhalt), Augustinerchorherrenstift, Klosterkirche, Ansicht von Südosten. Apsis und Querhaus stammen aus dem letzten Viertel des 12. Jh.s.

Herminold begonnen worden sein, doch war dieses Projekt nur von kurzer Dauer. Schon unter Propst Lothar (1128 – 1137) wurde ein erheblich größerer Neubau begonnen. In der Klosterchronik (S. 17 f.) heißt es: „Er legte die Fundamente der Stiftskirche und ließ den Teil der Kirche errichten, der vom Turm bis zum Heiligkreuzaltar reicht. Zuvor hatten die damaligen Brüder den Gottesdienst in der Alten Kapelle gefeiert; ihre Wohnräume lagen westlich dieser Kapelle." Das Jahr der Weihe ist nicht überliefert. Doch berichtet die Klosterchronik, dass Propst Meinher (1137 – 1152) die Stiftskirche vollenden ließ und der Magdeburger Erzbischof, Friedrich von Wettin (1142 – 1152), sie weihte.

Der Kirchenbau wurde im Osten begonnen, wobei nur Teile der eingezogenen Apsis ergraben sind. Die heutige Disposition von Querhaus und Presbyterium stammt aus späterer Zeit (Abb. 90). Reste der ersten Kirche stecken noch im Mauerwerk der Seitenschiffe des Langhauses und des Westbaus. Bei der ersten Klosterkirche handelte es sich um eine flach gedeckte Pfeilerbasilika, deren einziger Zugang sich am Westende des nördlichen Seitenschiffes befand (Abb. 91). Die Proportionen sind vor allem durch das Gelände bestimmt, welches im Westen steil abfällt. Der Westturm, ursprünglich ohne Emporengeschoss, öffnete sich einst durch drei Rundbogenarkaden zum Langhaus. Der Außenbau war nur sehr sparsam gegliedert, die heutigen Rundbogenfriese am Langhaus stammen aus dem 19. Jahrhundert.

Ab 1154 wurde unter Propst Ekkehard vom Lauterberg (1152 – 1193) mit dem Bau der Klausurgebäude südlich der Kirche begonnen, deren Errichtung aufgrund des abschüssigen Geländes bereits Zeitgenossen Respekt abnötigte. Im Jahr 1174 wurde das alte Sanktuarium niedergerissen, „weil es zuwenig geräumig und der Stiftsgemeinschaft daher nicht angemessen war – dort nämlich, wo heute, wer den Chor betritt, sich zu den [Chor]stufen wendet, stand früher der Hochaltar. Darauf begann er [Propst Ekkehard], die Klosterkirche [östlich] des Bogens mit dem Triumphkreuz hochzuziehen" (*Chronica montis serenis*, S. 51). Mit dem neuen Chor und dem Quer-

91 ◂ Lauterberg/Petersberg bei Halle (Sachsen-Anhalt), Augustinerchorherrenstift, Klosterkirche, Blick vom Langhaus in den Altarraum, der von doppelgeschossigen Kapellen flankiert wird.

haus entstand eine Pfeilerbasilika über kreuzförmigen Grundriss, ohne ausgeschiedene Vierung, wie sie heute noch in ihrer Struktur zu sehen ist. Während Quer- und Langhaus flach gedeckt waren, wurden die neuen Chorräume kreuzgratgewölbt. Die Ostpartie ist dreiteilig ausgebildet. Der mittlere Altarhauptraum mit seiner leicht eingezogenen Apsis wird von zwei gerade geschlossenen Nebenräumen flankiert, die zweigeschossig sind und sich nur im Obergeschoss durch Arkaden zum Querhaus und zum Sanktuarium hin öffnen (Abb. 92). An der Ostseite des nördlichen Querhausarmes befindet sich noch eine Apside, deren südliches Gegenstück aufgrund des Emporenzugangs fehlt. Man geht heute davon aus, dass sich über den Chornebenräumen einst, wie in Alpirsbach, Chorflankentürme erheben sollten. Der Außenbau der Ostpartie ist durch Lisenen und Rundbogenfriese reicher gegliedert.

Der Besucher der heutigen Kirche muss sich jedoch klarmachen, dass das, was er sieht, in wesentlichen Teilen eine Rekonstruktion des 19. Jahrhunderts ist, denn in der ersten Hälfte desselben war die Ruine auf dem Petersberg kein Ort des Gebets mehr, sondern künstlerisches Sujet (Abb. 93). Die Wiederherstellung der Kirche ist ein frühes Beispiel preußi-

92 ◂ Lauterberg/Petersberg bei Halle (Sachsen-Anhalt), Augustinerchorherrenstift, Klosterkirche, Blick auf die zweigeschossigen Nebenkapellen an der östlichen Seite des nördlichen Querhausarmes.

93 ▴ Lauterberg/Petersberg bei Halle (Sachsen-Anhalt), Augustinerchorherrenstift: „Ruinen des Petersberges vor hundert Jahren“ (Mitte 19. Jh.): a Turm der alten Kapelle, b Westbau, c neue Kirche in der Ruine, d wüster Chor, e Pfarrwohnung, f/g Klostergebäude.

scher Denkmalpflege. Bereits 1833 setzte sich Karl Friedrich Schinkel für die Erhaltung des Bestandes ein. 1847 wurde der durch den Merseburger Baurat Friedrich August Ritter erarbeitete Entwurf zur Wiederherstellung der Stiftskirche vom preußischen König Friedrich Wilhelm IV. genehmigt. Die ausführenden Architekten Ritter, C. Wolff und A. Stark wurden von August Stüler und dem ersten preußischen Konservator Ferdinand Quast beraten. Während der Westbau und der Ostbau relativ getreu rekonstruiert werden konnten, war man bei der Wiederherstellung des Langhauses aufgrund mangelnder Bausubstanz auf Vergleiche und Analogieschlüsse angewiesen. Die in jener Zeit übliche neoromanische Ausmalung wurde bei späteren Restaurierungen in der 2. Hälfte des 20. Jahrhunderts wieder abgenommen, wie man auch die 1853/57 installierten Ausstattungsstücke (Altäre, Orgel, neoromanische Grabanlage etc.) wieder entfernte.

Wechselburg

Mit dem Eintritt seines Vaters, Markgraf Konrad I. von Meißen († 1157), in das Stift Lauterberg erbte sein Sohn Dedo 1156 auch das Dorf Zschillen (ab 1526 Wechselburg). Hier gründete er ein Augustinerchorherrenstift, wohl auch mit der dynastischen Absicht einer eigenen Grablege. Dass er sich mit dem Vorhaben an das Hauskloster seines Vaters wandte, wundert nicht. So kam der erste Propst namens Dietrich († 1189) im Jahre 1174 vom Lauterberg nach Zschillen. Auch dessen Nachfolger, Dietrich II. († 1191), stammte von dort. Der Gründer Dedo starb auf eher tragische Weise und wurde 1190 im Kloster beigesetzt. Er sollte mit König Heinrich nach Apulien aufbrechen. Die Chronik vom Petersberg (S. 69) fährt fort: „Der wußte, daß der Weg anstrengend sei und die Luft schlecht, und weil er so dick war, seinem Leib nicht zuträglich. Er ließ daher einen Arzt holen, der ihm das Fett von seinen Eingeweiden lösen sollte. An dem Bauchschnitt ist er am 16. August gestorben und im Stift Zschillen, das er selbst gegründet hatte, bestattet worden."

Die Grabplatte, auf der Graf Dedo mit dem Kirchenmodell als Stifter und seine Frau Mechthild dargestellt sind, ist erhalten. Sie stammt aus dem 13. Jahrhundert. Im Jahre 1278 übergab Markgraf Heinrich von Meißen, nachdem es zu Gewalttätigkeiten gegen Propst und Prior kam, das Stift dem Deutschen Orden.

Für die Baugeschichte ist eine Urkunde aus dem Jahr 1168 von Bedeutung, in der Bischof Gerung von Meißen († 1170) einen Teil der neuen Kirche zu Ehren der heiligen Mutter Gottes, dem Evangelisten Johannes und dem heiligen Kreuz weihte (Abb. 94). Der Konvent war zu jenem Zeitpunkt noch nicht eingezogen. Heinrich Magirius datiert die Vollendung der Kirche aufgrund bauarchäologischer Forschungen in die Zeit um 1174/80.

Für die heutige Beurteilung der Stiftskirche ist die wechselvolle Geschichte der Anlage nach dem Brand von 1450, der erhebliche Eingriffe in die Bausubstanz zur Folge hatte, besonders wichtig. Reformation, Ver-

94 ▾ Wechselburg (Sachsen), Augustinerchorherrenstift, Grundriss der Klosterkirche. Im Grundriss fehlt der Lettner. Dafür ist in der Vierung die einstige Ausdehnung des Hochchores mit der sich darunter befindenden Krypta gut zu erkennen.

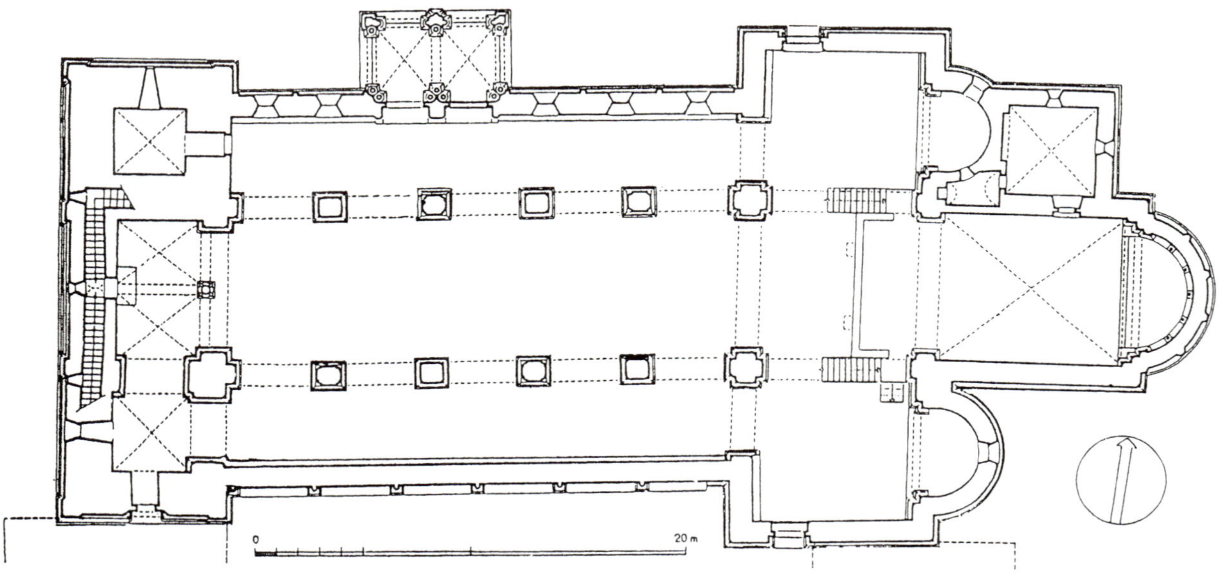

95 ◂ Wechselburg (Sachsen), Augustinerchorherrenstift, Klosterkirche, Blick ins Mittelschiff nach Osten auf den Lettner. Der wohl im 17. Jh. abgebrochene Lettner wurde unter Verwendung der erhaltenen Fragmente rekonstruiert und an alter Stelle wieder eingebaut.

96 ► Wechselburg (Sachsen), Augustinerchorherrenstift, Klosterkirche, Ansicht des Chores von Nordosten. Am Außenbau ist nicht nur der Wechsel von Bruchstein und Haustein auffällig, sondern auch der Wechsel von gegliederten und ungegliederten Wandflächen.

kauf des Stifts an die Grafen von Schönburg, Errichtung eines Schlosses über der Klausur und Umbau der Kirche zur Schlosskapelle mit Abbruch von Krypta, Hochchor und Lettner markieren, ohne dies weiter ausführen zu können, einige wichtige Stationen. Die denkmalpflegerischen Bemühungen, die in den Jahren 1952 mit Dachinstandsetzungen begannen und 1973/74 mit dem Wiederaufbau des Lettners und der farblichen Neufassung der Architektur beendet wurden, waren nicht nur Substanz erhaltenden Maßnahmen gewidmet, sondern sollten auch den mittelalterlichen Bau wieder mehr zur Geltung bringen.

Die Kirche ist im heutigen Zustand eine fünfjochige Pfeilerbasilika über kreuzförmigem Grundriss (vgl. Abb. 94, Abb. 95). Sie war ehemals flach gedeckt. Dem Langhaus ist ein massiver Westbau vorgelagert, der etwas über die Seitenschiffsaußenmauern hervorragt und dessen mittlerer Teil sich mit dem großen Rundfenster zum Mittelschiff öffnet. Zwei kräftige rechteckige Wandvorlagen mit Gurtbogen rahmen die Westempore, die von einer Doppelarkade mit Mittelsäule getragen wird. Die Empore, die wohl als Herrscherempore fungierte, ist zwischen zwei Türme eingespannt. Der Zugang erfolgt von einer kleinen rundbogigen Pforte im Erdgeschoss aus über einen Treppenlauf in der Westwand. Die Netzgewölbe mit paralleler Rippenführung wurden nach 1450 eingezogen. Auffällig ist, dass Arkadenbogen und Obergadenfenster nicht axial aufeinander bezogen sind. Auf fünf Arkadenbogen kommen sechs Obergadenfenster. Das Querhaus mit ausgeschiedener Vierung ist gleich hoch wie das Langhaus. Die Querhausarme, an deren

97 ▸ Wechselburg (Sachsen), Augustinerchorherrenstift, Klosterkirche, Blick nach Osten in das Sanktuarium. Die Tür zur Sakristei in der linken Wand und der Ansatz des gestuften Triumphbogens geben noch einen Hinweis auf das ursprüngliche Fußbodenniveau des Chores unter dem sich eine Krypta befand.

Ostseiten sich jeweils eine Apside anschließt, entsprechen in der Grundfläche annähernd dem Vierungsquadrat. Querhaus und Vierung wurden nach 1278 eingewölbt. Das etwas queroblonge Sanktuarium schließt östlich mit einer eingezogenen Hauptapsis ab. Der Haupteingang befindet sich im 2. und 3. Joch des nördlichen Seitenschiffes von Westen. Dem Eingang ist eine aufwendig gestaltete zweijochige Vorhalle vorgelagert.

Am Außenbau fällt der Kontrast zwischen den Mauerflächen aus Bruchsteinmauerwerk und den aus Porphyr bestehenden Sockeln, Eckgliederungen, Gesimsen und Fenstergewänden auf (Abb. 96). Während die Hauptapsis durch Lisenen und Rundbogenfriese unterteilt ist, bleiben die Wandflächen der Querhausgiebel ungegliedert. Das etwas spätere Langhaus wiederum ist völlig durchgegliedert.

Bezüglich der Architektur und Ausstattung sollen nur zwei Aspekte hier näher betrachtet werden, die Gestalt des ursprünglichen Sanktuariums und der Lettner. Ein Blick in das Sanktuarium zeigt, dass die Hauptapsis mit dem dreifach gestuften Gewände des Triumphbogens scheinbar auf einem hohen Sockel errichtet wurde (Abb. 97). In der nördlichen Wand befindet sich unvermittelt, auf circa zweieinhalb Metern, ohne Treppe, eine Tür zur Sakristei. Schließlich fällt an den östlichen Vierungspfeilern auf, dass deren Gliederung in Höhe der Türschwelle ansetzt. Diese Details sind Hinweise darauf, dass das Fußbodenniveau von Sanktuarium und Kanonikerchor einst höher lag. Denn in Wechselburg gab es eine dreischiffige, vierjochige, kreuzgratgewölbte Krypta, deren zugesetzte Fenster am Außenbau noch erhalten sind. Sie erstreckte sich von der Apsiswand des Sanktuariums bis circa drei Meter in die Vierung, eine Disposition, wie sie bei einigen Prämonstratenserkirchen anzutreffen ist. Über der Krypta befanden sich der Kanonikerchor mit Chorgestühl, der wohl vom Westen über Stufen zugänglich war, und das Sanktuarium mit Hochaltar. Letzteres war nochmals um zwei Stufen erhöht, wie man am Versprung zwischen dem Niveau der Türschwelle und der Sockeloberkante an der Apsis noch gut erkennen kann. Damit teilte die Krypta in der Vierung auch die Querhausarme voneinander. Während sich im nördlichen das Stiftergrab und Gräber der Pröpste befanden, wurden im südlichen Querhausarm Söhne des Markgrafen bestattet. Vor den westlichen Vierungspfeilern befand sich einst und befindet sich heute wieder der Lettner (vgl. Abb. 95).

Für den Bau des Lettners gibt es keine Quellen. Auf der Grundlage stilkritischer Überlegungen wird er in die Zeit um 1230/40 datiert. Seine heutige Gestalt ist eine historische Rekonstruktion, die dem ursprünglichen Aussehen recht nahe kommen dürfte. Die dafür erarbeitete wissenschaftliche Konzeption verdiente eine eigene Würdigung. Im Jahr 1683, als man die Klosterkirche zur Schlosskapelle umbaute, ist wohl auch der Lettner abgebrochen worden. Teile von ihm sind dann als Spolien in dem neuen Altaraufbau und in der barocken Kanzel integriert worden. Der Lettner, der von einer Triumphkreuz-

gruppe bekrönt wird, ragte einst in die Seitenschiffe hinein. Seine Rückwand war geschlossen. In der Mitte springt eine baldachinartige Konstruktion mit Kanzelbrüstung hervor, die von einer Art offenem Dreipass überfangen wird. Die Schauwand ist mit verschiedenen, fast freiplastisch gearbeiteten Figuren versehen, die auf Szenen des Alten Testaments Bezug nehmen und in ihrer Komposition zum Teil narrativen Charakter haben. An der Vorderseite der Kanzelbrüstung befindet sich eine Darstellung von Christus in der Mandorla, umgeben von den vier Evangelistensymbolen, flankiert von Maria und Johannes dem Täufer. Der obere Abschluss mit einer Triumphkreuzgruppe ist zugleich eine theologisch-symbolische Krönung (Abb. 98). Der Gekreuzigte – eine der frühesten monumentalen Darstellungen des sogenannten Dreinageltypus – blickt auf Maria, während zu seiner Linken Johannes der Evangelist, den Kopf auf die Hand gestützt, im Trauergestus verharrt. Beide Figuren stehen auf Königen, wobei die Deutung hier nicht eindeutig ist. Handelt es sich um die Darstellung des überwundenen Heiden- bzw. Judentums oder sind sie als Anspielungen auf alte heidnische bzw. christliche Herrscher zu interpretieren? Denn der König unter Maria blickt zur Gottesmutter ehrfürchtig auf, während jener unter Johannes klagt und sich zu wehren scheint. Der Gekreuzigte ist in der Vertikalen mit dem unter ihm liegenden Adam und dem auf ihn herabschauenden Gottvater mit der Taube als Symbol des Heiligen Geistes in einen größeren heilsgeschichtlichen Kontext gestellt.

98 ◂ Wechselburg (Sachsen), Augustinerchorherrenstift, Klosterkirche, Triumphkreuzgruppe über dem Lettner im Mittelschiff. Neben dem Gekreuzigten stehen die Gottesmutter Maria und Johannes, die um Jesus trauern.

V. Die Prämonstratenser

I. Die Prämonstratenser in Deutschland – die Zirkarie Sachsen

Die Bischöfe standen den Prämonstratensern anfänglich sehr reserviert gegenüber. Dies lag weniger am strengen Reformprogramm, das bei einigen zu reformierenden Kapiteln nicht unbedingt willkommen war, als vielmehr an der Tatsache, dass der Klosterverband bis zur Ernennung Norberts zum Erzbischof von Magdeburg diesem persönlich in allen Belangen unterstand. Norbert blieb formal Oberhaupt der Konvente und verfügte eigenkirchenrechtlich über die Stiftungen. Das darin liegende Konfliktpotenzial mit den Ortsbischöfen zeigen die Auseinandersetzungen Norberts mit Bischof Dietrich II. von Münster (1118 – 1127) über die Klöster Cappenberg und Varlar. Erst unter der Leitung von Hugo de Fosses entwickelte sich ein Klosterverband, der sich Norberts direktem Einfluss schließlich entzog und mit dem neu installierten Generalkapitel als Überwachungs- und Vermittlungsgremium über eine korporative Entscheidungsinstanz verfügte.

Die Prämonstratenser waren neben den Ritterorden die Ersten, die bereits in der Mitte des 12. Jahrhunderts ihre Konvente in überregionalen Gruppen, den Zirkarien zusammenfassten. Diese Visitations- und Verwaltungseinheiten, der späteren Provinzeinteilung anderer Orden vergleichbar, hatten ursprünglich keinen eigenen körperschaftlichen Charakter. Es ging vielmehr darum, dass im Auftrag des Generalkapitels Visitatoren über die Einhaltung der klösterlichen Disziplin wachen sollten. Die Prämonstratenser kombinierten die Institution des Generalkapitels und die Aufgabe der Visitation, die aus dem zisterziensischen Modell übernommen wurden, mit einer alten benediktinischen Tradition, wie sie bereits in den cluniazensischen Gewohnheiten Ulrichs oder den davon abgeleiteten Hirsauer Konstitutionen Wilhelms zu finden sind. Es gab in den Klöstern cluniazensischer Prägung sogenannte *Circatores* – ein Brauch, den auch die Prämonstratenser übernahmen (*Liber consuetudinum*, Dist. II,4) –, d.h. Aufseher, die im Kloster umherliefen, dort Regel- bzw. Disziplinverstöße aufdeckten und diese am nächsten Tag im Kapitel anzeigten. Das Prinzip wurde auf den Orden übertragen, sodass zwei Circatoren jährlich die Abteien ihrer Provinz im Auftrage des Generalkapitels visitierten und darüber diesem Bericht erstatteten (Dist. IV,7). Im Gegensatz zu den Zisterziensern spielte bei den Prämonstratensern das Verhältnis von Mutter- zu Tochterkloster nur eine untergeordnete Rolle.

Auf deutschem Gebiet gab es sechs Zirkarien, Bayern, Schwaben, Wadgassen, Ilfeld, Westfalen und Sachsen, rechnet man historisch die Zirkarie Slavia (Pommern) noch hinzu, waren es sieben. Die Ordnungsstruktur negierte sowohl landesherrlich-territoriale Grenzen als auch die von Bistümern bzw. Erzbistümern. Die Prämonstratenser verfügten damit auf Ordensebene über eine Verwaltungsstruktur, die von Herrschaftsgrenzen und Diözesanstrukturen relativ unabhängig war.

Durch Norberts Wahl zum Erzbischof von Magdeburg und dem damit verbundenen religiös-politischen Einfluss entstand im Osten des Reiches mit der Zirkarie Sachsen ein Zentrum prämonstratensischen Wirkens, das gegenüber den Verbänden, die unter dem organisatorischen Einfluss von Hugo de Fosses standen, einige Besonderheiten aufwies. Auf Klöster dieser Zirkarie, deren Mittelpunkt das von Norbert mit eige-

99 ▲ Magdeburg (Sachsen-Anhalt), Prämonstratenserkloster Unser Lieben Frauen, Ansicht der Klosterkirche und des Kreuzgangs von Nordosten. Obwohl der Kreuzgang einen relativ homogenen Eindruck macht, hat der heutige, aufgrund von Restaurierungen, mit dem mittelalterlichen in seiner Erscheinung wohl nicht mehr viel zu tun.

nen Ordensleuten neu besetzte Liebfrauenkloster bildete (Abb. 99), konzentrieren sich die Ausführungen in diesem Kapitel. Das Gebiet der Zirkarie Sachsen reichte im 13. Jahrhundert vom Süden des heutigen Sachsen-Anhalts (Mildenfurth 1193) bis ins nördliche Schleswig-Holstein (Stade 1132; Ratzeburg) und nach Osten bis Broda (1239/44) in Pommern, Gramzow (1216) und Gottesstadt (1216) in Brandenburg.

Norberts Willensstärke, sein kompromissloser Charakter und sein Beharrungsvermögen in kirchenpolitischen Entscheidungen brachten ihm nach seinem Amtsantritt viel Widerstand ein. Der neue Erzbischof ließ die wirtschaftlichen Verhältnisse des Erzbistums überprüfen, wies den regionalen Adel in seine Schranken und ging auch gegen den Klerus, der sich an das Verbot der Priesterehe nicht halten wollte, hart vor. Die Besetzung des Liebfrauenklosters „mit Brüdern aus seinem Orden", wie es die *Vita Norberti* ausdrückte, und zwar noch vor der offiziellen Bestätigung durch Lothar III. Ende Oktober 1129, ließ das Fass überlaufen. Es kam zu einem gewalttätigen Aufstand in Magdeburg.

Woher der neue Konvent kam, ist nicht überliefert. Doch dürfte ein Großteil der Kanoniker aus älteren Stiften stammen, wenn nicht gar, wie Evermod, aus Prémontré selbst gekommen sein. Die Chronik des 1131 gegründeten Klosters Gottesgnaden (Kap. 6) kennt ihre ersten Konventsmitglieder mit Namen und der Chronist fügte schließlich hinzu, dass neben jenen, die aus der Welt ins Kloster eintraten, einige aus Prémontré, Floreffe und Cappenberg kamen. Der einzige „Magdeburger" sei Gumbert gewesen, ein Laie, der dahin auch wieder zurückkehrte.

Norbert ließ sich, wie gewohnt, als Propst einsetzen. Nach einer Phase der Konsolidierung, die nun auch zu einer allgemeinen Akzeptanz des Konvents in Magdeburg führte, begann der Erzbischof expansiv tätig zu werden. Es folgten die Umwandlung der Benediktinerabtei Pöhlde (um 1129/30), ein bischöfliches Eigenkloster bei Herzberg im Südharz, sowie die Gründung des gerade erwähnten Gottesgnaden bei Calbe an der Saale. Im Jahre 1132 zogen die Prämonstratenser nach Norden über die Bistumsgrenzen hinweg. In Stade sollten sie 1132 eine Gründung des Erzbischofs von Bremen unterstützen. Bis zu seinem Tod förderte Norbert weitere Gründungen, u.a. auch eine im thüringischen Veßra (1131/34). Seine Kirchenpolitik zeigt die vielfältigen Möglichkeiten der Einflussnahme, wie die Umwandlung eines bestehenden benediktinischen Klosters in ein Regularkanonikerstift, die Neubesetzung eines alten Stifts mit eigenen Brüdern oder eine Neugründung. Dabei konnten die Kooperationen über die Bistumsgrenzen hinweggehen, über Eigenkirchen frei verfügt oder zusammen mit stiftungswilligen Adligen gehandelt werden.

100 ► Ratzeburg (Schleswig-Holstein), Prämonstratenser-Domstift, Klosterkirche, Ansicht von Süden. Die Bauphasen des von Ost nach West errichteten Backsteinbaus sind zum Teil auch am Außenbau durch die Materialwechsel bzw. den wechselnden Ziegelverband erkennbar.

Eine zweite Expansionsphase, die vor allem nach Norden ging, hatte missionarischen Charakter und führte zur Besetzung von bischöflichen Domkapiteln mit Prämonstratensern, so in Ratzeburg (Abb. 100), Brandenburg und Havelberg. Dieses Streben ist mit Personen wie Evermod, Wigger oder Anselm von Havelberg verbunden, ehemalige Kanoniker des Liebfrauenklosters Magdeburg.

Als im Jahre 1154 König Barbarossa (1152/55 – 1190), der spätere Kaiser Friedrich I. von Staufen, auf dem Reichstag zu Goslar Heinrich dem Löwen (†1195) gestattete, die Bistümer Ratzeburg, Schwerin und Oldenburg wieder einzurichten, fiel im selben Jahr die Wahl für das seit 1066 verwaiste Bistum Ratzeburg auf Evermod, den Norbert in Cambrai kennenlernte und der ihm von Frankreich mit nach Magdeburg folgte (*Vita Norberti*, Cap. 9). Nachdem, so die Chronik von Gottesgnaden, der erste Propst desselben Stifts die Erlaubnis erhielt, ins Heilige Land zu gehen, wurde Evermod dort zum Verwalter eingesetzt. Seine radikale asketische Einstellung spaltete den Konvent. Im Liebfrauenkloster wurde in dieser Zeit glücklicherweise die Stelle des *Praepositus* vakant, sodass Evermod, zum Propst gewählt, nach Magdeburg zurückkehren konnte. Das Domkapitel in Ratzeburg besetzte er mit Brüdern aus dem Liebfrauenkloster.

Im Jahre 928/29 eroberte König Heinrich I. (919 – 936) die Burg auf der Havelinsel in der heutigen Stadt Brandenburg. Zwanzig Jahre später richtete König Otto I. (936/967 – 973) einen Bistumssitz ein, der im Zuge des Slawenaufstandes von 983 wieder verloren ging. Der von Norbert ernannte Bischof Wigger von Brandenburg (1138 – 1161), ein Vertrauter des Magdeburger Erzbischofs und ehemaliger Propst des Liebfrauenstiftes, verhandelte um 1147 mit dem Hevellerfürsten Pribislaw-Heinrich († 1150), der selbst zum Christentum konvertiert war, um die Wiedergewinnung des alten Sitzes. Der Fürst genehmigte in einem ersten Schritt die Einrichtung eines Prämonstratenserstiftes in der Vorstadtsiedlung Parduin, nahe der Burg. Der Konvent, der aus dem 1138/39 gegründeten Prämonstratenserstift Leitzkau kam, zog an die bereits bestehende St. Gotthardt-Kirche. Das Stift Leitzkau, eine Tochter von Liebfrauen, lag auf einem vom Reich noch kontrollierten Stück Land des Brandenburger Bistums. Das Kapitel ist mit der zukünftigen Bestimmung als brandenburgisches Domkapitel eingerichtet worden. Wiggers Nachfolger Wilmar erhob 1161 den Konvent offiziell zum Domkapitel, stattete ihn aus dem bischöflichen Eigengut aus und überführte ihn 1165 in einer feierlichen Prozession auf die Havelinsel. Hier entstand ab 1165 mit der Kirche St. Peter und Paul einer der ersten nordeuropäischen Großbauten in Backstein (Abb. 101). Da das Leitzkauer Stift fortbestand und sich als Mutter des Brandenburger Domstifts verstand, behielt es sich

101 ► Brandenburg (Brandenburg), Prämonstratenser-Domstift, Ansicht von Sanktuarium und östlichem Klausurflügel von Nordosten. Der steil aufragende gotische Chor ist Teil des großen Bauprogramms des frühen 15. Jh.s.

auch das Recht der Bischofswahl vor, was zu lang andauernden Streitigkeiten führte.

Die Vorgeschichte des Bistumssitzes Havelberg ist der Brandenburgs vergleichbar, welcher wie dieser durch den Slawenaufstand 983 verloren ging und erst zur Mitte des 12. Jahrhunderts wieder erneuert werden konnte. Die Havelberger Bischöfe waren bis dahin Titularbischöfe. Erzbischof Norbert weihte bereits 1129 seinen Schüler Anselm (†1155), der wohl aus der Gegend von Lüttich stammte und an der Kathedralschule von Laon studierte, zum Bischof von Havelberg. Der Bischof stand in diplomatischen Diensten dreier Könige (Lothar III., Konrad III. und Friedrich I.) und als päpstlicher Legat nahm er am Kreuzzug gegen die Wenden teil. Bereits 1144 gründete er auf dem Besitz des Magdeburger Dompropstes, Graf Hartwig von Stade, das Kloster Jerichow (Abb. 102) und besetzte es mit Kanonikern aus dem Magdeburger Liebfrauenkloster. Aufgrund eines Regesteneintrags von 1226, in dem es um die Schlichtung eines Streits über die Wahl des Havelberger Bischofs zwischen den Stiften Jerichow und Havelberg geht, schloss man, dass Jerichow eine ähnliche Rolle wie Leitzkau spielte und als zukünftiges Domkapitel geplant war. Da im Gegensatz zu Leitzkau die Gründungsurkunde von alldem nichts weiß, bleibt dies Spekulation. Um 1149/50, nach dem erfolgreich beendeten Wendenkreuzzug, ließ sich Anselm die alten Bistumsrechte von König Konrad III. (1138 – 1151) bestätigen und veranlasste den Wiederaufbau der Havelberger Domkirche, die 1170 geweiht wurde (Abb. 103). Bischof Anselm verließ jedoch 1155 die Mark Brandenburg, da er auf Wunsch Barbarossas zum Erzbischof von Ravenna gewählt worden war.

Norberts Verfügung, dass das Magdeburger Liebfrauenstift nur dem Erzbischof unterstehen solle, ließ das Stift nach dessen Tod weiter auf Distanz zum Mutterkloster Prémontré gehen. Mit der Gründung der Zirkarie Sachsen schuf der Erzbischof bereits

102 ▲ Jerichow (Sachsen-Anhalt), Prämonstratenserkloster, Ansicht der Klosterkirche von Osten. Am Außenbau ist der Materialwechsel im unteren Teil von Grauwacke zu Backstein noch gut zu erkennen.

103 ◂ Havelberg (Brandenburg), Prämonstratenser-Domstift, Ansicht des Stiftskomplexes von Südwesten. Das Domstift erhebt sich hoch auf dem Berg der Havelinsel. Es war als Glaubenszeichen nicht nur weithin sichtbar, sondern auch durch die natürliche Lage gut geschützt.

einen eigenen Verband, dessen Haupt das Liebfrauenstift war und dessen Mitglieder sich vor allem aus deren Tochtergründungen rekrutierten. Die Missachtung des Generalkapitels in Prémontré, vor allem durch demonstrative Abwesenheit, trotz päpstlicher Mahnungen, gründete in einem Selbstbewusstsein, dass wohl auch auf dem Privileg aufbaute, über das Grab des Ordensgründers zu wachen. Die enge Bindung Norberts an den Konvent, die von Norbert persönlich verfügte liturgische Ordnung (Diözesanritus), teilweise andere Kleidung sowie sein Grab in der Stiftskirche erhoben das Stift scheinbar zum eigentlichen Bewahrer prämonstratensischer Tradition. Diese Sonderrolle, die in der *Vita Norberti*, aber auch in der Chronik von Gottesgnaden anklingt, wurde von den anderen Klöstern keineswegs geteilt. Im zweiten Katalog des Stifts Ninove wird nüchtern festgestellt: „Die Abteien in der Zirkarie Sachsen sind beinahe von Ordensbeginn an als widerspenstige bekannt" (*Iste abbatie in Saxonia fere ab initio rebelles ordini exiterunt. Monast. Praem.*, III, S. 400).

2. Ordensvorschriften und Klosteranlagen

Die Gründung von Prémontré bedeutete nicht die Gründung eines Ordens. Die Ordensbildung war ein gradueller Prozess, der mit der Einrichtung des ersten Generalkapitels um 1130 und der Abfassung der ersten schriftlichen Gewohnheiten einen vorläufigen Abschluss fand. Die Prämonstratenser der zwanziger Jahre des 12. Jahrhunderts lebten nach der Augustinerregel, richteten sich nach Norberts mündlichen Weisungen und folgten dem lebendigen Vorbild Prémontrés.

Der *Liber consuetudinum* und die *uniformitas*

Die prämonstratensischen Gewohnheiten orientieren sich stark an den benediktinischen der Cluniazenser, Hirsauer oder Zisterzienser. Dies verlieh dem Orden gegenüber anderen Chorherren einen deutlich monastischen Zug. Die Chorherren nannten sich Brüder (*fratres*). Vorsteher von Konventen, wenn auch nicht alle, führten den Titel Abt bzw. Propst. Die ältesten überlieferten *Consuetudines* finden sich in einer Handschrift des 12. Jahrhunderts aus Schäftlarn (München, Bayr. Staatsbibl. Clm 17174, fol. 11r–39v). Die insgesamt 82 Statuten, ohne innere Gliederung, werden in das Jahr 1131 datiert und als Ergebnis des ersten Generalkapitels interpretiert. Eine neue Redaktionsstufe stellt ein spätmittelalterliches Manuskript aus dem Augustiner-Chorherrenstift Indersdorf dar (Bayr. Staatsbibl. Clm 7702, fol. 59v–92v). Hier wurden Texte einer verlorenen Handschrift aus der Mitte des 12. Jahrhunderts kopiert. Das Ordensrecht gliedert sich nun in die drei Personengruppen Kleriker, Laienbrüder und Schwestern, wobei der Teil für Letztere noch nicht gefunden werden konnte. Der Teil für die Kleriker, der *Liber consuetudinum*, besteht aus einem Prolog und vier Distinktionen. Die erste beinhaltet den täglichen Ablauf im Wechsel von Tag und Nacht gemäß den Wochentagen sowie im jahreszeitlichen Verlauf von Sommer und Winter. Die zweite Distinktion behandelt die Ämter und Dienste, die dritte Strafen und Bußen und die vierte Dinge, die den gesamten Orden betrafen, wie gemeinsamer Ratschluss, Generalkapitel sowie dessen Beschlüsse. Für diesen Abschnitt sollte großzügig Raum bemessen werden, denn am Ende der darin verzeichneten 22 Dekrete musste genug Platz für zukünftige, nachzutragende Entscheidungen des Generalkapitels bleiben. Dem Text folgen im Manuskript die Gewohnheiten der Laienbrüder (*Consuetudines laicorum*) mit 18 Kapiteln. Dieses Korpus dürfte sich Hugo de Fosses bei seinem Rombesuch 1154/55 von Papst Hadrian IV. (1154 – 1159) bestätigt haben lassen. Ein faktischer Beleg, dass die Prämonstratenser auf einem Generalkapitel um 1140 für alle Stifte beschlossen hätten, keine Frauen mehr aufzunehmen und sich von den bestehenden weiblichen Konventen in Doppelklöstern zu trennen, ist (noch) nicht gefunden worden.

Eine flüchtige Durchsicht der Gewohnheiten zeigt, dass dem Bauen und der Ausgestaltung der Klosterkirchen kaum Aufmerksamkeit geschenkt wurde. Auch allgemeine Hinweise hinsichtlich Schmuck, Ausstattung und Gestaltungsaufwand sucht man vergeblich. Selbst das Kapitel über „Die Errichtung von Abteien" (*De construendis abbaciis*, IV,3) handelt eigentlich mehr von den Rahmenbedingungen für eine Gründung als von den baulichen Strukturen. So sollten mindestens zwölf Kleriker ausgesandt werden, die mit einem bestimmten Satz liturgischer Bücher (Psalter, Hymnar, Kollektenbuch, Antiphonar, Graduale, Regel und Missale) auszustatten waren. Zudem mussten folgende Klosterbauten (*officinae*) vor dem Einzug des Konvents fertiggestellt sein: Oratorium, Dormitorium, Refektorium sowie die Zellen für die Gäste und den Pförtner. Dies galt als Minimum, um Gott dienen und regelgemäß leben zu können. Der Vaterabt behielt ein Mitspracherecht bei der Etablierung der Gründung. Kirchen anderer Orden durften nur nach Zustimmung des Generalkapitels übernommen werden. Schließlich wurden noch zur Bewahrung des Friedens (*ad conservandum pacem*) Mindestabstände zwischen Abteien, Höfen (*curiae*) und Mühlen festgelegt.

Im Prolog wird das geradezu programmatische Ziel, „ein Herz und eine Seele" im Herrn zu sein, mit der Forderung nach Einförmigkeit (*uniformitas*) in Regelbefolgung und Observanz begründet. Die Uniformität sei Garant für die Einheit (*unitas*), sowohl für die innerliche in den Herzen als auch die äußerliche durch Bewahrung der Sitten. Allerdings darf nicht davon ausgegangen werden, dass die normativen Ansprüche immer eingehalten wurden, weder die liturgischen noch die organisatorischen. Normativer Rechtsanspruch und Rechtswirklichkeit konnten weit auseinanderklaffen, ohne dass dies zu Vorwürfen oder gar Sanktionen geführt hätte. Hinzu kommt, dass die Prämonstratenser nicht so straff organisiert waren wie die Zisterzienser, dem Generalkapitel weniger Bedeutung beimaßen und Norbert schon für seine Klöster in Sachsen andere Vorschriften hinsichtlich Liturgie und Kleidung erließ.

Die Klosteranlagen Unser Lieben Frauen zu Magdeburg und Sankt Marien-Nicolai zu Jerichow

Nach 1063 begann Erzbischof Werner (1063 – 1078), das von Gero (1012 – 1023), einem seiner Vorgänger, um 1017/18 gegründete Kollegiatsstift *Unser Lieben Frauen* neu zu erbauen (Abb. 104). Das Oratorium, das noch heute im Kern der Kirche enthalten ist, wurde als flach gedeckte Säulenbasilika über kreuzförmigem Grundriss errichtet. Das Langhaus erstreckte sich über neun Arkaden, die von jeweils acht Stützen getragen wurden und deren mittlere und westliche als Pfeiler ausgebildet waren. Die Querhausarme entsprechen im Grundriss dem Vierungsquadrat. Während an der östlichen Wand des südlichen Querhausarmes die Apside noch erhalten ist, musste die nördliche einem späteren Anbau weichen. Das über quadratischem Grundriss errichtete Sanktuarium ist im Osten apsidial geschlossen. Wozu die freigelegten Muldennischen an der Innenwand des Altarhauses dienten, ist offen. Zu dieser Bauphase gehört auch noch die dreischiffige, kreuzgratgewölbte Hallenkrypta unter dem Sanktuarium (Abb. 105). Die Krypta, die einst in die Vierung hineinragte, bedingte einen gegenüber dem Langhaus erhöhten Kanonikerchor.

Exakte Baudaten gibt es nicht, doch wurden Erzbischof Werner bereits 1078 vor dem Kreuzaltar und Erzbischof Heinrich I. von Assel 1107 im südlichen Querhausarm bestattet. Der massive fünfstöckige Westbau dürfte in jener Zeit schon geplant gewesen sein, ist jedoch erst Ende des 12. Jahrhunderts ausgeführt worden und respektiert die Flucht der Seitenschiffe. Er besteht aus einem massiven, mittleren quadratischen Baukörper, der von zwei runden Türmen flankiert wird. Der Außenbau ist nur sparsam gegliedert.

In der ersten Hälfte des 13. Jahrhunderts wird die Kirche eingewölbt und im Langhaus ein sechsteiliges Kreuzrippengewölbe eingezogen. Dafür wurden die Arkadensäulen im Langhaus ummantelt oder durch Pfeiler ersetzt und sowohl die Wandflächen der Arkadenzwickel als auch die Obergadenwände durch ein bis zum Fußboden reichendes Dienstsystem mit Blendarkaden neu gegliedert (Abb. 106). Das Gewölbe bedingte Strebepfeiler am Außenbau. Abgesehen von den unteren beiden Geschossen des Westbaus besteht das Mauerwerk der Kirche aus Bruchstein, wobei die Ecken der Querhausgiebel in Werkstein gefasst sind.

104 ▾ Magdeburg (Sachsen-Anhalt), Prämonstratenserkloster Unser Lieben Frauen, Grundriss der Klosteranlage im heutigen Zustand: 1 Stiftskirche, 2 Sanktuarium, darunter Krypta, 3 Hochsäulige Kapelle, 4 ehemaliger Archivraum/Armarium?, 5 Kreuzgang, 6 Brunnenhaus (Tonsur), 7 Refektorium.

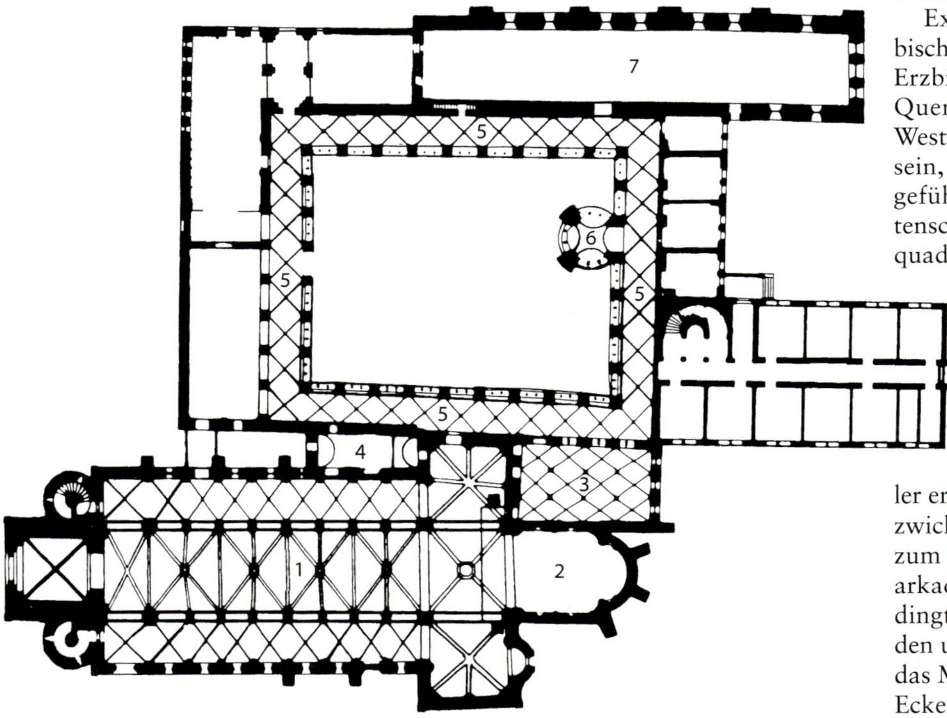

105 ► Magdeburg (Sachsen-Anhalt), Prämonstratenserkloster Unser Lieben Frauen, Krypta der Klosterkirche, Blick nach Osten. Gegenüber der Hallenkrypta, vom Kryptenzugang aus wohl sichtbar, lag das Grab des hl. Norbert.

Die Klausur befindet sich nördlich der Kirche. Auffällig jedoch ist, dass sie nicht direkt an das nördliche Seitenschiff anschließt, sondern am Querhausgiebel und insgesamt nach Osten versetzt errichtet wurde. Darüber hinaus gibt es noch einen unscheinbaren tonnengewölbten Raum, zwischen Kreuzgang, nördlichem Seitenschiff und Querhausarm, dessen Funktion ebenfalls nicht geklärt ist. Die versteckte Lage und die relative Feuersicherheit sprächen für eine Art Schatzkammer, Armarium oder Archivraum. Welche Teile der Klausur jedoch bis zur Umwandlung des Säkularkanonikerstifts in ein Regularkanonikerstift durch Erzbischof Norbert vollendet worden sind und in welchem Zustand sich der Gesamtkomplex um 1129 befand, ist ungewiss. Deshalb ist auch die Rückführung bestimmter Bauzustände auf den persönlichen Einfluss Norberts äußerst problematisch. Da Norbert bereits 1134 starb – er wurde vor dem Kreuzaltar in der Klosterkirche begraben –, bleibt es fraglich, ob er in der Kürze der Zeit überhaupt auf die Baugestalt Einfluss nahm. Der Kirchenbau erscheint jedenfalls als ein typischer Vertreter der Sakralarchitektur um 1100, ohne dass im Einzelfall immer konkrete Vorbilder benannt werden könnten.

Von den Klausurgebäuden soll nur auf drei näher eingegangen werden: das Refektorium, die Tonsur und die „Hochsäulige Kapelle". Bereits die Namensgebung der beiden letzteren weist schon auf Interpretationsprobleme hin. Das Refektorium im Nordflügel, das vom Kreuzgang aus betreten wurde und dessen Ostgiebel weit über den einstigen östlichen Klausurtrakt hinausragt, besteht aus einem circa 45 Meter langen und acht Meter breiten tonnengewölbten Raum. Nördlich schloss sich einst die Küche an. In der südlichen Wand, am östlichen Ende des Raumes befindet sich eine Nische, vor der wohl einst die Lesekanzel gestanden hat. Die eigentümliche Lage am Ende des Saales könnte aus den besseren Lichtverhältnissen durch die Giebelfenster resultieren. Denn auch die abendliche Tischlesung im Refektorium sollte bei Tageslicht erfolgen. Parallel zur Giebelwand stand vermutlich die *mensa principalis*, d.h. der Tisch, an dem der Prior residierte. Dann hätten, von diesem ausgehend, die weiteren Tische für die Konventsmitglieder entlang der Längswände gestanden. Die Analogie der Sitzordnung zu der im Chorgestühl ist ausdrücklich in den Gewohnheiten festgeschrieben. Während die Nordwand des Raumes weitgehend gleichmäßig durch Fensteröffnungen durchbrochen ist, fehlen diese zum Kreuzgang hin. In der kreuzgangseitigen Wand gibt es jedoch eine Wendeltreppe in das Obergeschoss und im östlichen Teil noch eine Tür, die zum ehemaligen Brauhaus führte. Ob das Refektorium aufgrund des abfallenden Geländes, zumindest im Osten, von Beginn an dreigeschossig angelegt war, bedürfte noch bauarchäologischer Forschungen, wie auch viele andere Spuren im Mauerwerk noch ihrer Erklärung harren.

Die sogenannte Tonsur (Abb. 107), ein Rundbau am östlichen Kreuzgangflügel zum Innenhof hin, ist ebenfalls zweigeschossig und nimmt im Erdgeschoss die Gliederung der Kreuzgangarkaden auf. Wozu der obere Raum diente, in dem noch Reste eines Rauchfangs erhalten sind, ist nicht bekannt. Während die klassische benediktinische Disposition

106 ▸ Magdeburg (Sachsen-Anhalt), Prämonstratenserkloster Unser Lieben Frauen, Klosterkirche, Langhaus, Blick nach Westen. Gut zu erkennen ist das im Zuge der Einwölbung des Hauptschiffes dem romanischen Bau vorgeblendete gotische Dienstsystem.

107 ▲ Magdeburg (Sachsen-Anhalt), Prämonstratenserkloster Unser Lieben Frauen, sogenannte Tonsur am östlichen Kreuzgangflügel, Ansicht von Nordwesten. Für die Nutzung des doppelgeschossigen Baus gibt es keine bauzeitlichen Hinweise, wenngleich eine Nutzung als Lavatorium nahe liegt.

108 ▲ Magdeburg (Sachsen-Anhalt), Prämonstratenserkloster Unser Lieben Frauen, sogenannte Hochsäulige Kapelle. Blick nach Nordosten. Obwohl die Funktion des Raumes durch Dokumente nicht belegt werden kann, wäre er als Kapitelsaal vorzüglich geeignet gewesen.

zisterziensischer Prägung ein Brunnenhaus am südlichen bzw. nördlichen Klausurflügel vermuten lässt, steht das Gebäude hier am östlichen. Ob sich die Kleriker darin wirklich rasierten und tonsurierten, wie die heutige Benennung suggeriert, ist keineswegs sicher. Die Gewohnheiten geben im diesbezüglichen Abschnitt (Dist. IV,15) keinerlei Hinweise auf dafür vorgesehene Räumlichkeiten. Wahrscheinlicher ist die Nutzung als Brunnenhaus, doch müsste hierfür der archäologische Nachweis für den Anschluss an eine alte Wasserleitung bzw. an ein Kanalsystem erbracht werden.

Ein besonders interessanter Raum befindet sich zwischen Sanktuarium, nördlichem Querhausarm und Kreuzgang, die sogenannte „Hochsäulige Kapelle“, eine dreischiffige, kreuzgratgewölbte Halle über vier Joche (Abb. 108). Der Raum wird vor allem durch die drei Rundbogenfenster in der Ostwand beleuchtet. Der Zugang vom Chor und die Öffnung über drei Doppelarkaden mit Zwillingssäulen zum Kreuzgang hin ließen auch eine Deutung als Kapitelsaal zu. Das Kapitel nimmt in den Gewohnheiten relativ viel Platz ein (Dist. I,5). Hier wurde ganz in benediktinischer Tradition täglich ein Kapitel der Regel verlesen, Wochendienste bekanntgegeben und der Verstorbenen gedacht. Einen weiteren Teil bildet das Schuldkapitel. In den Gewohnheiten widmete man Strafen und Bußen sogar einen eigenen Abschnitt.

Für die Beurteilung der heutigen Klosteranlage ist die nachreformatorische Geschichte enorm wichtig. Ab 1591 war die Kirche für protestantische Gottesdienste geöffnet. Die Plünderung Magdeburgs 1631/32 überstand man im Kloster relativ glimpflich. Im Jahr 1652 stürzten die Südchorwand, die Chorgewölbe sowie Teile der Apsis ein. Um 1700 wurde im Stift eine Knabenschule eingerichtet. Im frühen

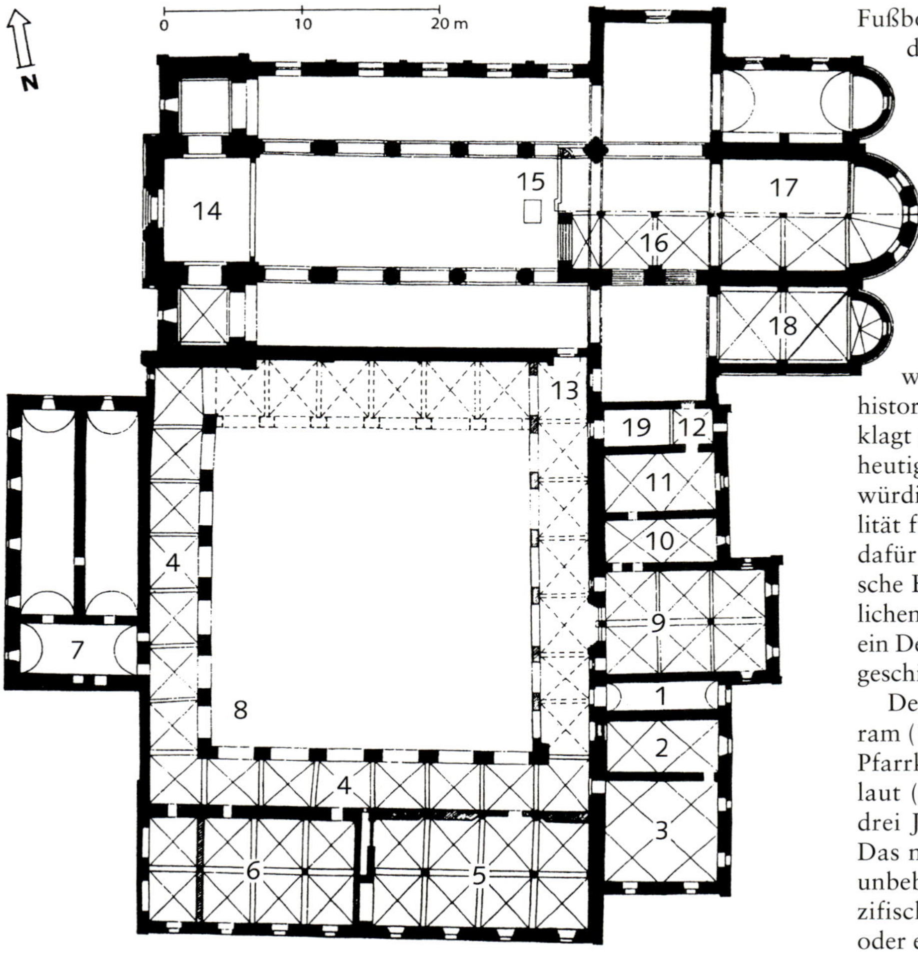

109 ▲ Jerichow (Sachsen-Anhalt), Prämonstratenserkloster, Grundriss der Klosteranlage im Erdgeschoss nach Müller/Naumann: 1 Durchgangsraum, 2 Parlatorium (?), 3 Brüdersaal, 4 Kreuzgang, 5 Sommerrefektorium, 6 Winterrefektorium, 7 Amtshaus, 8 Brunnenhaus (Tonsur), 9 Kapitelsaal, 10 Bibliothek, 11 Vestiarium, 12 Sakristei, 13 Zugang zur Kirche, 14 Westbau, 15 Osterleuchter, 16 Krypta, 17 Hochchor, 18 südlicher Nebenchor, 19 Aufgang zum Dormitorium.

18. Jahrhundert kam es zur barocken Umgestaltung der Kirche, dem Abbruch der Chorschranken und der Verlegung des Kreuzaltars in die Hauptapsis. Es folgte schließlich 1832/34 die Säkularisation. Im 19. Jahrhundert folgten neue Eingriffe in die Bausubstanz. Der Ostflügel der Klausur wurde neu errichtet, der West- und Nordflügel aufgestockt. Auch in der Klosterkirche kam es zu weitreichenden Veränderungen. Die alten Kryptenzugänge wurden geschlossen und im Zuge der neoromanischen Rekonstruktion in den neunziger Jahren des 19. Jahrhunderts wieder neu geschaffen. Für die Raumgestalt entscheidender war die Absenkung der Krypta in der Vierung auf das Fußbodenniveau des Langhauses, die Verschüttung der alten Grabstätte Norberts sowie eine Ausmalung im Stilverständnis der Zeit. Im Zweiten Weltkrieg wurden schließlich der Westflügel des Kreuzgangs und das Sanktuarium zerstört. Das Sanktuarium in der Hauptapsis baute man ohne Gewölbe kurz nach Kriegsende wieder auf, während der Westflügel erst zwischen 1966 – 1974 neu entstand. Schließlich erforderte die neue Nutzung des Klosters als Museum für zeitgenössische Kunst und die Umgestaltung der Kirche zum Konzertraum weitere Modifikationen. Mit dieser Schilderung historischer Veränderungen sollen weder Verluste beklagt noch ältere Rekonstruktionen, die gemessen an heutigen Standards der Denkmalpflege höchst fragwürdig sind, kritisiert, sondern lediglich eine Sensibilität für geschichtliche Brüche geweckt und der Blick dafür geschärft werden, dass der gegenwärtige optische Eindruck einer relativ geschlossenen mittelalterlichen Klosteranlage eben grandios täuscht. Es bleibt ein Desiderat der Bauforschung, die wechselvolle Baugeschichte des Klosters detailliert nachzuzeichnen.

Der Jerichower Konvent bezog unter Propst Baldram (1145 – 1148) um 1145 eine bereits existierende Pfarrkirche. Der Ort schien ungünstig, vor allem zu laut (*propter tumultum forensis populi*), sodass es drei Jahre später zu einem Gebietsaustausch kam. Das neu zu errichtende Kloster entstand auf vorher unbebautem Grund. Für Jerichow gibt es keine spezifischen Baunachrichten, überlieferte Altarweihen oder einen Hinweis auf die Schlussweihe der Klosterkirche. Eine Urkunde von Erzbischof Wichmann aus dem Jahr 1172, in der erwähnt wird, dass die Mönche, wie die Sache selbst anzeige, eine Kirche und ein Kloster errichtet haben (*templum cum claustro, sicut re ipsa apparet, extruerunt*), wird als Hinweis auf die relative Vollendung von Kirche und der ersten Klausur interpretiert.

Die der Gottesmutter und dem hl. Nikolaus geweihte Stiftskirche ist im heutigen Zustand eine flach gedeckte, fünfachsige Basilika über kreuzförmigem Grundriss (Abb. 109). Der Westbau besteht aus zwei Türmen mit einem leicht vorspringenden Mittelteil, der zum Hauptschiff hin geöffnet ist. Die Mittelschiffsempore und die Mittelsäule stammen vom Orgeleinbau des 19. Jahrhunderts. Die rundbogigen Langhausarkaden werden von vier Rundstützenpaaren und einem Pfeilerpaar im Westen getragen. Die aus Backstein aufgemauerten Rundpfeiler haben keine Basen, doch setzt oben, über dem Halsring eine Art gemauertes Trapezkapitell an, dessen Abschluss eine einfach profilierte Kämpferplatte bildet. Die Obergadenfenster sind nicht auf die Bogenscheitel der Arkaden ausgerichtet (Abb. 110).

110 ◂ Jerichow (Sachsen-Anhalt), Prämonstratenserkloster, Klosterkirche, Blick vom Mittelschiff nach Osten. Die nur zur Hälfte eingesenkte Krypta lässt den Kanonikerchor hoch aufragen und grenzt den Chor zugleich von den Querhausarmen ab.

111 ► Jerichow (Sachsen-Anhalt), Prämonstratenserkloster, Klosterkirche, Hallenkrypta unter dem Chor, Blick nach Westen. Die Krypta ist mit der in Brandenburg zu vergleichen, die ähnlich gestaltet wurde.

Für die Grundrissproportionen fungiert die Fläche des Vierungsquadrats annähernd als Grundmodul. Die ausgeschiedene Vierung dominiert auch das Querhaus mit den apsidial geschlossenen Nebenkapellen. Während die nördliche tonnengewölbt ist, verfügt die südliche über ein später eingezogenes zweijochiges Kreuzrippengewölbe, über dem sich die vom Chor aus zugängliche Sakristei befindet. Das quadratische Sanktuarium schließt mit einer eingezogenen Apsis. Ungefähr von der Mitte der östlichsten Langhausarkade bis zur Hauptapsis erstreckt sich eine zweischiffige, vierjochige, kreuzgratgewölbte Hallenkrypta, die nur teilweise eingesenkt ist, sodass Kanonikerchor und Sanktuarium erheblich über dem Fußbodenniveau des Langhauses liegen und damit auch die Querhausarme voneinander trennen (Abb. 111). Die Säulen tragen gut gearbeitete, vorwiegend ornamentierte Kapitelle. Die mittlere Stütze besteht aus einer Doppelsäule. Die Krypta ist sowohl vom Hauptschiff als auch von den Querhausarmen aus zugänglich. Die Brüstungsmauer des Lettners, in deren Mitte der Platz für das Lesepult angedeutet ist, wurde im 19. Jahrhundert rekonstruiert. Davor befindet sich der Kreuzaltar.

Die frühen *Consuetudines* betonen den Chorraum (vgl. Abb. 114) als deutlich abgegrenzten Bereich, dessen Chorschranken idealerweise Durchgänge aufwiesen. Auch ist mehrfach von Presbyteriumsstufen die Rede, die zugleich eine symbolische Schranke anzeigen. In Bezug auf die Altäre fällt auf, dass nur von einem die Rede ist, jenem für Stundengebet und Konventsmesse.

Die Nebenkapellen, die an der Stelle der ursprünglichen Apsiden angebaut wurden, und die Krypta, die ebenfalls in dieser zweiten Bauphase installiert wurde, gehören nicht zum ursprünglichen Plan. Wie dies zeitlich einzuordnen ist, ob bis 1172 oder nach 1178, muss offenbleiben. Der Westbau hingegen entstand erst relativ spät, wohl bis zur Mitte des 13. Jahrhunderts. Hierfür wurde das alte Langhaus, welches ursprünglich nur vier Fensterachsen besaß, um eine Arkade nach Westen verlängert. Die Kuppelausmalung in der Hauptapsis mit einer Marienkrönung stammt aus dem 15. Jahrhundert.

In Jerichow begann man zwar die unteren Steinlagen über dem Fundament aus bossierten Kleinquadern (Plötzkyer Grauwacke) zu errichten, wechselte aber dann zu Backstein, der in den ältesten Teilen weder ein einheitliches Format aufweist noch nach einem regelmäßigen Schema (Binder – Läufer – Läufer – Binder) verlegt ist. Die Backsteintechnik war in diesem Gebiet neu und Jerichow zählt zu den frühesten Bauten in dieser Technik. Man vermutet, dass sie aus Oberitalien, insbesondere der Lombardei, eingeführt wurde. Für Jerichow ließe sich, ohne dies letztlich beweisen zu können, mit Anselm von Havelberg eine Verbindung nach Italien nachweisen. Der Havelberger Bischof hätte auch die Möglichkeiten gehabt, Fachleute und Fachwissen zu transferieren. Leider ist für Jerichow die Reihe der Pröpste lückenhaft. Ein Großteil der Bauarbeiten in der zweiten Hälfte des 12. Jahrhunderts vollzog sich unter der Leitung des Propstes Isfried (1159 – 1178), der aus Cappenberg kam und später Bischof von Ratzeburg wurde.

Die heutige Klosteranlage, die nach unterschiedlichen Restaurierungskampagnen zwischen 1955 und 2003 wieder ein relativ geschlossenes Bild ergibt, lässt die historischen Brüche für das ungeübte Auge in den Hintergrund treten. Jerichow wurde 1551 und 1631 geplündert, die Gebäude verfielen und nach dem Einzug der reformierten Gemeinde verschwanden auch die noch erhaltenen Teile der alten liturgischen Ausstattung. Die Anlage verdankt ihre Rettung vor allem Karl Friedrich Schinkel, der 1835 ein erstes Gutachten verfasste, und Ferdinand Quast, der die Restaurierungen der Jahre 1853 – 1856 leitete.

Diese wechselvolle Baugeschichte wird vor allem am Kreuzgang und den Klausurgebäuden deutlich, deren Ursprünge in die erste Hälfte des 13. Jahrhunderts zurückreichen. Der Kreuzgang, einst ohne Obergeschoss, öffnete sich zum Innenhof hin durch Arkaden mit frühgotischen Maßwerkformen aus Back- und Sandstein. Der Hauptzugang vom Kreuzgang zur Kirche befand sich ursprünglich in der westlichen Wand des südlichen Querhausarmes. An der Wende vom 15. zum 16. Jahrhundert wurde der Westflügel zweigeschossig überbaut, Süd- und Ostflügel erhielten ein Obergeschoss. Der Nordflügel wurde 1504 abgebrochen. Daraufhin bekam das südliche Seitenschiff größere Fenster. Den Kreuzgangostflügel brach man 1904 aufgrund seines desolaten Zustandes ab und baute ihn dann romanisierend wieder auf.

Trotz dieser Geschichte sind die Räume im Erdgeschoss des östlichen Klausurflügels noch relativ gut erhalten geblieben. Direkt im Anschluss an den südlichen Querhausarm befindet sich der Aufgang zum einstigen Dormitorium (heute Museum), das sich über das gesamte Obergeschoss erstreckte. Der Raum hinter der Treppe diente wohl als Sakristei. Die in südlicher Richtung folgenden Räume werden als Kleiderkammer und Bibliothek gedeutet. Die prämonstratensischen Gewohnheiten sehen für beide Aufgabengebiete eigene Dienste vor. Der Bibliothekar (*armarius*) hatte sich mit seinem Gehilfen um den Bücherschrank (*armarium*) zu kümmern, die Kodizes zu bewachen und den Bestand zu vervollkommnen. Darüber hinaus gaben sie auf Anweisung von Abt oder Prior Bücher an die Brüder zur individuellen Lektüre aus. Gelesen wurde im Kreuzgang, vor allem nach der Vesper, und zwar jeder in seinem Buch (*singuli in singulis libris*). War das Buch ausgelesen, wurde es getauscht (Dist. I,11; II,7). Zu den Aufgaben des Kleidermeisters (*vestiarius*) und seines Gehilfen gehörte es, die Kürschner, Schuster, Gerber, Weber und Walker zu beaufsichtigen und über die leinenen und wollenen Stoffe, Felle und Pelzwerk, Schuhe, Fett, Gürtel, Messer, Kämme, Beinkleider oder (Chor-) Mäntel sowie über alle anderen Kleidungsstücke und Fußbekleidungen der Brüder, die sie inner- und außerhalb des Klosters trugen, zu wachen. Er beaufsichtigte das Depot (*camera*), hatte die Schlüsselgewalt über das Dormitorium und die Aufsicht über dessen Ausstattung. Der Kleidermeister musste auch dafür Sorge tragen, dass Schlafsaal und Kreuzgang wenn nötig gereinigt wurden (Dist. II,12).

Der nächstfolgende Raum ist der Kapitelsaal. Dieser zweischiffige Saal erstreckt sich über drei Joche und ist kreuzgratgewölbt. Er ragt nach Osten über die Flucht des Klausurflügels weit hinaus, sodass er nicht nur durch die zwei Fenster in der Ostwand belichtet wird, sondern zusätzlich noch über ein Fenster in der nördlichen und südlichen Wand. Im Westen öffnet sich der Kapitelsaal über ein gestuftes, rundbogiges Doppelportal und zwei Rundbogenfenster zum Kreuzgang. In der Portalmitte stand ursprünglich eine Doppelsäule. Die aufwendige Gestaltung zeigt sich auch in den seitlichen Sandsteinkämpfern, die ebenfalls ornamentalen Schmuck aufweisen. Die drei Säulen, die die sechs Gewölbefelder tragen, besitzen ornamentierte Kapitelle.

Südlich des Kapitelsaals folgen ein Durchgang, der die Klausur einst mit dem Hospiz und dem Friedhof verband, das Auditorium, ein einschiffiger, kreuzgratgewölbter Raum mit einem Rundbogenportal, und schließlich der sogenannte Brüdersaal, ebenfalls kreuzgratgewölbt. Der Hörsaal (*auditorium*) diente dazu, Anweisungen zu erteilen oder arbeitstechnische Dinge kurz zu besprechen. Denn für Prämonstratenser galt ein strengeres Schweigegebot. Niemand sollte ohne Erlaubnis den Raum betreten. Jeder hatte per Zeichensprache oder Anklopfen darum zu bitten, eintreten zu dürfen. In Gegenwart des Priors durften nicht mehr als zwei gleichzeitig sprechen, es sei denn der Prior rief aus Notwendigkeit mehrere zusammen (Dist. I,15). Der letzte Raum, der sogenannte Brüdersaal, ist wohl aus dem zisterziensischen Schema abgeleitet. Er wird gewöhnlich als Arbeitsraum bezeichnet, doch dürfte er multifunktional gewesen sein. So könnte hierin auch ein temporäres Skriptorium eingerichtet gewesen sein.

Der Südflügel der Klausur, der um 1220/30 erst relativ spät vollendet wurde und vorher wohl mit einer provisorischen Mauer geschlossen war, beherbergt heute nur zwei Räume, das Sommer- und das Winterrefektorium. Westlich davon ist die Küche

112 ▸ Jerichow (Sachsen-Anhalt), Prämonstratenserkloster, Sommerrefektorium, Ansicht von Nordwesten. Der zweischiffige Raum wirkt, vor allem im Vergleich mit zisterziensischen Refektorien durch seine moderate Höhe relativ schlicht.

zu vermuten. Das Sommerrefektorium im Ostteil ist ein zweischiffiger Raum, kreuzgratgewölbt und vier Joche lang (Abb. 112). Die Übereinstimmung der Gewölbejoche des Speisesaals mit denen des angrenzenden Kreuzgangflügels führte zur Hypothese, dass beide zeitgleich errichtet worden sind. Da sich der Raum ursprünglich durch Arkaden zum Kreuzgang hin öffnete, ist seine Bezeichnung als Sommerrefektorium nicht unproblematisch. Die drei gewölbetragenden Säulen besitzen Kelchblockkapitelle mit vegetabiler Ornamentik. Das im westlichen Teil liegende Winterrefektorium ist mit einer Heizungsanlage kombiniert. Der Speisesaal verfügte ursprünglich nur über einen Zugang im Osten.

In der Südwestecke des Kreuzganginnenhofes hat es einen Anbau gegeben, der analog zu Magdeburg als Brunnenhaus bzw. Tonsur bezeichnet wird.

Im Westflügel, der heute durch das Amtshaus aus der zweiten Hälfte des 15. Jahrhunderts dominiert wird, befanden sich die Wirtschaftsräume und wohl auch jene für die Laienbrüder. Hier hatte der Kellermeister sein Büro. Die Prämonstratenser besaßen zwei Kellermeister, den *Cellarius exterior* (Dist. II,10), der u. a. die Höfe (*curia*), Häuser (*domus*), Fuhrwerke (*carruca*) und Viehbestände (*numerum animalium*) außerhalb der Klausur zu überwachen hatte, und den eigentlichen *Cellarius*, der mit seinem Gehilfen die Lebensmittelverteilung (*generalibus pulmentis*) des Konvents, der Kleriker wie der Laien, sicherzustellen hatte. Diesem unterstanden die Bäcker, Brauer, Gärtner und Köche. Über den *Cellarius* heißt es: „Man hüte sich gänzlich davor, etwas gegen den Willen des Kellermeisters zu tun, sondern verteile alles nach dessen Anweisung."

3. Die Domstifte der Zirkarie Sachsen

Havelberg

Der Neubau des Havelberger Doms begann um 1150. Dass dieser über dem ottonischen Vorgängerbau entstand, konnte bisher nicht nachgewiesen werden. Die Weihe der Stiftskirche erfolgte am 16./18. August 1170. Bischof Anselm und sein Nachfolger Walo (1155 – 1177/78) ließen eine dreischiffige, flach gedeckte Pfeilerbasilika mit einem massiven Westbau, jedoch ohne Querhaus errichten. Das Langhaus erstreckte sich über zehn Achsen, wobei die Obergadenfenster nicht auf die Scheitel der Arkadenbögen ausgerichtet waren. Das von doppelgeschossigen Kapellen flankierte Sanktuarium schloss mit einer gro-

113 ▸ Havelberg (Brandenburg), Prämonstratenser-Domstift, Stiftskirche, Mittelschiff des Langhauses, Blick nach Osten. Gut zu erkennen sind die dem romanischen Mauerwerk vorgeblendeten gotischen Formen im Zuge der Erneuerung nach dem Brand.

ßen halbkreisförmigen Apsis. Ob das Sanktuarium einst mit einer Tonne eingewölbt war und die Apsis oben mit einer Halbkuppel abschloss, ist nicht mit Sicherheit zu sagen, doch gaben die angrenzenden Kapellen einer Wölbung genügend Halt. Der Westbau, als massiver Querriegel, besaß nur drei Geschosse. Über dem kreuzgratgewölbten Erdgeschoss liegt eine Empore. Beide öffneten sich zum Mittelschiff hin. Der heutige neoromanische Eingang in der Westfassade stammt von 1907/09, wie auch die neoromanischen Obergeschosse. Die Proportionen von Seitenschiff und Mittelschiff ließen den Kirchenraum als besonders großräumig erscheinen. Die Gestalt des Kirchengebäudes war zur Mitte des 12. Jahrhunderts keineswegs modern, was zur These führte, dass man sich beim Bau wohl an der alten Magdeburger Metropolitankirche orientierte. Das Baumaterial, Plötzkyer Grauwacke, ist nur am Westbau noch gut sichtbar.

Ein Brand im Jahre 1279 führte zu erheblichen Schäden. Beim Wiederaufbau nahm man zwar auf den romanischen Kern Rücksicht, doch erfolgte der Neubau nun in gotischen Formen und in Backstein. Die Zweischaligkeit tritt im Mittelschiff sehr deutlich hervor (Abb. 113). Die Dienste für das neue vierteilige Kreuzrippengewölbe sind wie im Magdeburger Liebfrauenkloster der alten Bausubstanz vorgeblendet. Zwischen Arkadenzone und Obergadenfenster gibt es einen Laufgang, der erstmals im französischen Kathedralbau zu beobachten ist und nach dem Ursprungsort Reims auch als *passage rémois* oder nach der Region als *passage champenois* bezeichnet wird. Das Mittelschiff ist erhöht, Teile der Seitenschiffe sind erneuert worden und die Obergadenfenster erhielten größere spitzbogige Fenster mit Maßwerk. Des Weiteren ersetzte man die halbrunde Apsis des Sanktuariums durch eine polygonale mit 5/8-Schluss. Schließlich wurden die Nebenkapellen derart erhöht und mit Ziergiebeln ausgestattet, dass der äußere Eindruck eines Querhauses entsteht. Der heutige Raumeindruck wird wesentlich durch die Restaurierungen des 19. und frühen 20. Jahrhunderts geprägt.

Trotz Reformation und barocker Umgestaltung sind in Havelberg noch wertvolle mittelalterliche Ausstattungsstücke erhalten. Hierzu zählen u.a. die Triumphkreuzgruppe (Ende 13. Jahrhundert, Farbfassung aus dem 19. Jahrhundert), die Sandsteinleuchter, die Teil der älteren Chorschranken waren (um 1300), der alte Hauptaltar (1330 geweiht), der spätgotische Lettner mit Szenen aus dem Neuen Testament (um 1400), Chorgestühlsreste (Ende 13./Mitte 14. Jahrhundert, teilweise gotisierend aufgearbeitet, Abb. 114), ein Levitensitz (um 1430) und einige spätmittelalterliche Retabel.

Südlich der Stiftskirche schließt die Klausur an, die leicht trapezförmig aus drei Flügeln besteht und im heutigen Zustand durchgängig zweigeschossig ist. Eine kirchenseitige Passage hat nie existiert. Der östliche Klausurflügel wurde zeitgleich mit der Kirche

114 ▸ Havelberg (Brandenburg), Prämonstratenser-Domstift, Stiftskirche, Kanonikerchor, Ansicht von Nordosten. Im Gegensatz zu vielen anderen Prämonstratenserkirchen haben sich in Havelberg noch Teile der mittelalterlichen liturgischen Ausstattung erhalten.

begonnen, ob dieser auch in derselben Zeit vollendet wurde, ist ungewiss. Der teils noch in Grauwacke ausgeführte Flügel ist in der Raumaufteilung dem von Jerichow sehr ähnlich. Die Räume, von Nord nach Süd, besaßen folgende Funktionen: Sakristei, Vestiarium, Durchgang zur Klausur, Kapitelsaal und Auditorium. Die ursprüngliche Nutzung für den letzten Raum, der die größte Fläche einnimmt, ist nicht überliefert. Der Kapitelsaal, dessen Eingang im Westen aus einem gestuften Doppelportal besteht, verfügte einst über zwei Stützen und sechs Gewölbefelder. Er ragte östlich über die Flucht des Gebäuderiegels hinaus. Im Obergeschoss befand sich das Dormitorium, von dem aus man direkt über die südliche Nebenkapelle in den Chor gelangen konnte.

Im Südflügel (um 1200) befanden sich einst Sommer- und Winterrefektorium. Der Westflügel, mit dem im letzten Viertel des 13. Jahrhunderts die Klausur geschlossen wurde, beherbergte die Wirtschaftsgebäude, Keller und Speicher. Wie die übereinstimmende Jocheinteilung von Kreuzgang und Klausurgebäude zeigt, wurden beide zeitgleich errichtet.

115 ▾ Brandenburg (Brandenburg), Prämonstratenser-Domstift, Grundriss der Stiftskirche. Hier beziehen sich die Mittelschiffsgewölbe nicht auf die Langhausarkaden. Der östliche Abschluss der Gewölbe in der Krypta zeigt eine elegante Lösung mit zwei Pfeilern, so dass der Altar nicht verstellt wird.

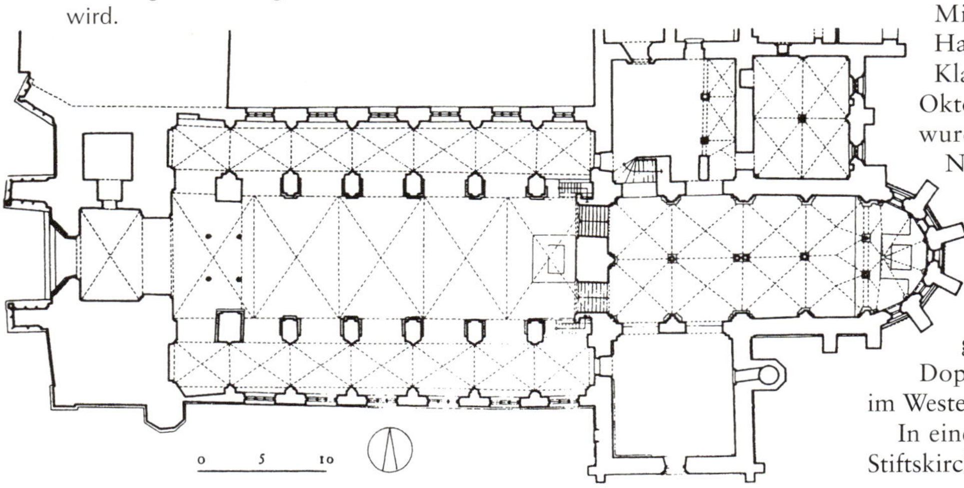

Brandenburg

Mit dem Umzug des Domkapitels auf die Havelinsel begann der Bau von Kirche und Klausur. Die Grundsteinlegung ist für den 11. Oktober 1165 überliefert. Wie in Havelberg, so wurde auch hier lange vermutet, dass sich der Neubau über den Resten eines ottonischen Vorgängerbaus erhob. Dafür gibt es jedoch keine bauarchäologischen Befunde. Die romanische Kirche war eine flach gedeckte Pfeilerbasilika mit Querhaus, quadratischem Sanktuarium und apsidial geschlossenem Altarhaus (Abb. 115). Die Doppelturmfassade mit mittlerer Eingangshalle im Westen blieb über Jahrhunderte Baustelle.

In einer ersten Phase entstanden die Ostteile der Stiftskirche mit Querhaus, Vierung und Sanktuarium.

116 ▸ Brandenburg (Brandenburg), Prämonstratenser-Domstift, Stiftskirche, Blick vom Mittelschiff des Langhauses nach Osten in den Chor. Der heutige Zustand ist Ergebnis verschiedener Restaurierungen. Er dokumentiert jedoch keinen historisch konkreten Zustand.

Die Querhausarme und das Sanktuarium basieren auf der Grundfläche des Vierungsquadrats. Die Hauptapsis war ursprünglich halbrund. Eine Besonderheit stellt das Querhaus dar, das an seiner Ostseite weder über Kapellen, Nebenchöre noch Apsiden verfügte und auch im Westen zu den Seitenschiffen ursprünglich geschlossen war. Letzteres führte zur These, dass entweder nur ein einschiffiges Langhaus geplant war oder mit einer längeren Bauzeit gerechnet wurde, sodass für die zwischenzeitliche Nutzung der Kirche ein temporärer Abschluss gewünscht wurde.

In einer zweiten Phase entstand das basilikale Langhaus, das heute noch im Kern des gotischen erhalten ist. Sechs quadratische Pfeilerpaare mit profilierten Sandsteinkämpfern tragen die rundbogigen Mittelschiffsarkaden (Abb. 116). Die alten, später zugemauerten Obergadenfenster sind teilweise noch zu erkennen und geben somit indirekt Hinweise auf das Höhenniveau der Holzbalkendecke. Auch am Westbau wurde weitergearbeitet. Der romanische Kirchenbau war erheblich niedriger als der heutige.

Um 1200, entweder noch zeitgleich mit den Bauarbeiten am Langhaus oder etwas später, entstand die zweischiffige Hallenkrypta (Abb. 117). Sie wurde über Fundamenten aus Feldsteinen errichtet, während die anderen Fundamente aus Backstein bestehen. Die heutige Kreuzrippenwölbung stammt aus dem ersten Viertel des 14. Jahrhunderts, die Wulstrippen in der Apsis sind früher. Der Raum erstreckt sich über vier Joche und reicht damit von der westlichen Grenze der Vierung bis zur Chorapsis im Osten. Die mittlere Stütze, die die Ostgrenze der Vierung markiert, ist als Doppelsäule ausgebildet. Die Säulen tragen zum Teil figürlich gearbeitete Kapitelle und zeugen vom hohen Können spätromanischer Bildhauer. Die Krypta, die in ihrer Struktur mit der von Jerichow verglichen werden kann, öffnet sich zum Mittelschiff hin.

Da die Krypta nicht völlig eingesenkt wurde, sind Chor- und Langhausfußbodenniveau deutlich geschieden. Der Aufgang zum Chor erfolgte über seitliche Treppen, die wieder rekonstruiert wurden. Der nachträgliche Einbau der Krypta könnte auch ein Projekt des frühen 13. Jahrhunderts erklären, die Raumerhöhung. Das Vorhaben kam, aus welchen Gründen auch immer, nie zur vollen Ausführung. Da sich durch die Krypta der Fußboden von Chor und Sanktuarium erheblich erhöhte, sank die darüberliegende Raumhöhe. Angesichts der Konkurrenz durch Bettelorden, deren Kirchenräume in den Himmel wuchsen, wäre das Begehren eines neuen, höheren Presbyteriums äußerst verständlich.

Bischof Gernand (1221 – 1241) ließ zwischen dem nördlichen Querhausarm und dem Sanktuarium eine doppelgeschossige Kapelle erbauen, deren Gewölbe jeweils von einer Mittelstütze getragen werden. Der untere Raum wird aufgrund seiner Ausmalung (um 1235 und 1420/30) auch als „Bunte Kapelle“ be-

117 ▸ Brandenburg (Brandenburg), Prämonstratenser-Domstift, Stiftskirche, Hallenkrypta unter dem Chor. Blick nach Osten. Die zum Teil figürlich gestalteten Kapitelle demonstrieren ein hohes Können der damaligen Steinmetze.

zeichnet. Hier gab es zwei Altäre, einen Marien- und einen Johannes dem Evangelisten geweihten Altar. Der obere Raum diente als Sakristei.

Im 14. Jahrhundert wurden Chorschranken eingezogen und östlich der Vierung, vor dem Eingang zur Krypta, ein Hallenlettner errichtet. Danach begann der gotische Umbau, der das gesamte Erscheinungsbild der Kirche gravierend verändern sollte. Ob dies noch im 14. Jahrhundert geschah oder in Zusammenhang mit der wirtschaftlichen Erholung des Stifts in der ersten Hälfte des 15. Jahrhunderts und der kurfürstlichen Baugenehmigung von 1426 steht, soll hier nicht diskutiert werden. Das ambitionierte Projekt bereitete schon wenige Jahre später erhebliche statische Probleme. Lang-, Querhaus und Chor wurden aufgestockt, ohne die Fundamente zu verstärken. Der Obergaden erhielt neue Fenster und die Räume vierteilige Kreuzrippengewölbe. Die Gewölbeeinheiten korrespondieren im Mittelschiff nicht mit dem Rhythmus der Pfeiler. Der Verzicht auf Strebepfeiler führte dazu, die Last durch die erhöhten und nach innen versetzten Obergadenwände aufzufangen. Das Sanktuarium erhielt einen polygonalen 5/10-Schluss.

118 ◂ Brandenburg (Brandenburg), Prämonstratenser-Domstift, nördlicher Klausurflügel, Bibliothek im Obergeschoss. Der mit spätmittelalterlichen Wandmalereien ausgestattete Bibliotheksraum besitzt in der hofseitigen Wand mehrere Nischen, die wohl die Bücher aufnahmen.

119 ▸ Ratzeburg (Schleswig-Holstein), Prämonstratenser-Domstift, Stiftskirche, Blick vom Mittelschiff des Langhauses nach Osten in den Chor. Zu den wenigen mittelalterlichen Ausstattungsstücken gehört die Triumphkreuzgruppe.

Bauschäden ließen nicht lange auf sich warten. Bereits 1526 stürzte ein Teil der Südquerhausfassade ein. Nach der Reformation gab es viele Veränderungen durch Um- und Einbauten und die verschiedenen Restaurierungen. Im 19./20. Jahrhundert war man intensiv damit beschäftigt, die statischen Probleme zu beheben, die ihre Ursache darin hatten, dass die Fundamente zum Teil über einem nicht tragfähigen Baugrund gesetzt worden sind. Das heutige Erscheinungsbild ist zwar harmonisch, doch entspricht es keinem historisch konkreten Zustand.

Die Klausur ist wie in Havelberg eine Dreiflügelanlage und leicht trapezförmig. Sie liegt hier jedoch nördlich der Kirche. Der Westflügel fiel einem neogotischen Neubau von 1869/70 zum Opfer, der Südflügel (13./14. Jahrhundert) beherbergte die Wärmestube, das Sommerrefektorium und im Westen wohl auch die Küche. Im Obergeschoss befand sich die Bibliothek, deren langer Raum 2004/05 restauriert wurde (Abb. 118). Bemerkenswert ist die spätmittelalterliche Ausmalung, die bereits der Nürnberger Humanist Hartmann Schedel notierenswert fand. Es handelt sich hierbei um ein Bildprogramm zum Thema der Sieben Freien und Mechanischen Künste. Der Ostflügel ist der wohl älteste Teil der Klausur, der jedoch auch mehrfach verändert wurde. Hier befanden sich der Durchgang zur Klausur, der Kapitelsaal, das Auditorium und das Winterrefektorium am Nordende. Im Obergeschoss lag das Dormitorium.

Ratzeburg

Mit der Erneuerung des Bistums 1154/55 fiel dem neuen Bischof Evermod die Aufgabe zu, einen entsprechenden Kirchenbau errichten zu lassen. Um 1165 wurde mit dem Dombau, den Heinrich der Löwe finanziell unterstützte, begonnen. Bis der neue Chor bezugsfertig war, nutzte der Konvent die Georgskirche. Baubezogene Nachrichten sind spärlich, exakte Baudaten gibt es für die Frühzeit nicht.

Die Stiftskirche ist im heutigen Zustand eine dreischiffige Pfeilerbasilika mit Querhaus, ausgeschiedener Vierung, Sanktuarium und Apsis. Als Grundrissmodul fungiert das Vierungsquadrat. Das Sanktuarium mit eingezogener Apsis wird von zwei tonnengewölbten rechteckigen Kapellen flankiert. Neben der nördlichen liegt eine doppelgeschossige Sakristei. Die Querhausarme ragen deutlich über die Seitenschiffe hinaus. In den Giebelseiten befindet sich jeweils ein Portal, das nördliche führt in den Kreuzgang, das südliche auf den Friedhof. Das Langhaus (Abb. 119) im gebundenen System – einem Mittelschiffsjoch entsprechen zwei Seitenschiffsjoche – erstreckt sich über drei Doppeljoche. Langhaus, Querhaus und Sanktuarium sind kreuzgratgewölbt. Der Westbau ist dreiteilig, wobei die beiden Flankentürme nicht weitergeführt wurden. Der sich über der mittleren Halle erhebende Turm täuscht über die sich im Grundriss zeigende Intention hinweg. Südlich des Westbaus schließt eine kreuzgratgewölbte Vorhalle an, deren mittlere Stütze die vier Gewölbefelder tragen.

Trotz fehlender exakter Baunachrichten lassen sich bereits mit bloßem Auge Bauphasen scheiden, die durch die Verwendung unterschiedlicher Backsteine

120 ◂ Ratzeburg (Schleswig-Holstein), Prämonstratenser-Domstift, Mittelpfeiler der südlichen Vorhalle. Bemerkenswert ist die Kombination verschiedener Farben, die entweder durch die unterschiedliche Qualität des Ausgangsmaterials oder durch Lasur und Brandprozess bewirkt werden konnte.

in Format und Farbe auffallen, sich durch Variationen im Versatz offenbaren oder durch den Wechsel von Bauformen deutlich hervortreten. Die einzelnen Phasen sind von Matthias Untermann ausführlich dargelegt worden.

Ähnlich wie die Kirche in Paulinzella oder Wechselburg wurde der Ratzeburger Dom in einem Gebiet errichtet, das über keine ältere christliche Bautradition verfügte. Zeitlich parallel erfolgten der Bau des Lübecker und Schweriner Doms, wie auch am Braunschweiger Dom intensiv gearbeitet wurde. Letztere sind zudem durch Heinrich den Löwen gefördert worden. Doch lassen sich in Ratzeburg weder für die Gestalt der Ostteile noch für die Gliederungen am Außenbau konkrete Vorbilder benennen, während spätere Bauphasen Bezüge zu Lübeck und Braunschweig zeigen. Auffällig ist zudem, dass man auf den Einsatz von Werkstein und Stuck verzichtete und sowohl Profile als auch Ornamente aus Backstein herstellte. Die später voll entfaltete Backsteintechnik mit ihren normierten Ziegelformaten, einer großen Bandbreite von Profilsteinen, die universell u.a. an Pfeilerkanten, Portal- oder Fenstergewänden bzw. (Blend-)Giebeln einsetzbar waren, hat nicht nur Hausteinformen in Backstein übersetzt, sondern erlaubte es auch, durch die Verwendung unterschiedlicher Materialmischungen und Lasuren Strukturen oder Flächen farbig zu akzentuieren. Subtile Profiländerungen lassen sich im Ratzeburger Dom z.B. an den Langhauspfeilern erkennen, deren Eckgestaltungen die sächsische Kante (eingelegte Viertelrundstäbe), die dänische Kante (Dreiviertelrundstäbe) und die lübische Kante (Halbrundstäbe) aufweisen. Das Spiel mit farbigen Kontrasten zeigen der sogenannte Vierpasspfeiler (Abb. 120) und die Gurtbögen in der Vorhalle, deren Südgiebel ein Meisterwerk in der Kombination verschiedener Gestaltungsmöglichkeiten in Backstein darstellt.

Von der alten Ausstattung ist nicht viel geblieben. Hinzuweisen ist auf die Reste des alten Chorgestühls (Wangen um 1200), einen Dreisitz (um 1340) mit Bildschnitzerarbeiten (u.a. Wurzel Jesse) und die große Triumphkreuzgruppe aus Lindenholz im Langhaus (2. Hälfte 13. Jahrhundert).

Die nördlich liegende Klausur, deren Ostteile nach einer Inschrift 1251 begonnen worden sind, ist eine Dreiflügelanlage, wobei der Westflügel nur aus einem Laufgang besteht. Im Ostflügel ist der Kapitelsaal und im Nordflügel das zweischiffige, vierjochige Refektorium erhalten. Im Nordflügel sind noch Wandmalereien aus der Zeit um 1400 zu sehen.

VI. Die Kartäuser

I. Die Kartäuser im deutschen Sprachgebiet

Verglichen mit den fast zeitgleich entstandenen Orden der Zisterzienser oder Prämonstratenser, breiteten sich die Kartäuser eher moderat aus. Im Spätmittelalter jedoch, als die alten Reformorden stagnierten oder gar schwanden, prosperierten sie ungewöhnlich stark. Um 1400 existierten, einschließlich jener Gründungen, die nicht von Dauer waren, circa 200 Kartausen, von denen rund die Hälfte im 14. Jahrhundert entstand.

In Deutschland wurde die erste Kartause (*Mons Sancti Michaelis*) im Jahre 1320 vom Mainzer Erzbischof Peter von Aspelt (1306–1320) initiiert. Die Mönche ließen sich 1323 nahe der Stadt nieder. Nach der Gründung von Grünau in Franken 1328 durch eine Adlige riefen die Erzbischöfe von Trier und Köln ebenfalls Kartäuser an ihre Residenzstädte. 1332 entstand die *Domus Sancti Albani* in Trier und 1334 die *Domus Sanctae Barbarae* in Köln. Unterstützt von bedeutenden Patrizierfamilien wurde auf Initiative des Bürgermeisters Johannes Snewlin die erste bürgerliche Stiftung, die Kartause *Domus Montis Sancti Johannis*, in Freiburg etabliert. Die Gründungswelle, der weitere Stiftungen angehörten, endete schließlich 1351 mit der Übernahme des aufgelassenen prämonstratensischen Frauenklosters im fränkischen Tückelhausen (*Cella salutis*). Eine zweite Welle, die 1372 einsetzte, ging mit der Gründung der norddeutschen Klöster Marienehe (*Domus legis Mariae*) bei Rostock (1396) und der Übernahme einer fehlgeschlagenen Klostergründung in Ahrensböck (1397), nördlich von Lübeck, zu Ende.

Das Aufblühen der Kartäuser im 14. Jahrhundert spiegelte sich ebenso in der Ordensorganisation. Im Jahre 1301 wurden die ersten fünf Provinzen gegründet (Frankenreich, Provence, Lombardei, Burgund und Genf/Savoyen). In der Folgezeit kam es zu Neugründungen und Unterteilungen. Die deutsche Provinz *Alemannia* wurde 1335 auf dem Generalkapitel beschlossen, fünfzehn Jahre nach der Gründung der Mainzer Kartause. Zwanzig Jahre später, als der erste Gründungseifer erloschen war, wurde sie in die *Provincia Alemannia Superioris* und *Provincia Alemannia Inferioris* unterteilt. Im Jahre 1400, nach dem Abebben der zweiten Welle, teilte man die niederdeutsche Provinz in die *Provincia Rheni* und die *Provincia Alemannia Inferioris* auf. Zwölf Jahre später erfolgte die Gründung der *Provincia Saxoniae*, die aus Kartausen der nieder- und oberdeutschen Provinzen gebildet wurde. Damit ergab sich im 15. Jahrhundert eine Aufteilung in vier Provinzen: die oberdeutsche, niederdeutsche, rheinische und sächsische Provinz.

Der Aufschwung der Kartäuser im Spätmittelalter mag viele Gründe gehabt haben. Zu diesen zählten sicherlich die dauerhafte Strenge monastischer Disziplin, die vor allem durch eine restriktive Aufnahmepolitik gesichert wurde, die kontemplative Ausrichtung, die im 14./15. Jahrhundert, dem Zeitalter der Mystik, zusätzliche Anziehungskraft besaß, sowie eine strikte Weltflucht durch eine gut abgeschirmte Gemeinschaft von Einsiedlern. Für Adlige, die als Stifter auf eine geistliche Gegenleistung im Sinne von Fürbitten, Grablege und Totengedenken hofften, versprach ein strenges monastisches Leben eine größere spirituelle Wirkkraft und, mit Blick auf das eigene Seelenheil, einen höheren Lohn. Diese religiöse Strenge dürfte auch kirchliche Würdenträger bewogen haben, Kartäuser beispielgebend anzusiedeln, zumal sie, das Begräbnis ausgenommen, nie seelsorgerisch aktiv wurden. So wurde den privilegierten Laien, die Zutritt zum Westteil der Klosterkirche erhielten, um an Gottesdiensten teilzunehmen, weder gepredigt noch die Beichte abgenommen.

Die Gründung eines Kartäuserklosters unterschied sich stark von denen anderer Reformorden. Sie siedelten sowohl auf dem Berg oder auf Anhöhen (Tückelhausen, Koblenz) als auch in Tälern oder Niederungen (Grünau) sowie vor oder in Städten (u.a. Basel, Erfurt, Köln). Kartausen benötigten nicht nur für den großen Kreuzgang mit den Einzelzellen, die *Galilea maior*, ein relativ großes, zudem ebenes Areal, sondern auch genügend Raum für den gemeinsamen wöchentlichen Spaziergang der Mönche innerhalb der Klostermauern. Dies stellte vor allem städtische Niederlassungen vor größere Probleme. Schließlich ist festzustellen, dass es wohl nicht ungewöhnlich war, aufgelassene Klöster zu übernehmen, wie die von Benediktinern (Prüll, Konradsburg), von Chorherren (Koblenz, Buxheim und Crimmitschau) oder von Prämonstratensern (Tückelhausen).

Bis auf wenige Ausnahmen, wie z.B. die Stiftung der Kartause in Eisenach (*Domus Sanctae Elisabethae*) im Jahre 1378/80 durch den erst wenige Jahre zuvor gegründeten Erfurter Konvent (*Domus Montis Sancti Salvatoris*), ergriffen die Kartäuser nur selten die Initiative. Sie warben auch nicht offensiv für ihr Lebensideal. Es waren vor allem Stifter aus dem hohen Klerus, dem vermögenden Adel und dem wohlhabenden Bürgertum, die sich hier engagierten. Der Bau von Konventsgebäuden und Wirtschaftshof bei gleichzeitiger Beschränkung der Zahl der Mönche, entweder auf maximal 12 oder 24 sowie die der Laienbrüder auf 16, erforderte einen sehr hohen Stiftungsaufwand pro Kopf, den nicht jeder Willige leisten konnte. Fundatoren mussten entweder einmalig großzügig Einkünfte schenken oder über Jahre solvent sein, weil der Konvent erst nach einer längeren Anlaufphase die nötigen Einnahmen selbst erzielen konnte. An vielen Stiftungen ist zu beobachten, dass zwischen Gründung eines Klosters und der Inkorporation des Konvents in den Kartäuserorden einige Jahre vergehen konnten. Die Rückschau zeigt, dass die Kartäuser gegenüber ihren Gründern äußerst vorsichtig waren, was das Scheitern von Stiftungen letztlich doch nicht gänzlich ausschließen konnte.

Eine letzte Besonderheit betrifft den Baufortschritt bei Neugründungen. Da Bauaufwand und eigene Wirtschaftskraft in einem sehr ungünstigen Verhältnis standen, zumal auch die Bauleistungen komplett als Fremdleistungen eingekauft werden mussten, wurden die Mönchszellen entsprechend der geleisteten Zuwendungen etappenweise errichtet. Nach einer größeren Anschubfinanzierung, die das monastische Leben auf einem Minimum sicherte, war es nun möglich, durch kleinere Stiftungen einen größeren Kreis von potenziellen Gebern zu erreichen, da der Aufwand für den Bau einer Mönchszelle sowie für den Lebensunterhalt des Mönchs einen geringeren finanziellen Einsatz erforderte. War die Kapazität des zu Beginn der Baumaßnahmen abgesteckten großen Kreuzganges erreicht, konnte bei weiterem Bedarf wie in Buxheim ein Kreuzgangarm verlängert oder wie in Nürnberg eine zweite Reihe hinter bereits bestehenden Zellen eröffnet werden.

Zum Kartäusermönch berufen fühlten sich im 14. und 15. Jahrhundert vor allem ehemalige Kleriker, die ein Leben in Meditation und Gebet begehrten. Die ausgeprägt kontemplative Lebensweise, die für den einzelnen Mönch eine hohe Attraktivität besaß, weil er für Gott frei sein konnte, hatte für Amtsinhaber des Konvents, wie Heinrich Rüthing darlegt, eine nicht unbeträchtliche Kehrseite. Bestimmte Ämter tangierten nicht nur die Welt, denn das Kloster war zugleich Grundbesitzer und Grundherr, sondern sie waren auch zeitraubend. Hinzu kam, dass in der Verwaltung und Organisation erfahrene Mönche im Interesse des Ordens in andere Konvente geschickt oder gewählt werden konnten. Die Klage des Priors der Trierer Kartause, Petrus von Mainz (1415–1419), ist wohl nicht nur topisch. Von ihm hieß es: „Er pflegte zu sagen, dass er sich mehr vor dem Amt des Priors fürchte als vor dem Teufel und der Hölle."

2. Bauen für ein eremitisches Gemeinschaftsleben

Wie bei den vorangegangenen Orden lassen sich auch für die Kartäuser keine Bauvorschriften im engeren Sinn zusammentragen und ihre Klöster mussten, aufgrund der beschränkten Zahl der Konversen, von klosterfremden Arbeitskräften errichtet werden. Die von Prior Guigo I. verfassten *Consuetudines* geben nur vereinzelte Hinweise auf Funktionsräume. In späteren Beschlüssen des Generalkapitels plädierten auch die Kartäuser für eine moderate Ausstattung und die Beschränkung auf das Notwendige (*neccessaria*). Kurioses (*curiosa*) und Überflüssiges (*superflua*) soll in allen Bereichen des klösterlichen Lebens strikt vermieden werden, da es gegen die Ehre der Sitten (*contra honestam morum*) sei. Darüber hatten die Visitatoren aufmerksam zu wachen. In Guigos Gewohnheiten werden folgende Gebäude, Räume

oder Bauteile erwähnt: für das obere Haus (*domus superior*) die Einzelzellen, Kirche, Kapitelsaal, der (kleine) Kreuzgang (*claustrum*), Refektorium, Küche und Klostergarten; für das untere Haus (*domus inferior*) die Zellen der Konversen, deren Werkstätten sowie deren Kapelle und die Klosterpforte. Schließlich werden noch Bäckerei, der Klosterhof (Grangie) und die Mühle genannt. Abgesehen von den Kirchen waren die frühen Klosterbauten wohl aus Holz.

Die zahlenmäßige Beschränkung des Konvents war den klimatischen und ökonomischen Verhältnissen geschuldet und begrenzte zugleich das Bauvolumen. Guigo betonte ausdrücklich, dass dieses Limit nicht erfüllt werden müsse, wenn geeignete Mönche fehlen und/oder die Wirtschaftskraft nicht ausreiche. Die Grenze könne aber unter bestimmten Voraussetzungen auch überschritten werden. Die besondere landschaftliche Lage der Grande Chartreuse erlaubte es, die allgemein üblichen klösterlichen Funktionsbereiche räumlich nicht nur anders zu gliedern, sondern sie auch auf zwei sich in einiger Entfernung befindende Gebäudekomplexe aufzuspalten. Während die Mönche im oberen Haus, d.h. talaufwärts wohnten, lebten die Laienbrüder unter Aufsicht eines Prokurators im unteren Haus ca. zwei Kilometer talabwärts. Diese Distanzierung verschwand im 13. Jahrhundert zunehmend, sodass beide Häuser schließlich von einer Klostermauer umgeben waren. Die Schnittstelle zwischen Innen- und Außenwelt übernahm der Koch (*coquinarius*), der sich nicht nur um die Lebensmittel zu kümmern hatte, sondern auch die Pforte betreute (Kap. XXX,2). Auffällig ist, dass in den Gewohnheiten noch kein Krankenbereich (*infirmarium*) ausgewiesen ist. Die Krankenpflege erfolgte in den Zellen und nur bei akuten Fällen, die eine besondere Betreuung erforderten, verlegte man den Kranken in das untere Haus. Im Grundsatz jedoch war der Mönch gehalten, auch die Leiden zu erdulden.

Die Gastfreundschaft (Kap. XIX f.) wurde aufgrund der sehr eingeschränkten wirtschaftlichen Möglichkeiten und der strikten kontemplativen Ausrichtung stark reduziert. Man beschränkte die Angebote auf die Personen, nicht auf die mitgeführten Reit- und Lasttiere. Weltliche Personen wurden, wenn es die wirtschaftliche Lage erlaubte, im unteren Haus zwar verköstigt, sollten aber zur Übernach-

121 ▲ Ittingen (Kt. Thurgau), Kartäuserkloster, Ansicht der Klosteranlage von Westen. Obwohl erst recht spät entstanden, vermittelt die Klosteranlage von Ittingen einen guten Eindruck von dem, wie ein spätmittelalterliches Kartäuserkloster ausgesehen hat.

tung in umliegende Dörfer geschickt werden. Zudem pflegte man lieber die Armen dort zu unterstützen als „Vagabunden" zu ernähren, die die Ruhe störten. Nur Religiosen, die nach einer Regel lebten wie Bischöfe oder Äbte, durften das obere Haus betreten.

Die Kombination von zönobitischen und eremitischen Elementen führte zu einer Art kollektiver Einsamkeit und einer neuartigen Raumorganisation, wie sie in der Kartause Ittingen (Kt. Thurgau, Abb. 121) oder in der süddeutschen Kartause Buxheim in großen Teilen immer noch erlebbar ist. Beide verfügen noch über den großen Kreuzgang. Während die 1402 gegründete Kartause Buxheim (*Domus Aulae beatae Mariae*) die Nachfolge eines Kollegiatstifts antrat, ging die 1471 inkorporierte Kartause Ittingen (*Domus Sancti Laurentii*) aus der Übernahme und dem Umbau der alten Augustiner-Propstei St. Laurentius hervor. Die beiden spätmittelalterlichen Anlagen wurden in der Barockzeit umgebaut oder in Teilen erneuert.

Eine Kartause besteht aus drei Komplexen (Abb. 122), dem großen Kreuzgang (*galilaea maior*) mit den Zellen für die einzelnen Mönche, dem kleinen Kreuzgang (*galilea minor*) mit den gemeinsam genutzten Konventsgebäuden (Kirche, Sakristei, Bibliothek, Kapitelsaal, Refektorium und Küche) sowie einem diesen vorgelagerten Wirtschafts- und Gästebereich, einschließlich der Pforte. Das gesamte Kloster war von einer hohen Mauer umgeben. Ein Blick auf die spärlichen Reste deutscher Kartausen zeigt, dass es kein sklavisch zu befolgendes Bauschema gab. In den Details, sowohl die Raumorganisation im übergeordneten Sinn als auch die Ausgestaltung der Zellen betreffend, zeigen sich flexible Lösungen.

Die Gemeinschaftsräume, selbst die Kirche, hatten bei den Kartäusern keineswegs den Stellenwert wie er bei den Zisterziensern oder Prämonstratensern zu beobachten war, die nach dem Prinzip der *vita communis* lebten. Kirchenartige Refektorien oder riesige Schlafsäle, auch qualitativ aufwendig gestaltete Kapitelsäle wird man in mittelalterlichen Kartäuserklöstern vergeblich suchen. Der Lebensmittelpunkt des Kartäusermönches war seine Zelle, einschließlich des mit ihr verbundenen Gartens, der ursprünglich nicht nur zur Erholung, sondern auch zum Gemüseanbau diente (Abb. 123). Guigos Gewohnheiten betonen dies ausdrücklich (Kap. XXXI,1): „Der Zellenbewohner soll mit Eifer und Sorgfalt darüber wachen, keine Gelegenheit zum Verlassen der Zelle auszusinnen oder zuzulassen [...]. Vielmehr halte er die Zelle für sein Heil und sein Leben so notwendig wie das Wasser für die Fische [...]." Die Zellen waren durch hohe Mauern voneinander getrennt und standen in der Regel mit der Giebelseite zum großen Kreuzgang aufgereiht (z. B. Astheim, Buxheim, Nürnberg). Sie konnten aber auch, wie in Tückelhausen, mit dem Dachfirst parallel zu diesem errichtet werden. Der Kreuzgang garantierte durch die überdachten Passagen einen schnellen und sicheren Zugang zur Kirche, unabhängig von Witterung und Tageszeit. An der die Gärten begrenzenden Außenmauer befand sich

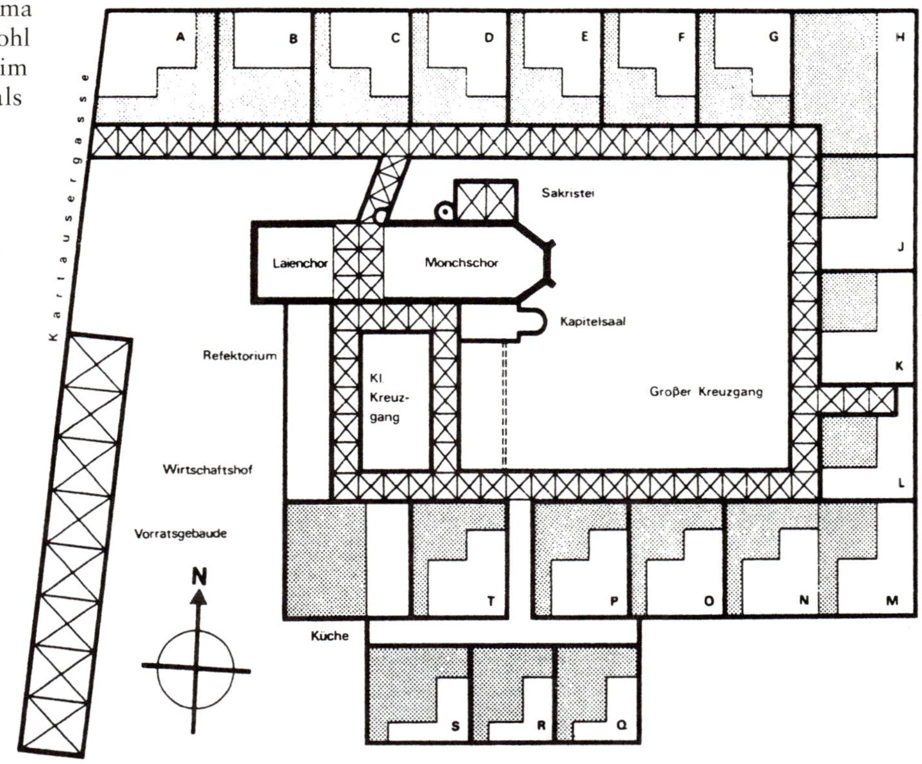

122 ▸ Nürnberg (Bayern), Kartäuserkloster, Grundriss der Klosteranlage. Mit den Buchstaben A bis T sind die Zellen bezeichnet. Die Zellen Q bis S sind parallel zum großen Kreuzgang in die zweite Reihe gesetzt, jedoch über einen Durchgang direkt mit dem Kreuzgang verbunden.

123 ▲ Buxheim (Bayern), Kartäuserkloster, Einzelhaus mit Garten. So idyllisch wie heute dürften die mittelalterlichen Gärten, die zu den Zellen gehörten, einst nicht gewesen sein.

124 ◄ Ittingen (Kt. Thurgau), Kartäuserkloster, Durchreiche neben der Zellentür. Die Durchreiche war in der Regel so angelegt, dass sie keinen Blickkontakt ermöglichte.

meist das Toilettenhäuschen, das an ein ausgeklügeltes Kanalsystem angeschlossen war. Das Mönchshaus konnte in der Raumaufteilung variieren, wie auch die Gesamtanordnung um den großen Kreuzgang, dessen Lage zur Kirche und zum kleinen Kreuzgang. In der Frühzeit waren die Zellen wohl eingeschossig. Im Spätmittelalter verfügten sie über mehrere Räume, die sich auf Erd- und Obergeschoss verteilten. Darunter befanden sich mindestens ein geräumiger Arbeits- und ein Lagerraum für Brennmaterial im Erdgeschoss sowie ein Andachts- und Wohnraum mit Bett und Schreibpult im Obergeschoss. Die rekonstruierte Zelle in Buxheim betritt man über einen Vorraum, von dem eine Treppe auf den Dachboden führt, der als Lagerraum benutzt wurde. Im Erdgeschoss befinden sich zwei Räume, der eine mit Ofen als Wohn- und Arbeitsraum, der andere nur von diesem zugänglich als Schlafraum. An den Vorraum schließt sich in der Verlängerung ein schmaler Werkstattraum an, an dessen Ende sich der Abort befand.

Die ursprüngliche Form der geforderten Handarbeit bestand im Kopieren von Manuskripten (*Cons.* XXVIII,2), weshalb zur Ausstattung Schreibzeug und ein Schreibpult gehörten. Nur wenn ein Mönch vor dem Eintritt ins Kloster ein Handwerk erlernt hatte, konnte er diesem in der Zelle, sofern es dort auszuüben war, weiter nachgehen. Die Mönche absolvierten auch die meisten Gebetszeiten in ihren Zellen. Ursprünglich kamen sie an normalen Tagen nur zur Non, Vesper, den Nokturnen und der Messe in der Kirche zusammen (*Cons.* IV,12; XXIX,6). An der Zellentür befand sich eine Durchreiche für Lebensmittel, denn die Mönche waren einst gehalten, ihre Mahlzeiten selbst zuzubereiten, wenn sie nicht im Refektorium aßen. Die Durchreiche verlief nicht gerade, sondern über Eck, sodass auch kein Sichtkontakt möglich war (Abb. 124).

3. Klosterkirchen der Kartäuser

Die Kirchen der Kartäuser wurden in der Regel in Form langer, gewölbter Saalkirchen errichtet, die im 12. und frühen 13. Jahrhundert im Osten meist einen geraden Schluss des Sanktuariums aufwiesen, wie es für die Kartausen von Seitz/Žiče (gegr. 1160), Geirach/Jurklošter (gegr. 1169) oder Freudenthal/Bistra (gegr. 1255) im heutigen Slowenien nachgewiesen ist. In späterer Zeit wurden polygonale Schlüsse bevorzugt, wie sie an deutschen Kartäuserkirchen des Spätmittelalters zu finden sind (u. a. Astheim, Köln und Nürnberg mit einem 5/8-Schluss, Abb. 125). Während in Buxheim das Chorhaupt von der Kollegiatsstiftskirche stammt, hat man in Tückelhausen den geraden Schluss der Prämonstratenserkirche übernommen. Die Kartäuser verzichteten im Gegensatz zu Zisterziensern und Prämonstratensern auch auf ein basilikales Langhaus und ein Querhaus. In Tückelhausen wurden beim Umbau der alten Kir-

125 ▲ Astheim (Bayern), Kartäuserkloster, Klosterkirche, Ansicht des Chores von Norden. Der Kirchbau wurde im frühen 17. Jh. modifiziert und besitzt noch einen Lettner, der als einfache Schranke ausgebildet ist.

126 ▲ Buxheim (Bayern), Kartäuserkloster, Kreuzganglettner, Ansicht von Westen. Hinter der barocken Ausstattung ist der mittelalterliche Bau noch erhalten. Der Kreuzganglettner wurde nach verschiedenen Umbauten in seiner Raumform wieder hergestellt.

che die Querhausarme abgetrennt, die ausgeschiedene Vierung blieb jedoch sichtbar. Das Sanktuarium war als Raum architektonisch kaum akzentuiert. Abgesehen von Altarstufen wurde auf Triumphbogen oder eingezogene Altarhäuser verzichtet. Das Dienstsystem und der darin integrierte Kapitellschmuck blieben verhältnismäßig schlicht.

Beiderseits des Chorhaupts der Kirche befanden sich oft Sakristei und Kapitelsaal, darüber jeweils Archiv und Bibliothek (z.B. Köln, Nürnberg). Aber auch hier gab es keine definitive Regel. In Tückelhausen befanden sich Sakristei und Kapitelsaal auf derselben Seite (Nordseite), wobei der Kapitelsaal im ehemaligen Nordquerhausarm eingerichtet wurde.

Da sich der Zugang zur Kirche meist auf die Mönche und Laienbrüder beschränkte, genügte eine Zweiteilung des Kirchenraumes durch einen Lettner, der, je nach Lage der Kirche zum großen Kreuzgang hin, unterschiedlich ausgeprägt sein konnte. Eine Besonderheit stellt der Kreuzganglettner dar, der zugleich eine die beiden Kreuzgangarme verbindende Passage enthält (Buxheim, Abb. 126). Dieser Typ ist im frühen 14. Jahrhundert erstmals nachweisbar. Die Ostseite des Lettners bestand meist aus einer massiven Wand mit Mitteldurchgang, während die Westseite aus Arkaden gebildet wurde, deren Nischen Seitenaltäre bargen. Letztere waren seit 1276 erlaubt. Die innere Raumaufteilung und der beschränkte Zugang zur Kirche erforderten nur zwei Zugänge, einen für die Mönche und einen für die Laienbrüder.

Die ebenfalls einfach gestalteten Westfassaden der Klosterkirchen konnten an der inneren Westwand noch über eine Empore für besondere Gäste verfügen. Die Kartäuser verzichteten auch auf Glockentürme. Ihnen genügte ein einfacher Dachreiter. Die in den Gewohnheiten erwähnte Ausstattung entspricht dem Minimum: Hauptaltar, Mönchschor mit Chorgestühl und Lesepult. Ab 1174 durften Stifter, Kardinäle und Bischöfe in der Kirche bestattet werden. Bei den Kartäusern nahmen auch die Fremdbestattungen, Ausnahmen bestätigen auch hier die Regel, nicht den Rang ein, den sie bei Benediktinern, Zisterziensern oder Prämonstratensern hatten, wo die Totenmemoria zugleich eine nicht unerhebliche Einnahmequelle sein konnte (Begräbnis, Privatmessen, Anniversarienfeiern).

VII. Die Bettelorden

I. Die Dominikaner und Franziskaner im deutschen Sprachgebiet

Die Dominikaner teilten bereits auf dem zweiten Generalkapitel 1221 ihre bestehenden Konvente in acht Provinzen auf: Spanien, Provence, Frankreich, Lombardei, Rom (mit Mittel- und Unteritalien), Ungarn, Deutschland und England. Das Gebiet der deutschen Provinz (*Teutonia*) umfasste somit ein riesiges Territorium nördlich der Alpen, das sich bis nach Skandinavien zog und im Westen von den Grenzen des Frankenreiches bis Polen im Osten reichte. Mit zunehmender Ausbreitung des Ordens wurde jedoch eine Unterteilung nötig, um eine möglichst effiziente Kommunikation und Verwaltung gewährleisten zu können. So wurden 1228 die *Provincia Daciae*, die die skandinavischen Länder umfasste, und die *Provincia Poloniae*, die mit Polen, Böhmen und Mähren aus der ungarischen Provinz ausgegliedert wurde, gegründet. Auf dem Generalkapitel 1301 in Köln beschloss man, Böhmen und Mähren von der polnischen Provinz abzutrennen und in einer eigenen, der *Provincia Bohemiae* zusammenzufassen. Seit dem Pariser Generalkapitel von 1269 war die Aufteilung der alten Provinz *Teutonia* ein Anliegen, dessen Lösung erst 1303 zu Besançon definitiv besiegelt werden konnte. Zur Teilung heißt es: „Ferner bestätigen wir die Teilung der deutschen Provinz und wir teilen dieselbe in zwei Teile so, dass Österreich mit den benachbarten Konventen, dann Bayern, Schwaben, Franken, der Rhein bis Köln einschließlich Brabant eine Provinz bilden, die den Namen *Provincia Teutoniae* führen und ihren Platz auf der rechten Chorseite nach der römischen Provinz haben soll. Meißen hingegen, Thüringen, Hessen, Sachsen, die Mark, Slawenland, Friesland, Seeland und Holland werden eine weitere Provinz bilden, die *Provincia Saxoniae* heißen und ihren Platz unmittelbar nach der böhmischen Provinz einnehmen soll“ (Übers. Loë, *Saxonia*, S. 8).

Um die größeren Provinzen besser verwalten zu können, beschloss man auf dem Generalkapitel von 1275 in Bologna, große Provinzen in „Länder“ (*nationes*) zu unterteilen. Zur deutschen Provinz gehörten 1303 die *nationes* Elsass (Elsass, Baden und Schweiz), Bayern (Bayern, Österreich), Schwaben (Württemberg, Schwaben und Franken) und Brabant (Brabant und Rheinland). Zur Provinz Sachsen, die auf dem Provinzkapitel 1308 zu Seehausen aufgeteilt wurde, gehörten die „Länder“ Sachsen, Thüringen, Meißen, Westfalen, Slawenland, Mark Brandenburg, Holland und Friesland.

Für den Rang eines Klosters innerhalb einer Provinz entschied das Alter, d. h. jenes Jahr, in dem der Konvent offiziell Stimme und Sitz im Provinzkapitel erhielt. Das im Zuge der Aufspaltung der deutschen Provinzen verfasste Verzeichnis der Konvente nennt insgesamt 47 Klöster für die verbliebene *Teutonia*. Die sächsische Provinz zählte zu diesem Zeitpunkt 45 Konvente.

Die überlieferten Konventslisten, die zum Teil widersprüchliche Informationen enthalten, geben die Rangfolge in der Reihenfolge des Sitzes der Prioren im Chorgestühl während des Provinzkapitels wieder, beginnend mit dem Ranghöchsten, der den ersten Platz auf der rechten Seite (1) einnahm, dem folgte der erste Platz auf der linken Seite (2), dann der zweite Platz auf der rechten Seite (3) usw. Zu den zehn ältesten Konventen der *Teutonia* auf dem Gebiet der heutigen Bundesrepublik gehörten die Niederlassungen in Köln

(1221), Trier, Würzburg, Worms, Regensburg, Koblenz, Esslingen, Konstanz, Freiburg im Breisgau und in Frankfurt am Main. Zur *Saxonia* zählten die Klöster in Magdeburg (1224), Bremen, Lübeck, Erfurt, Leipzig, Halberstadt, Hildesheim, Freiberg, Minden und in Eisenach. Die Aufzählung berücksichtigt nur vollwertige Niederlassungen, keine Terminhäuser, da diese einem Konvent gehörten. Terminhäuser dienten als Stützpunkt für einen Priester, um der Seelsorge in der Fläche nachkommen zu können.

Die Besiedelung des deutschen Sprachgebiets durch franziskanische Konvente begann 1217 mit einem grandiosen Fehlstart, wenn die in der Chronik (5) des Jordan von Giano († nach 1262) überlieferte Geschichte stimmt. Darin heißt es: „Nach Deutschland aber wurde Bruder Johannes von Penna mit etwa sechzig oder mehr Brüdern geschickt. Als sie, unkundig der deutschen Sprache, deutsches Gebiet betreten hatten und gefragt wurden, ob sie Unterkunft oder Essen oder sonst etwas wünschten, antworteten sie mit ‚ja'; und so wurden sie von einigen freundlich aufgenommen. Da sie merkten, dass man sie wegen dieses Wortes ‚ja' freundlich behandelte, nahmen sie sich fest vor, auf alle Fragen mit ‚ja' zu antworten. Daher geschah es, dass sie auf die Frage, ob sie etwa Häretiker seien und deshalb gekommen seien, um Deutschland zu verseuchen, wie sie auch die Lombardei verführt hätten, auch mit ‚ja' antworteten. Da wurden einige geschlagen, einige eingekerkert, andere entkleidet und nackt vor die Stadtrichter geführt und dienten den Leuten zum kurzweiligen Schauspiel. Da nun die Brüder sahen, dass sie in Deutschland keinen Erfolg haben konnten, kehrten sie nach Italien zurück. Wegen dieses Vorganges hielten die Brüder Deutschland für so grausam, dass nur solche dorthin zurückzugehen wagten, die von der Begierde nach dem Martyrium beseelt waren."

Unter der Leitung des deutschen Provinzials Caesarius von Speyer († um 1239) gelang im zweiten Versuch die Ansiedlung der Minderbrüder in der Provinz *Teutonia*. Die Unternehmung war nun besser vorbereitet. Brüder wurden vorausgeschickt, um Unterkünfte zu besorgen und es gab auch vorherige Absprachen mit Bischöfen, die die Brüder vorübergehend aufnahmen. Die Route führte über Trient, Bozen, Brixen, Mittenwald nach Augsburg. Hier hielt Bruder Caesarius 1221 das erste Provinzkapitel, danach wurden Brüder in die großen Bischofsstädte nach Würzburg, Mainz, Worms, Speyer, Straßburg und Köln gesandt, aber auch nach Regensburg und Salzburg. Es folgten 1223 Braunschweig, Hildesheim, Goslar, Halberstadt und im Norden Lübeck. Schließlich kamen 1224 noch Magdeburg und Erfurt dazu.

Das Anwachsen der Konvente führte 1230 zur Teilung der deutschen Provinz in die rheinische (*Rhenana*) und die sächsische (*Saxonia*). Die Franziskaner waren mit ihrer Mission so erfolgreich, dass schon wenig später die Provinzen erneut geteilt werden mussten. Die rheinische zerfiel in die Kölnische oder niederdeutsche (*Colonia/Germania inferior*) und Straßburger oder oberdeutsche (*Argentina/Alemannia superior*), während aus der sächsischen die Provinzen *Dacia* (skandinavische Länder), Böhmen (*Bohemia*) und die neue *Saxonia* hervorgingen. Die Grenzen der Provinzen orientierten sich an den Sprachgrenzen. Die östliche Grenze der Provinz *Colonia* verlief ungefähr entlang der Weser und Fulda bis Fulda, dann nach Westen bis Trier und von Trier nach Norden bis Mechelen im heutigen Belgien. Die Straßburger Provinz schloss südlich an, mit der westlichen Grenze entlang dem Rhein von Mainz über Worms, Speyer, Straßburg bis Basel, dann weiter bis Zürich; im Süden über den Bodensee Richtung Augsburg und Regensburg, dann nach Norden. Die sächsische lag östlich der rheinischen Provinz, mit einer westlichen Grenzlinie, die von Bremen im Norden bis Coburg im Süden führte. Die südliche Begrenzung lief entlang dem Vogtland und Erzgebirge bis Freiberg in Sachsen. Von dort führte sie nach Norden bis Stettin am Oderhaff. Die Konvente von Görlitz, Bautzen, Zittau bis Breslau gehörten zur böhmischen Provinz. Die österreichischen Konvente wurden wenig später in einer eigenen Provinz zusammengefasst. Gleich den Dominikanern unterteilten auch die Franziskaner ihre Provinzen in Teilgebiete, die sie Kustodien nannten. Um 1300 verfügte die *Saxonia* über circa 80 Konvente, die Provinzen Straßburg und Köln über circa 45.

2. Die Bettelorden – Predigt und Studium

Die aktive Öffnung der Mendikanten zur Masse der Gläubigen stellte sie, wie es Thomas von Aquin (1224/25 – 1274) in seiner *Summa theologica* (II,II,188,6) darlegte, über die älteren kontemplativ ausgerichteten Orden: „Demnach ist zu sagen, daß die Aufgabe des tätigen Lebens eine doppelte ist. Eine, welche aus der Fülle der Beschauung fließt, wie die Lehre und die Predigt. [...] Und das ist der einfachen

Beschauung vorzuziehen. Denn, wie es besser ist, zu erleuchten, als nur zu leuchten, so ist es auch größer, das in der Beschauung Empfangene an andere weiterzugeben, als bloß in der Beschauung zu leben. Eine andere Aufgabe des tätigen Lebens aber besteht ganz und gar in äußerer Beschäftigung, wie Almosengeben, Flüchtlinge beherbergen und anderes dergleichen. [...] So nehmen also die höchste Stufe unter den Orden jene ein, die zum Lehren und Predigen bestimmt sind. [...] Die zweite Stufe aber nehmen jene ein, die auf die Beschauung ausgerichtet sind" (II,II,188,6).

Die Ausrichtung der Mendikanten auf das Heil der Seelen, Heidenmission und Studium verlangte nach einer völlig anderen Ordensorganisation, die Flexibilität und Mobilität gewährleisten musste. Im Unterschied zu den älteren kontemplativ ausgerichteten Kongregationen der Benediktiner oder Zisterzienser, die in unterschiedlicher Weise Teil feudaler Verwaltungsstrukturen auf dem Land waren, als Grundherren auftraten und damit ortsgebundene Verpflichtungen auf mehreren Ebenen eingingen, verzichteten die Franziskaner und Dominikaner auf eine Orts- und Konventsgebundenheit der Brüder. Die angestrebte kollektive Armut wirkte insofern befreiend, als dass Besitz verpflichtet und bindet. Die Novizen legten ihr Gelübde nicht auf den Hausvorstand (Guardian/Prior) oder eine konkrete Niederlassung ab, sondern auf den Orden oder den Generalminister/-meister, wie die Professformeln zeigen. Die Bindung an den Orden erlaubte es, sowohl einfache Brüder als auch Amtsinhaber, wenn es der Ordenspolitik nützlich war, jederzeit in andere Konvente zu versetzen, in ordenseigene Einrichtungen zu senden oder auf Missionsreise zu schicken.

Die Ausrichtung der Bettelorden auf die öffentliche Predigt, auf Beichthören und Spende der Sakramente hatte Konsequenzen für ihr Verhältnis zu den bestehenden alten urbanen kirchlichen Einrichtungen, die bisher die Seelsorge übernahmen, und dies waren in der Stadt die Bischofskirchen, Chorherrenstifte und die von diesen betreuten Pfarrkirchen. Die Auseinandersetzungen gewannen an Schärfe, nachdem die Bettelorden sich durch päpstliche Exemtion der bischöflichen Kontrollgewalt weitgehend entzogen, indem es ihnen offiziell erlaubt war, eigene Kirchen zu errichten, in diesen ohne Bischofserlaubnis zu predigen, Beichte zu hören, Sakramente zu spenden oder Begräbnisse auf den eigenen Friedhöfen durchzuführen. Aber auch untereinander konkurrierten Franziskaner und Dominikaner, deren Ziele in dieselbe Richtung führten, um Zuhörer, Spenden und Almosen, Lehrstühle und Lehrmeinungen, Nachwuchs und Neugründungen.

Mit Berthold von Regensburg (1210 – 1272), David von Augsburg († 1272) oder Konrad von Sachsen († 1279) besaßen die deutschen Franziskaner des 13. Jahrhunderts überregional berühmte Prediger. Berthold von Regensburg (Abb. 127) gilt als einer der bedeutendsten Prediger in der Volkssprache. Er war schon zu seinen Lebzeiten ein Mythos. So schrieb der Ordensbruder Salimbene von Parma (1221 – 1288/89) in seiner Chronik (Bd. II, S. 239) über Berthold: „Er gehörte dem Minoritenorden an, war Priester und Prediger, von ehrbarem und heili-

127 ▲ Regensburg (Bayern), Franziskanerkloster, Klosterkirche, Darstellungen von Berthold von Regensburg und der heiligen Clara. Berthold von Regensburg, der auch in dieser Kirche begraben wurde, war der prominenteste Franziskanerprediger seiner Zeit im deutschen Sprachraum.

128 ◂ Regensburg (Bayern), Franziskanerkloster, Klosterkirche, Blick vom Mittelschiff des Langhauses in den Chor nach Osten. Die Kirche besticht durch gesteigerte Raumproportionen und Schlichtheit der Architekturglieder.

gem Leben, wie es einem Mönche ziemt. […] Und alle, die ihn gehört haben, sagen, daß seit den Aposteln bis auf unsre Tage niemand in deutscher Sprache ihm gleichgekommen sei. Ihm folgte eine große Menge von Männern und Frauen, zu Zeiten 60 000 bis 100 000, manchmal eine ungeheure Masse aus mehreren Städten vereint, um seinen honigsüßen, heilbringenden Worten zu lauschen. […] Er bestieg, wenn er predigen wollte, einen Belfried, das ist ein hölzerner Turm, der etwa nach der Art eines Glockenturms gebaut ist und den er als Kanzel auf den Feldern benutzte; auf dessen Spitze ferner von denen, die das Gerüst aufstellten, eine Fahne aufgepflanzt ward, damit aus der Richtung des Windes das Volk erkenne, auf welcher Seite es sich niedersetzen solle, um am besten zu hören. Und wunderbar zu sagen: Es hörten und verstanden ihn ebensogut die von ihm Entfernten, wie die unmittelbar neben ihm Sitzenden, und keiner stand während seiner Predigt auf und entfernte sich, bevor sie zu Ende war."

Die wenigen Lebensdaten sind durch Anekdoten und Geschichten in den chronikalen Überlieferungen so angereichert worden, dass die dahinter stehende historische Figur zu verschwinden scheint. Bruder Berthold ist wahrscheinlich am Magdeburger Studienhaus ausgebildet worden und seit 1240 als Prediger in Augsburg bezeugt. Er predigte im gesamten süddeutschen Raum und dies mit derartigem Erfolg, dass ihn Papst Urban IV. (1261 – 1264) 1263 zum Prediger gegen die Häretiker in Deutschland, Frankreich und der Schweiz einsetzte. Er starb am 14. Dezember 1272 und wurde im Kloster der Minderen Brüder zu Regensburg begraben (Abb. 128).

Berthold hielt seine Predigten in deutscher und lateinischer Sprache. Von den fünf überlieferten lateinischen Predigtsammlungen, die in einer Vielzahl von Handschriften überliefert sind, gelten drei als authentisch. Im Gegensatz zu den volkssprachlichen sind die lateinischen Sermones in der Gedankenführung systematischer, konzentrieren sich mehr auf die Auslegung von Schriftstellen und stützen die Überzeugungen durch den Hinweis auf Autoritäten. Die unter seinem Namen überlieferten Sammlungen deutscher Predigten, die nur in acht Hauptmanuskripten erhalten sind, gehen zwar auf lateinische Predigtexzerpte von ihm zurück, sind jedoch von einem unbekannten Autor aus seinem Umfeld verfasst worden. Sie werden heute als eigenständige literarische Texte betrachtet, die zur erbaulichen Lektüre in einem affektiven Stil niedergeschrieben wurden. Bereits im ausgehenden 12. Jahrhundert begann man Predigtsammlungen zu kompilieren, die Handbuchcharakter hatten. Auch Berthold hinterließ einige. Zusammen mit den in dieser Zeit aufkommenden Lehrbüchern über die „Kunst zu predigen" (*ars praedicandi*) gehörten diese zum Rüstzeug all jener Brüder, die den Auftrag zur Predigt erhielten.

Mag auch die überlieferte Zuhörerzahl von mehreren Zehntausend ins Reich der Legende gehören, so zog Berthold doch ein großes Publikum an, vorrangig aus den städtischen Mittel- und Unterschichten. Auch Berthold predigte, wie viele seiner Zeitgenossen, in Kirchen oder im Freien auf Plätzen (Abb. 129). In den volkssprachlichen Predigten, die von wechselnder Zuhörerschaft geprägt sind, dominiert der Aufruf zur Bekehrung und Buße. Ein kaum oder wenig gebildetes Publikum musste emotional überzeugt werden. Eindringliche Beispiele (*exempla*) aus dem täglichen Leben, eine bildhafte Sprache, drastische Vergleiche, das Eingehen auf den Erfahrungshorizont des jeweiligen Publikums, interaktive Strategien, die dialogisch zwischen Redner und Hörer wechselten, Wortspiele oder bekannte Redensarten konnten eine äußerst lebendige Atmosphäre erzeugen und die Menschen bewegen. Im Mittelpunkt stand zwar eine allgemeine moralische Kritik, die jedoch nicht als Sozialkritik formuliert war. Die dargestellten Sachverhalte sind deshalb, wie Werner Röcke zusammenfasste, nicht als Spiegel realer Verhältnisse zu interpretieren. Sie weisen vielmehr darauf hin, dass nach Bertholds Ansicht die Gesellschaft an sich aus den Fugen geraten sei. Denn Eigennutz und persönliches Vorteilsstreben Einzelner auf Kosten anderer sei dem menschlichen Miteinander und der wechselseitigen Verantwortung gewichen. Dass dabei auf klassische Topoi zurückgegriffen wurde, wie der Übervorteilung des Handwerkers durch den Händler, Betrügereien in Abrechnungen von Materialmengen und -qualität oder der Spekulation mit der Zeit durch Wucher und Zinsgeschäfte, ist nicht verwunderlich.

Die Predigt verlangte nach theologisch gebildeten Brüdern. Die Pflicht zum Studium hatten die Dominikaner schon in den „ältesten Konstitutionen“ fest verankert. Die Bedeutung, die dem Studium beigemessen wurde, lässt sich u.a. daran erkennen, dass es sogar einen Dispens vom Chorgebet geben konnte. Die Dominikaner übernahmen hier die Vorreiterrolle, die Franziskaner sollten diesem Beispiel in eigener Weise folgen. Studiert wurde auf drei Ebenen: Konvent, Provinzstudienhäuser und Generalstudienhäuser. Jeder Konvent war verpflichtet, eine Schule mit eigenem Lektor zu unterhalten. Hier erhielten die Brüder ihre erste Ausbildung. Auf einer übergeordneten Stufe gab es Provinzschulen, an die man begabte Schüler nach einem bestimmten Verteilerschlüssel schickte. Den eigentlichen Höhepunkt bildeten jene Studienhäuser, in denen die *studia generalia* gelehrt wurden. Die Studierenden erhielten eine dem Universitätsstudium vergleichbare Ausbildung, die sie entweder auf ein späteres Universitätsstudium vorbereitete oder, nachdem die Bettelorden erste Lehrstühle an Universitäten innehatten, sie auch zu akademischen Titeln (*baccalaureus, magister, doctor*) führen konnte. Für die deutsche Provinz der Dominikaner gab es ein Generalstudienhaus in Köln, für die sächsische in Erfurt.

129 ▲ Königsfelden (Kt. Aargau), Franziskanerkloster, Predigerkanzel. Die Kanzel bildet in ihrer schlichten Form ein etwas erhöhtes Podest. Sie zeigt zugleich, dass sie als bewegliche Bühne nach Bedarf in der Kirche platziert werden konnte.

An der Einrichtung der dominikanischen Generalstudienhäuser, aber auch an der inhaltlichen Ausgestaltung des Studiums hatte Albertus Magnus großen Anteil. Albert, der aus einer begüterten Fa-

130 ▲ Regensburg (Bayern), Dominikanerkloster, Klosterkirche, südliches Seitenschiff, Szene aus dem Leben des hl. Thomas von Aquin. Thomas hört eine Vorlesung bei seinem Lehrer Albertus Magnus in Köln.

milie stammte, wurde um 1200 im schwäbischen Lauingen geboren. Über seine Jugendjahre und erste Ausbildung ist nichts bekannt. Mitte der zwanziger Jahre des 13. Jahrhunderts hielt er sich zu Studien in Oberitalien auf, wo er um 1223 dem Predigerorden beitrat. Daraufhin wurde Albert nach Köln zum regulären Ordensstudium geschickt. Zwischen 1230 und 1240 arbeitete er als Lektor in Köln, Hildesheim, Freiburg im Breisgau, Regensburg und Straßburg. Es folgte ein Studium in Paris, wo er 1245 zum Magister promoviert wurde. Albert übernahm 1248 die Leitung des neu gegründeten *studium generale* in Köln, eine Tätigkeit, die er bis 1254 mit Erfolg ausfüllte. In jener Zeit trat er bereits als Verfasser bedeutender Schriften hervor. Bewunderung erregte sowohl die Tiefe seiner Gedankenführung als auch die Breite seines Wissens, von Mineralogie und Botanik über die klassischen theologischen Wissensgebiete bis hin zur Physik. Sein wohl berühmtester Schüler war kein Geringerer als Thomas von Aquin, der nachweislich bei Albert in Köln studierte (Abb. 130). Lehrer und Schüler verteidigten 1256 die Bettelorden vor dem Papst in Rom gegen Wilhelm von Saint-Amour, einem Pariser Magister und Weltgeistlichen. Wilhelm sprach den Bettelorden jegliche Existenzberechtigung ab, auch die Fähigkeit zur Lehre. Was in Köln mit der Streitschlichtung zwischen Erzbischof und Bürgern 1252 begann, in Rom 1256 einen ersten Höhepunkt erlebte, sollte Alberts zweite Karriere sein, Diplomat, Schlichter und Vermittler. Dafür war er regelmäßig auf Reisen. Von 1254 – 57 stand Albert als Provinzialprior an der Spitze der Provinz *Teutonia*, wobei er als Lektor in Köln noch tätig war. Auf Bitten des Papstes übernahm der Gelehrte 1260 das Bistum Regensburg, dessen Leitung er bereits zwei Jahre später wieder abgeben konnte. 1263 wurde Albert, wie bereits Berthold von Regensburg kurz zuvor, zum Kreuzzugsprediger für die deutschsprachigen Gebiete berufen. Es folgten Stationen in Würzburg und Straßburg und schließlich die Rückkehr nach Köln. Albert starb 1280 in Köln und wurde im Chor der Konventskirche des Dominikanerkloster Heilig Kreuz beigesetzt.

Albertus Magnus, wie er später ehrfürchtig genannt wurde, hatte zusammen mit anderen Gelehrten des Ordens großen Anteil daran, dass in der theologischen Ausbildung Philosophie, vor allem aufgrund der Aristotelesrezeption, als eigenständiges Lehrfach eingerichtet, Logik und Dialektik als reguläre wissenschaftliche Analyseinstrumente anerkannt wurden und die Ordensausbildung in den Generalstudienhäusern universitäres Niveau in vergleichbaren Ausbildungsstrukturen (Vorlesung, Disputation etc.) erreichte (Abb. 131). Die dominikanische Bildungscharta, die auf dem Generalkapitel von Valenciennes 1259 angenommen wurde, setzte Maßstäbe.

Während die Dominikaner aus der Ketzerbekämpfung hervorgingen und das Studium von Anbeginn zur Ausbildung gehörte, verlief die Geschichte bei den Franziskanern, die die Gläubigen auf den tugendhaften Weg führen wollten oder diese darin zumindest bestärkten, in anderen Bahnen. Die jüngere Forschung stellt jedoch in Frage, dass die Franziskaner lediglich das dominikanische System übernahmen, vor allem als sich ab der Mitte des 13. Jahrhunderts die intellektuelle Fraktion durchzusetzen begann. Bereits die *Regula bullata* erlaubt Studium und Lehre für besonders begabte Brüder. Jordan von Giano berichtet in der Chronik (54) über die Gründung des ersten Studienhauses in Deutschland: „Im gleichen Jahr [1228] feierte Bruder Simon, der Minister der Teutonia, zwischen Ostern und Pfingsten in Köln ein Provinzkapitel. In demselben Jahr befreite Johannes Parens, der Generalminister, den Bruder Simon von seinem Amt als Minister der Teutonia und setzte ihn als Lektor ein. Denn er hatte erfahren, daß Deutschland keinen Lektor in Theologie habe. [...] Bruder Johannes von Piano de Carpine, der Sachsen ehren und erhöhen wollte, schickte also Bruder Simon als ersten Lektor nach Magdeburg und mit ihm rechtschaffene, ehrenwerte und gebildete Brüder, nämlich Bruder Markward den Langen von Aschaffenburg, Bruder Markward den Kleinen von Mainz, Bruder Konrad von Worms und mehrere andere." Simon verstarb bereits 1230. Ihm folgte in Magdeburg Bartholomäus Anglicus († nach 1250), der in Paris studiert hatte und dessen Hauptwerk *De proprietatibus rerum*, eine Enzyklopädie „Über die Eigenschaften der Dinge" (1235), zu einem viel gelesenen Buch wurde. Wie die Dominikaner etablierten auch die Franziskaner in den deutschen Provinzen Generalstudienhäuser. Neben Magdeburg gehörten zu den frühesten jene in Köln, Straßburg, Regensburg und Erfurt. Da gerade in Deutschland aufgrund der recht späten Gründung von Universitäten auch die franziskanischen *studia generalia* nicht an Universitäten angebunden werden konnten und damit keine akademischen Grade verliehen werden durften, beschloss das Generalkapitel von 1257, all jenen eine Lehrerlaubnis (*licentia docendi*) für die eigenen Häuser zu erteilen, die die Prüfung zum Lektor an einer der ordenseigenen Ausbildungsstätten bestanden hatten. Neben den *studia generalia* gab es auf der Ebene der Kustodien weitere Studienhäuser, die sogenannte *studia particularia* anboten, in denen bereits auf höherem Niveau Grammatik, Logik, Theologie und Philosophie gelehrt wurde. Den Elementarunterricht mussten die einzelnen Konvente anbieten und hier dürften nur die größeren eigene Schulen unterhalten haben.

131 ◂ Regensburg (Bayern), Dominikanerkloster, Studienkanzel. Die Studienkanzel stammt aus der 2. Hälfte des 15. Jh.s. Den hinteren Platz nahm der Magister ein, den vorderen der Baccalaureus.

3. Ordensvorschriften und Klosteranlagen

Die Bettelorden entwickelten ihre normativen Texte, wie andere vor ihnen, graduell. Die Dynamik dieser Entwicklung kann hier nicht dargelegt werden. Zur Mitte des 13. Jahrhunderts waren jedoch die grundlegenden Bestimmungen weitgehend ausgearbeitet. Sowohl die Franziskaner als auch die Dominikaner mussten sich bereits im Zuge der päpstlichen Anerkennung auf eine Klosterregel verpflichten. Während die Franziskaner sich entschieden, Grundsätze des hl. Franziskus zu einem Regeltext auszuarbeiten, gingen die Dominikaner den einfacheren Weg und übernahmen eine bereits bestehende Regel. Im *Libellus* (43) des Jordan von Sachsen heißt es: „Als zukünftige Prediger wählten die Brüder bald darauf die Regel des hl. Augustinus, der ja ein ausgezeichneter Prediger war. Doch fügten sie ihr strengere Bestimmungen bezüglich der Essens- und Fastengewohnheiten, der Art ihrer Betten und dem Gebrauch von Wolle bei." Die Annahme der Augustinerregel fiel nicht schwer, lebte doch Dominikus als Kanoniker in Osma bereits nach diesen Vorschriften. Die Ergänzungen, von denen im Zitat die Rede ist, beziehen sich auf die Konstitutionen und die diesen folgenden Beschlüsse des Generalkapitels. Um die recht komplexe Materie einigermaßen übersichtlich zu halten, soll hier nur auf die „ältesten Konstitutionen" der Dominikaner von 1236 und der franziskanischen Konstitutionen von Narbonne aus dem Jahr 1260 eingegangen werden. In der Bewertung dieser Beschlüsse ist zu berücksichtigen, dass die Bettelorden keineswegs eine so strenge Regelbefolgung wie die Zisterzienser anstrebten, sondern in vielen Dingen, auch in liturgischen ein erheblicher Ermessensspielraum bestand. Diese Flexibilität im Umgang mit den normativen Texten gilt ebenfalls für die wenigen Ausführungen zu Gebäuden und deren Ausstattung. Identitätsbildung entstand bei den Bettelorden eben nicht auf der Ebene des Konvents, sondern auf der des Ordens. Die Ortsungebundenheit, Mobilität und die zwischen Konvent und Generalkapitel zwischengeschalteten Provinzkapitel mögen auch erklären, warum sich so wenig Handschriften von normativen Texten erhalten haben und nicht jeder Konvent, wie bei den Zisterziensern, im Besitz eines vollständigen und gültigen *Liber constitutionum* sein musste.

Es ist bereits bei den Prämonstratensern darauf hingewiesen worden, dass die Regel des Augustinus vor allem spirituelle Werte vermittelte und für die Normierung der täglichen Dinge ergänzender Vorschriften bedurfte, die entweder als Gewohnheiten (*consuetudines*) oder wie bei den Bettelorden als Satzungen (*constitutiones/institutiones*) bezeichnet wurden. Bereits ein flüchtiger Blick auf die frühesten dominikanischen Konstitutionen zeigt, dass diese im Vergleich zu den *Consuetudines* der älteren Orden erheblich kürzer sind, viel weniger ins Detail gehen, aber auch nicht so systematisch erscheinen. Die Dominikaner orientierten sich bei ihren Gewohnheiten vor allem an den prämonstratensischen. Sie übernahmen sie jedoch nicht blind, sondern passten sie ihren Bedürfnissen an. Bereits um 1240 erfolgte unter Raimond de Peñafort († 1275) eine Überarbeitung des Korpus, die in einer Systematisierung und stilistischen Glättung des Textes bestand. Humbert de Romans († 1277) sollte Ähnliches gut zwei Jahrzehnte später für die Liturgie leisten.

Die „ältesten Konstitutionen" der Dominikaner bestehen aus einer Präambel, die kurz vom Generalkapitel des Jahres 1228 in Paris berichtet, einem Vorwort, in dem Ziel und Sinn der Konstitutionen dargelegt wird, zwei Distinktionen und einer Regel für die Laienbrüder. Die erste Distinktion ordnet in 25 Kapiteln die täglichen Belange des Konventslebens, während die zweite mit 35 Kapiteln vor allem Regelungen zu General- und Provinzkapitel, Studium und Predigt beinhaltet. Der Letzteren folgen erste Beschlüsse des Generalkapitels.

In den dominikanischen Konstitutionen werden folgende Gebäude bzw. Räumlichkeiten in unterschiedlichen Zusammenhängen erwähnt: die Kirche (*ecclesia/oratorium*) mit dem Chor für die Brüder (*chorum fratrum*) sowie ein Laienraum innerhalb der Kirche (*ecclesia laicorum*), des Weiteren Kapitelsaal (*capitulum*), Kreuzgang (*claustrum*), Konventsräume (*officinae*), Speisesaal (*refectorium*), Krankensaal (*infirmarium*), Schlafsaal (*dormitorium*) und Zellen (*cellae*) für besonders begabte Studenten, in denen sie, wenn es für das Studium notwendig sei, „lesen, schreiben, beten, schlafen und auch bei Nacht aufbleiben" können (II,30c). Aus den Bestimmungen über die Amtspflichten wird auch klar, dass es eine Kleiderkammer, einen Gästebereich, eine Küche, vielleicht auch ein Lavatorium am Kreuzgang gegeben hat, wo sich die Brüder vor dem Essen die Hände waschen konnten.

Zur Neugründung eines Hauses heißt es nur, dass es mindestens zwölf Brüder sein müssen und dass diese einen Prior und einen Lektor haben sollen (II,24a). Ein Beschluss des Generalkapitels (X.9) fügt hinzu: Drei von den verständigeren Brüdern (*tres fratres discrecioribus*) sollen ausgewählt werden, um das Bauvorhaben beratend zu begleiten. Die Häuser (*domus*) sollen unbedeutend und „demütig" sein (*mediocres et humilis*). Die Fassadenhöhe, ohne Dach, dürfe zwölf Fuß nicht übersteigen, mit Dach seien zwanzig, für die Kirche dreißig Fuß erlaubt. Abgesehen von Chor und Sakristei soll auf steinerne Gewölbe (*lapidibus testudinata*) ebenfalls verzichtet werden. Diese wenigen und recht allgemein gehaltenen Informationen sind zur Beurteilung dominikanischer Architektur kaum hilfreich. Hinzu kommt, dass aus jener Zeit keine Bauten überliefert und die Funktionsräume nicht zwingend als Einzelräume zu betrachten sind. Die Versammlung im Kapitel kann auch andernorts erfolgt sein wie auch die Kranken, gerade bei kleinen Konventsstärken, keines separaten Krankentraktes bedurften.

Die großen und eindrucksvollen Bettelordenskirchen stehen am Ende einer längeren Entwicklung. Zu Anfang dürfte es oft recht pragmatische Lösungen gegeben haben, wenngleich manche chronikale Überlieferung Historisches mit topischem Lob verbindet. So heißt es in der Chronik des Jordan von Giano über die erste Ansiedlung der Franziskaner in Erfurt (38 u. 43): „Bruder Jordan machte sich nun mit seinen Brüdern am 27. Oktober [1224] von

Mainz aus auf den Weg nach Thüringen und gelangte am Fest des heiligen Martin [11. November] nach Erfurt. Da Winter und nicht die Zeit für Bauarbeiten war, wurden die Brüder auf Beschluß der Bürger und etlicher Kleriker in der Amtswohnung des Priesters für die Aussätzigen außerhalb der Mauern untergebracht, bis die Bürger die Lage der Brüder in besserer Weise ordnen könnten. [...] Im selben Jahr [1225] übernahmen die Brüder auf den Rat des Herrn Heinrich, des Pfarrers von Sankt Bartholomäus, und des Herrn Vicedominus Gunther sowie anderer Brüder von Erfurt die damals verlassene Kirche zum Heiligen Geist, wo früher Ordensfrauen vom Orden des seligen Augustinus gewohnt hatten, und verblieben dort volle sechs Jahre. Der Prokurator, der den Brüdern von der Bürgerschaft gegeben worden war, fragte nun den Bruder Jordan, ob er ein Haus nach Art eines Klosters gebaut haben möchte, worauf dieser, der noch nie im Orden ein Kloster gesehen hatte, erwiderte: ‚Ich weiß gar nicht, was ein Kloster ist. Baut uns das Haus nur nahe am Wasser, damit wir zum Füßewaschen hineinsteigen können.' Und so geschah es." Die wenigen Zeilen machen deutlich, dass man in der Anfangsphase oft einfache Häuser bezogen hat, die vom Besitzer nur zur Verfügung gestellt wurden, Kirche und Wohnhaus nicht unmittelbar aneinander grenzen mussten, und dass es so etwas wie eine franziskanische Interpretation des traditionellen Bautypus „Kloster" noch gar nicht gab, weshalb die Äußerung Gianos, er wisse nicht, was ein Kloster sei, bezogen auf einen franziskanischen Klostertyp durchaus plausibel ist.

Thomas von Eccleston widmete in seiner Chronik über die Ankunft der Minderbrüder in England den Umbauten und Vergrößerungen ein eigenes Kapitel (10). Hervorzuheben sind hier weniger die beginnenden Debatten um den Bauluxus, die schon bei der Materialwahl von Stein gegenüber Lehm oder Holz einsetzten, sondern die in einigen Exempla erzählten Befürchtungen der Brüder, dass sie durch den Hausbau ihre Gabe zur Predigt verloren hätten bzw. dass sie nicht in den Orden eingetreten seien, um Baumeister zu werden. Für die frühe Phase beider Orden dürfte zudem charakteristisch sein, dass man nicht in großen Zeiträumen dachte und deshalb an langfristigen Bauprojekten kein Interesse hatte.

Die Beschlüsse des franziskanischen Generalkapitels von Narbonne 1260 zeigen sprachlich und inhaltlich eine gewisse Orientierung an den zisterziensischen Generalkapitelbeschlüssen, da hier auf Begriffe wie Neugier (*curiositas*) und Überfluss (*superfluitas*) zurückgegriffen wurde, um nicht ordenskonforme Gestaltungsweisen zu charakterisieren. Unter der Rubrik „Über die Beobachtung der Armut" heißt es in Kapitel 15 „Wenn aber die Neugierde (*curiositas*) und allzu große Ansprüche (*superfluitas*) der Armut entgegenstehen, ordnen wir an, dass die Neugierde in Bezug auf die Gebäude, in Bildern, in getriebenen Metallarbeiten, Fenstern, Säulen und dergleichen oder die allzu großen Ansprüche in Bezug auf die Länge, Breite und Höhe [der Gebäude], gemäß den örtlichen Bedingungen strengstens vermieden wird." In den Kapiteln 17 und 18 wird noch ergänzt: Die Kirchen sollen keine Gewölbe besitzen, ausgenommen jenem in der Hauptapsis. Auch wurden die üblichen Glockentürme untersagt. Man verbot zudem figürlich bemalte oder mit narrativen Szenen ausgestaltete Fenster. Jedoch für jenes hinter dem Hochaltar im Chor waren Abbilder des Gekreuzigten, der heiligen Maria, Johannes, Franziskus oder Antonius erlaubt. Während die Bestimmungen reformmonastischer Rhetorik entsprechen, zeugt der kleine Einschub „gemäß der Bedingung vor Ort" (*secundum loci conditionem*) für eine sinnvolle Relativierung. Denn nicht ein absoluter, ewig gültiger Maßstab war gefordert, sondern ein signifikanter Unterschied zu den anderen.

Mit dem Predigerkloster zu Erfurt (Abb. 132) ist ein imposanter Gebäudekomplex erhalten geblieben,

132 ▲ Erfurt (Thüringen), Dominikanerkloster, Ansicht des Chores und des östlichen Klausurflügels von Südosten. Eine genaue Betrachtung der Fassade des Klausurflügels zeigt noch Reste der mittelalterlichen Fenstergliederung.

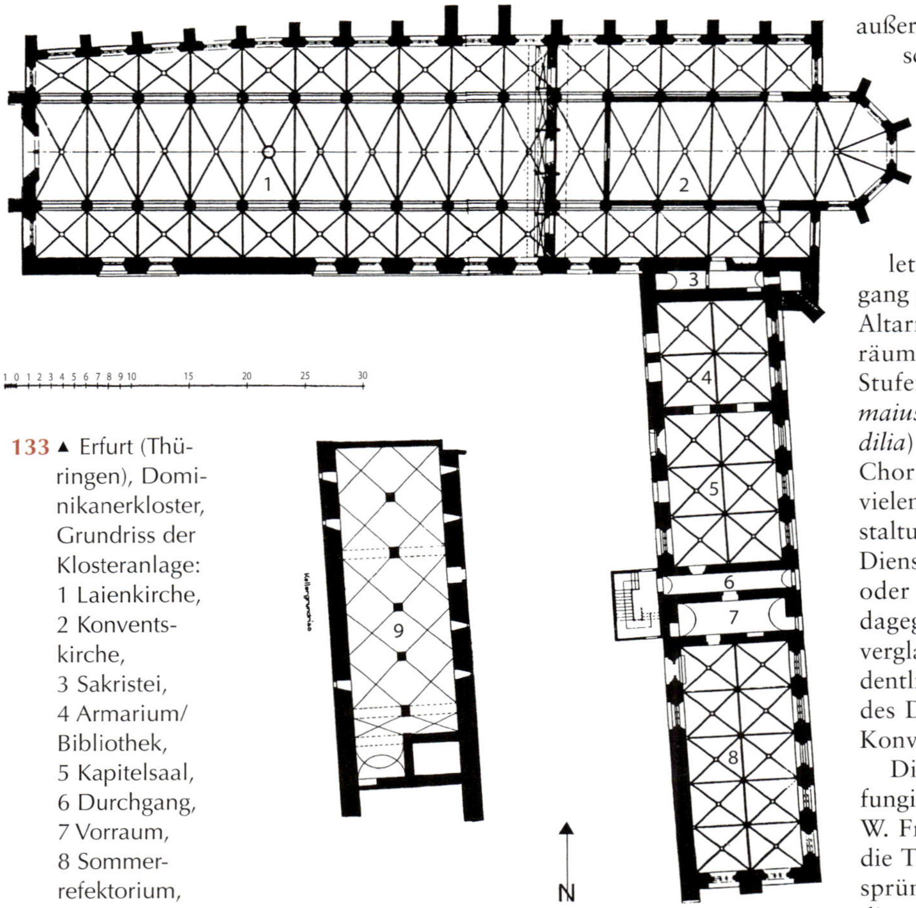

133 ▲ Erfurt (Thüringen), Dominikanerkloster, Grundriss der Klosteranlage: 1 Laienkirche, 2 Konventskirche, 3 Sakristei, 4 Armarium/Bibliothek, 5 Kapitelsaal, 6 Durchgang, 7 Vorraum, 8 Sommerrefektorium, 9 Keller unter Bibliothek und Kapitelsaal. Das gesamte Obergeschoss des Konventbaus (3–8) nahm das Dormitorium ein.

der vor allem durch den noch in weiten Teilen erhaltenen Konventsbau ein Kleinod der Bettelordensarchitektur in Deutschland darstellt. Da die Architektur der Predigerkirche noch Gegenstand sein wird, sollen im Folgenden nur Funktionsräume erläutert werden.

Die Klosterkirche besteht aus dem Laienraum und dem Chorraum. Beide sind durch einen Lettner voneinander getrennt. Der Chor ist dreischiffig, kreuzrippengewölbt und erstreckt sich über eine Länge von fünf Jochen. Während die Seitenschiffe im Osten gerade schließen, endet das Mittelschiff polygonal über fünf Seiten eines Achtecks (Abb. 133). An der Grenze zwischen dem fünften und sechsten Joch befindet sich der Lettner (vor 1420, Brüstung um 1900), der sich über die gesamte Breite des Langhauses erstreckt und pro Schiff einen Durchgang aufweist. Der Lettner ist ein Emporenlettner und damit tiefer als eine gewöhnliche Schranke. Östlich des Lettners, von massiven Chorschranken eingefasst, liegt der Brüderchor, dessen Chorgestühl aus dem 1. Viertel des 14. Jahrhunderts stammt (Abb. 134). In den „Ältesten Konstitutionen" heißt es (I,4): „Die Matutin und die Messe und alle kanonischen Horen sollen unsere Brüder gemeinsam hören und sie sollen zusammen essen, außer wenn der Prälat diesbezüglich anderweitig entscheidet. Alle Horen sollen in der Kirche (*ecclesia*) kurz und bündig gesagt werden, damit die Brüder sowohl die Andacht nicht einbüßen als auch ihr Studium nicht gestört wird." Außerhalb der Fastenzeit wurde wohl auch die *Collatio*, die Lesung vor der Komplet, im Chor gehalten. Die Mittelschiffswände des letzten Joches sind bis auf einen kleinen Durchgang geschlossen. Damit entstehen ein eigenständiger Altarraum in der Hauptachse und zugleich Kapellenräume in den Seitenschiffen. Im Sanktuarium, über Stufen erhöht, befindet sich der Hauptaltar (*altare maius*) und südlich neben diesem ist ein Dreisitz (*sedilia*) in die Wand eingelassen. Die Auszeichnung des Chorraumes gegenüber dem Laienraum zeigt sich in vielen Bettelordenskirchen schon in der formalen Gestaltung. Eingezogene steinerne Gewölbe mit Rippen, Dienstsystem und figürlich gestalteten Schlusssteinen oder Maßwerkfenster mit Glasmalereien im Chor, dagegen hölzerne Flachdecke und einfache Fensterverglasungen im Laienraum (vgl. Abb. 128). Verschiedentlich springt auch am Außenbau, an der Firstlinie des Daches, die deutlich erkennbare Erhöhung der Konventskirche gegenüber der Laienkirche ins Auge.

Die Laienkirche westlich des Lettners (Abb. 135) fungierte als „paraparochiales Kultzentrum" (Isnard W. Frank). Hinter dieser Bezeichnung verbirgt sich die Tatsache, dass die Bettelorden Aufgaben, die ursprünglich an die Pfarrei gebunden waren, wie Predigt, Begräbnis, Sakramentenspendung, Votiv- und Spezialmessen, sukzessive übernahmen und ausbauten. Dies wurde möglich, da die mittelalterliche Gesellschaft rechtlich vielfach auf Privilegien gründete, deren Verleih, aber auch Entzug im Belieben herrschaftlicher Gewalt lag. So konnte der Papst als oberster Kirchenherr Ausnahmen festlegen, ohne dass die davon negativ Betroffenen ein wirksames Einspruchsrecht gehabt hätten. Die Laienkirche diente also vornehmlich der Altarfrömmigkeit, dem Totenkult und einer von der Eucharistiefeier losgelösten seelsorgerischen Predigt.

Nebenaltäre (*altaria minora*) standen in der Laienkirche meist am Lettner, dessen westliche Wand mehrere Nischen besaß und damit zugleich Altarräume andeutete. Reichte der Platz nicht, so konnten auch weiter westlich Altäre an Pfeilern aufgestellt werden bzw. Kapelleneinbauten erfolgen, die oft von wohlhabenden Familien oder verschiedenen Korporationen wie den Handwerkszünften gestiftet wurden. Die Bettelorden feierten keine öffentlichen Messen für das Volk am Kreuzaltar, sondern bedienten das Bedürfnis privater Frömmigkeit und Andacht, woraus sich die *cura extraordinaria* entwickelte. Es handelt sich hierbei um zusätzliche seelsorgerische Angebote wie die

134 ▸ Erfurt (Thüringen), Dominikanerkloster, Klosterkirche, Blick in den Chor mit Chorgestühl. Bemerkenswert ist der durch eine Mauer eingefasste Chorraum der Brüder, der jedoch nicht wie in Regensburg als eigenständiger Raum bis zum Gewölbe in Erscheinung tritt.

der Privatmessen (*missae privatae*) oder Spezialmessen (*missae speciales*), die verschiedenste Zwecke erfüllen konnten. In einer Gesellschaft, in der die Lebenden für das Seelenheil der Verstorbenen Verantwortung trugen, waren zudem jährliche Seelenmessen für verstorbene Familienmitglieder am Sterbetag gefragt. Man spricht in diesem Zusammenhang auch von Seelgerätstiftungen, d.h. von einer Schenkung zur Rettung der Seele (*donatio pro remedio animae*). An Altären, die meist prominenten Heiligen geweiht waren, wurden aber auch Verträge geschlossen, Eide geleistet, Beichte gehört, Bußen ausgesprochen und Absolution erteilt.

Die Pflicht zur Predigt mag ein Indikator von mehreren gewesen sein, der zu derartig opulenten Raumschöpfungen in der Laienkirche führte. Mit der Errichtung der großräumigen Bettelordenskirchen ab der Mitte des 13. Jahrhunderts dürften auch die öffentlichen Ansprachen vom Vorplatz in den wetterfesten Kirchenraum gewandert sein. Es galt jedoch darauf zu achten, dass sich die Predigtzeiten nicht mit den Messen in der Pfarrkirche überschnitten. Die Kanzeln gehörten, wie das Beispiel aus dem ehemaligen Franziskanerkloster Königsfelden (Kt. Aargau) zeigt (vgl. Abb. 129), einst zum mobilen Inventar. Sie wurden durch die Trennung von Predigt und Eucharistiefeier zum Inbegriff des Wortgottesdienstes. Abschließend sei noch erwähnt, dass die Laienkirche neben Chorraum, Kreuzgang und Kapitelsaal auch zum Begräbnis diente.

Südlich der Predigerkirche lag der Kreuzgang mit den Konventsgebäuden, von denen nur der östliche Flügel geblieben ist. Dieser wurde in Bruchsteinmauerwerk errichtet. Die Ansätze der ehemaligen Arkaden des Kreuzgangs können sowohl im Mauerwerk des südlichen Seitenschiffs als auch an der Westfassade des Konventbaus noch erahnt werden. Im Erdgeschoss gab es von Nord nach Süd folgende Funktionsräume: Sakristei, Bibliothek, Kapitelsaal und Durchgang. Die einstige Funktion des dem Durchgang benachbarten tonnengewölbten Raumes ist unklar. Der letzte Raum am südlichen Ende fungierte als Sommerrefektorium. Im Obergeschoss erstreckte sich über die gesamte Länge das Dormitorium der Brüder. Dieses besaß einst eine gespitzte Holztonne und einen direkten Zugang zur Kirche. Am westlichen Außenbau lassen sich noch Spuren der insgesamt 25 Dormitoriumsfenster erkennen. Die Brüder teilten ursprünglich in alter monastischer Tradition einen Schlafraum. In Bezug auf das Predigerkloster wurde spekuliert, wann die ersten Zellen eingerichtet worden sind. Dass dies bereits in der Entstehungszeit geschah, ließe sich auch aus den „Konstitutionen“ erklären, worin es heißt (II,30c), dass all diejenigen Studenten, die dem Meister besonders begabt erscheinen, eine einzelne Studierzelle (*cella*) erhalten können. Dies war jedoch kein dauerhaftes Privileg. Fielen die Leistungen ab, dann kehrten einige wohl wieder in den großen Schlafsaal zurück.

135 ► Erfurt (Thüringen), Dominikanerkloster, Klosterkirche, Langhaus, Blick nach Osten. Eine Besonderheit in Erfurt ist der noch erhaltene mit einer Tribüne ausgestattete Lettner, der den Bereich der Laien (Langhaus) von dem der Brüder (Chorraum) trennt.

Die ehemalige Sakristei bestand aus einem schmalen tonnengewölbten Raum. Sie verfügte über einen Zugang von der nördlich angrenzenden Kirche und eine Tür zu der sich südlich anschließenden Bibliothek. Die „alde liberey“ ist ein kreuzgratgewölbter, zweischiffiger Raum, deren vier Gewölbefelder auf einer zentralen Mittelstütze ruhen. An der Westwand finden sich noch Nischen, in denen die Bücher eingestellt waren. Das Studium hatte für die Dominikaner eine immense Bedeutung. Wer während der Vorlesung schlief oder wer verbotene Bücher las, machte sich schuldig. Der wohl berühmteste Gelehrte Erfurts im 13. Jahrhundert war Meister Eckhart († 1327), der von 1295 – 1298 hier als Prior wirkte und auf dem Erfurter Generalkapitel des Ordens im Jahr 1303 zum Provinzial der neugegründeten Provinz Sachsen gewählt wurde. Mit der Gründung der Universität Erfurt 1392 kam es zu einer erneuten Blüte des Ordensstudiums.

An die Bibliothek schließt der Kapitelsaal an (Abb. 136). Der Hauptzugang ging vom Kreuzgang aus. Das Portal flankieren zwei große Maßwerkfenster. Der kreuzgratgewölbte Raum ist querrechteckig,

136 ▲ Erfurt (Thüringen), Dominikanerkloster, Kapitelsaal, Blick nach Nordosten. Obwohl die alte Inneneinrichtung fehlt, lässt sich die Herkunft des Kapitelsaals aus der benediktinischen Tradition an Lage und Ausprägung gut erkennen.

137 ▲ Erfurt (Thüringen), Dominikanerkloster, Sommerrefektorium, Blick nach Süden. Bemerkenswert ist die farbige Fassung der wichtigsten strukturellen Architekturglieder wie Säulen, Rippen oder Schlusssteine, von denen einige auch figürlich gestaltet sind.

zweischiffig und drei Joche lang. Die sechs Gewölbefelder werden in der Raummitte von zwei achteckigen Stützen getragen. In der Ostwand belichten drei große dreibahnige Maßwerkfenster den Saal. Das Kapitel fand bei den Dominikanern nach der Matutin oder Prim statt. Es konnte aber auch ausfallen, wenn das Studium behindert würde (I,1e). Zu den wichtigsten Teilen des Kapitels zählten die Verkündung des Monatstages und die Lesung aus dem Martyrologium durch den Lektor, die Lesung aus dem Evangelium bzw. aus den Ordenssatzungen (*insitutiones*), das Schuldkapitel sowie die Verteilung von Aufgaben und Diensten (I,2).

Der letzte Raum am Südende des Gebäuderiegels war das Sommerrefektorium (Abb. 137). Auch dieser

Raum ist fünf Joche tief, zweischiffig und kreuzrippengewölbt. Die Gewölbe werden von Bündelpfeilern getragen. An der Südwestwand wird ein Küchenanbau vermutet. Die Konstitutionen (I,5 – 8) legen fest, dass Konvent und Prior im Refektorium gemeinsam essen und sowohl die Amtsträger als auch die einfachen Brüder dieselben Speisen erhalten sollten. Es galt auch hier ein grundsätzliches Fleischverbot. Doch durfte es auf Reisen gebrochen werden, da die Brüder von dem lebten, was andere zur Verfügung stellten. Es gab zwei gekochte Speisen täglich. Doch wurde der Speiseplan in den Fastenzeiten modifiziert. Dem Prior war es auch hier gestattet, im Einzelfall Zugeständnisse zu machen. In alter Tradition wuschen sich die Brüder vor dem Essen die Hände. Erst dann läutete der Prior mit der Handglocke (*nola*), damit sich der Konvent im Speisesaal versammelt. Ob die Bettelorden feste Lavatorien installierten, ist nicht bekannt. Während die älteren Mönchsorden Einzelne mit dem Ausschluss von der Tafel bestraften, aß der dominikanische Büßer zwar mit im Refektorium, doch saß er nicht auf seinem Platz. Für ihn wurde ein ungedeckter Tisch in die Raummitte gestellt und zu essen bekam er nur grobes Brot und Wasser.

Die Klausurgebäude des Südflügels und des zweigeschossigen Westflügels sind nicht erhalten. Für den Südflügel wird ein Winterrefektorium vermutet und im Westflügel könnte sich der Gästebereich befunden haben. Immerhin hatte das Predigerkloster als Generalstudienhaus viele Brüder zeitweilig zu beherbergen. Auf eine Besonderheit sei abschließend noch hingewiesen. Unter Sakristei, Bibliothek und Kapitelsaal befindet sich ein Keller, der bauzeitlich mit Chor und Konventbau ist, sodass auch Speicherräume (*cellarium*) zur Versorgung der Gemeinschaft gegeben waren.

4. Konventskirchen der Dominikaner

Die Bettelorden bauten ihre Klöster oft am Rande der Stadt. Dies hat nichts mit der Klientel zu tun, um die man sich kümmern wollte, quasi als Arme unter Armen zu weilen, sondern ist Faktoren geschuldet, die vor allem mit dem Erwerb geeigneter Baugrundstücke zu tun haben, wie den innerstädtischen Besitzverhältnissen weltlicher und geistlicher Stifter, der städtischen Ratspolitik, den topografischen Bedingungen, Grundstückspreisen etc. Hinzu kam ein sicherheitspolitischer Aspekt, der mit dem Unterhalt der Stadtmauer zu tun hat, wenn das Konventsgelände an diese angrenzte. Die drei folgenden Beispiele aus Esslingen, Regensburg und Erfurt zeigen Variationen eines Themas, ohne daraus zwingende Abhängigkeiten abzuleiten. Auffällig ist jedoch der graduelle Wechsel in den Raumproportionen, die an Schlankheit und Höhe gewannen, ohne dass der Formenapparat aufwendiger gestaltet wurde. Vor allem im Verhältnis zu den zeitgenössischen städtischen Kirchbauten, wie den Bischofskirchen oder den großen städtischen Pfarrkirchen, blieb das Gebot der Schlichtheit in der architektonischen Formensprache immer evident.

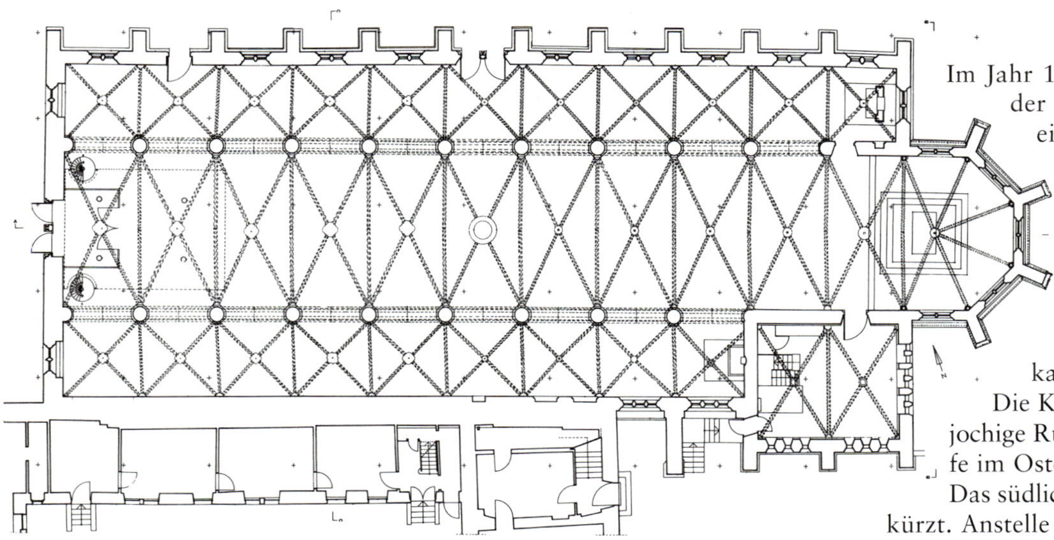

138 ▾ Esslingen (Baden-Württemberg), Dominikanerkloster, Grundriss der Klosterkirche. Der Lettner, der den Chorraum vom Laienraum trennte und im Grundriss nicht eingezeichnet ist, befand sich im siebten Joch.

Esslingen

Im Jahr 1233 erhielten die Dominikaner von der Stadt zur Errichtung eines Klosters ein Gebiet, das am Rande der Stadt lag und an die Stadtmauer angrenzte. Der Konvent lebte bis dahin in einem Haus mit Hof am Mettinger Tor. Der Bau dürfte kurze Zeit nach Übertragung der Liegenschaft in Angriff genommen worden sein. Konkrete Baudaten sind nicht bekannt.

Die Klosterkirche ist eine dreischiffige, elfjochige Rundstützenbasilika, deren Seitenschiffe im Osten gerade schließen (Abb. 138; 139). Das südliche Seitenschiff ist um zwei Joche verkürzt. Anstelle der beiden Joche steht die Sakristei.

Die polygonale Hauptapsis hingegen schließt über fünf Seiten eines Achtecks. Der Lettner, der mit der Einführung der Reformation abgebrochen wurde, befand sich im siebten Joch. Der Wandaufriss im Mittelschiff ist mit Arkaden und Obergaden zweizonig ausgebildet. Die älteren Maßwerkfenster des Obergadens und der Seitenschiffe zeigen noch Plattenmaßwerk, die jüngeren im Chorpolygon und an den östlichen Stirnseiten der Seitenschiffe bereits Stabmaßwerk. Die Gewölbefelder östlich des Lettners gehören noch ins 13. Jahrhundert. Die Dienste enden auf halber Wandhöhe bzw. in den Arkadenzwickeln. Für die Laienkirche war ebenfalls ein Gewölbe vorgesehen, wie die älteren Gewölbeanfänger belegen, doch wurde es nicht ausgeführt. Die heutigen Gewölbe stammen aus dem Ende des 15. Jahrhunderts, als die Klosteranlage baulich erneuert wurde. In diese Zeit fällt auch der große Schlussstein im sechsten Joch, über dem sich einst der Dachreiter mit Geläut befand. Durch die Öffnung wurden wohl die Glocken in den Glockenstuhl gezogen. Die formale Ausbildung architektonischer Details wie Basen, Kapitelle, Konsolen, Schlusssteine oder Arkadenprofile sind äußerst schlicht, auch sind die Proportionen gegenüber den späteren Bauten in Regensburg und Erfurt noch recht gedrungen.

Gebaut wurde von Ost nach West in mehreren Phasen: Abschnitt I, die Joche 11 – 8; Abschnitt II, die Joche 7 – 5; Abschnitt III, die Joche 4 und 3 und schließlich im vierten Abschnitt die letzten beiden Joche. Da das Chorpolygon (Abb. 140) einschließlich der Strebepfeiler nicht im Verbund mit dem Mauerwerk des elften Joches steht, wird vermutet, dass ursprünglich wohl ein gerader Abschluss geplant war. Albertus Magnus weihte 1268 sowohl den Hochaltar als auch die Altäre am Lettner. In Zusammenhang mit dendrochronologischen Untersuchungen von Dachhölzern, die 1830 beim Dachbau wiederverwendet wurden und die im Jahr 1262 geschlagen worden sind, könnten die Altarweihen als relative Vollendung des Kirchenbaus interpretiert werden. Damit zählte die Dominikanerkirche Esslingen zu den frühesten architektonischen Zeugnissen der Provinz Teutonia.

139 ▲ Esslingen (Baden-Württemberg), Dominikanerkloster, Klosterkirche, Langhaus, Blick nach Osten. Durch den fehlenden Lettner, die nicht mehr vorhandene liturgische Ausstattung, aber auch durch die später erst eingezogenen Gewölbe entsteht ein rhythmischer Raumeindruck, der das Gesamtvolumen des Kirchenraumes betont.

Regensburg

Im Februar 1229 übergab Bischof Siegfried von Regensburg (1227 – 1246) den Dominikanern die Kirche Sankt Blasius mit einem angrenzenden Haus. Daten, die sich eindeutig auf konkrete Bauzustände beziehen lassen, gibt es nicht, obwohl sich eine Vielzahl von Ablassbriefen zum Bau erhalten hat, der erste von 1230, der letzte von 1379. Für das Jahr 1273 ist ein wichtiges Grundstücksgeschäft überliefert, indem Abt Heymo von Sankt Emmeram den Dominikanern die restlichen Areale verkaufte, die seine Abtei auf dem Gebiet des Dominikanerklosters noch besaß. Damit stand dem Ausbau des Langhauses nichts mehr im Weg. Es wurde jedoch nicht kontinuierlich gebaut und anfänglich wohl auch an Chor und Konventsgebäuden parallel. Historische Zeugnisse lassen mehrere Pausen vermuten, die in

140 ▲ Esslingen (Baden-Württemberg), Dominikanerkloster, Klosterkirche, Ansicht von Nordosten. Der Gesamteindruck der Klosterkirche am Außenbau wird wesentlich durch die flache Form des neuzeitlichen Daches geprägt. Das mittelalterliche Dach dürfte hingegen viel steiler gewesen sein.

der Folge zum Teil mit Einnahmeverlusten einhergingen. Es gab Konflikte mit der Stadt, die ihren Handwerkern 1306 verbot, auf der Klosterbaustelle zu arbeiten. Die parallele Großbaustelle des Domes band Arbeitskräfte und Spenden. Schließlich ist mit Auswirkungen des Interdikts während der Regierungszeit Ludwigs des Bayern (1314 – 1347) zu rechnen. Darüber hinaus gibt ein Pauschalablass aus dem Jahr 1243 für den Kirchenbau und die anderen dafür benötigten Gebäude (*ecclesiam et alia edificia suis usibus*) einen Hinweis darauf, dass gleichzeitig mit dem neuen Chor auch die Konventsgebäude errichtet worden sind. Bis zur Vollendung des Chorbaus konnten die Brüder im alten Oratorium von Sankt Blasius zur Messe und zum Gebet zusammenkommen und in jenem dazugehörigen Haus wohnen.

Die einzigen Zäsuren am Bau ergeben sich aus dendrochronologischen Untersuchungen des Dachstuhls. Demnach war 1279 der Chor weitgehend vollendet und 1384 die gesamte Kirche. Setzt man einen Baubeginn mit dem ersten Ablassbrief um 1230 an, dann wurden gut 150 Jahre an der Kirche gearbeitet. In Anbetracht der langen Bauzeit ist die Homogenität der Architektur bemerkenswert. Der Konvent hielt an dem ursprünglichen architektonischen Konzept fest und baute in der 2. Hälfte des 14. Jahrhunderts einen Entwurf aus dem 2. Viertel des 13. Jahrhunderts zu Ende. Ob dieses Konzept von jenem Predigerbruder Diemar stammt, der sich als Bauleiter im nördlichen Nebenchor hat abbilden lassen, ist ungewiss (Abb. 141).

Die Klosterkirche ist eine dreischiffige, querschifflose, in allen Teilen kreuzrippengewölbte Basilika mit einem dreiteiligen Chor, dessen Hauptapsis und Nebenchöre polygonal geschlossen sind (Abb. 142; 143). Der Lettner, der sich an der Grenze des fünften zum sechsten Joch befand, trennte einst die Laienkirche von der Konventskirche. Zwischen Lettner und Konventschor ist noch ein Joch eingeschoben. Die

141 ► Regensburg (Bayern), Dominikanerkloster, figürliche Kapitellkonsole „Bruder Diemar“ im nördlichen Seitenschiff. Bruder Diemar könnte als Leiter der Baustelle von Seiten des Konvents agiert haben, d.h. ein *magister fabricae* gewesen sein, im Gegensatz zum *magister operis*, der als leitender Baumeister die Baustelle im bautechnischen Sinn betreute.

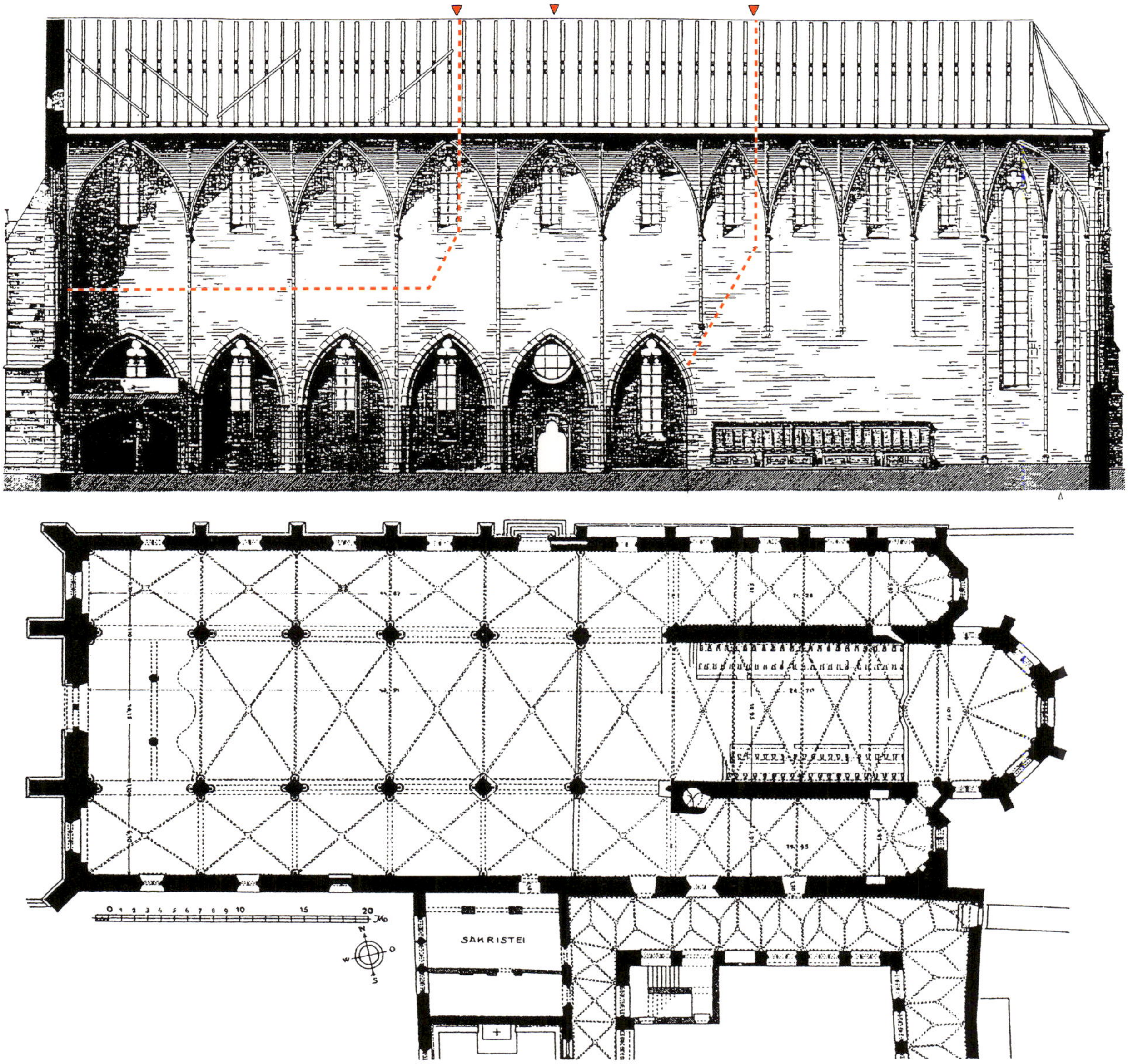

142 ▲ Regensburg (Bayern), Dominikanerkloster, Grundriss der Klosterkirche und Längsschnitt mit Bauphasen. Im Gegensatz zu Erfurt ist hier eine längere horizontale Baufuge hervorzuheben. Mit einer temporären Überdachung könnte der Raum schon im unvollendeten Zustand nutzbar gewesen sein.

vier Joche des Binnenchores und die drei der Nebenchöre sind etwas schmaler als die westlich folgenden. Sowohl das Sanktuarium als auch die Nebenchöre sind über fünf Seiten eines Achtecks geschlossen und durch eine massive Wand voneinander getrennt (Abb. 144). Die Proportionen des Binnenchores sind beeindruckend. Der Chorraum ist schmal und steil aufragend. Er wird durch Obergaden- und Chorfenster belichtet. Während die Maßwerkfenster im Mittelschiff relativ klein sind und in die Scheidbögen eingepasst wurden, sind die zweibahnigen Fenster des Chorpolygons weit nach unten gezogen und schließen im Couronnement mit einem Okulus, in dem ein stehender Vierpass eingeschrieben ist. Die Gewölbedienste enden auf halber Wandhöhe und laufen in Hornkonsolen aus. Das Chorgestühl stammt aus der zweiten Hälfte des 15. Jahrhunderts. Die Wandmalereien darüber zeigen u.a. einen Namensfries, der die Sitzordnung im Provinzkapitel wiedergibt. Am westlichen Ende der südlichen Chorwand befindet sich der Zugang zum Glockenturm.

143 ▲ Regensburg (Bayern), Dominikanerkloster, Klosterkirche, Langhaus, Blick nach Osten. Gegenüber der etwas später zu datierenden Erfurter Dominikanerkirche wirken die Proportionen noch etwas gedrungen, sind aber schon eleganter als in Esslingen.

Das Mittelschiff des fünfjochigen Langhauses, dessen westlichstes Joch etwas breiter ist, verfügt mit Arkaden und Obergaden über einen zweizonigen Wandaufriss, wobei die Flächigkeit der Hochschiffwand deutlich hervortritt. Die Arkaden bestehen, wie auch die Konsolen und die meisten Kapitelle, aus einfachen geometrischen Formen. Im Langhaus sind die Gewölbedienste in einem zentralen Dienst gebündelt und laufen bis zum Fußboden durch. Sie sind den achteckigen Pfeilern vorgelegt. Die Westfassade, der jüngste Teil, ist durch ein großes sechsbahniges Maßwerkfenster geöffnet. Sie ist als Querschnittfassade ausgebildet und besitzt in der Achse ein großes Portal. Der gesamte Baukörper, der auch am Außenbau kaum gegliedert ist, wird von einem durchlaufenden Dach mit einheitlicher Firsthöhe überspannt.

Die Bauphasen lassen sich, wie Barbara Fischer-Kohnert gezeigt hat, grob in drei Abschnitte teilen (vgl. Abb. 142). Der erste umfasst die Hauptapsis und Nebenchöre bis zum dritten Chorjoch nach Westen und wurde 1279 abgeschlossen. Der zweite erstreckt sich vom letzten Joch des Chores über die zwei anschließenden Joche nach Westen, einschließlich der Arkadenzone bis zur Westfassade. Der Abschluss dieser Baumaßnahmen datiert in das Jahr 1369/70. Der dritte Abschnitt, die Vollendung der westlichen Joche des Obergadens, wurde 1384 beendet.

Erfurt

Um 1228/29 ließen sich die ersten Predigerbrüder in Erfurt nieder. Sie übernahmen einen Hof (*curia*) und erhielten vom Mainzer Erzbischof Siegfried II. (1200 – 1230) die Erlaubnis, daneben ein kleines Bethaus (*oratorium*) zu errichten. Dieses hölzerne Kirchlein wurde 1230 geweiht. Es folgten weitere Grundstückserwerbungen, sodass man bald daranging, die erste steinerne Kirche zu bauen. Reste dieses 1238 geweihten Baus wurden im Langhaus ergraben.

Die heutige Klosterkirche wurde nach 1266/69 begonnen, denn in jener Zeit erwarben die Dominikaner u.a. vom Stadtvogt, Graf Heinrich von Gleichen, und Berthold Vitzthum von Apolda weitere städtische Gründstücke, um ein größeres zusammenhängendes Klosterareal als Baugrundstück zu erhalten. Gebaut wurde bis zur Mitte des 15. Jahrhunderts. Thomas Nitz hat die einzelnen Bauphasen auf der Basis schriftlicher Quellen, bauarchäologischer Beobachtungen sowie der Ergebnisse der Dachstuhlanalyse von Thomas Eißing, einschließlich der damit verbundenen dendrochronologischen Datierungen, rekonstruiert (Abb. 145).

In der ersten Bauphase wurden die Ostteile bis zum fünften Joch in Werkstein errichtet. Die Konventskirche erhielt 1273 ihren Dachstuhl. Danach

144 ▸ Regensburg (Bayern), Dominikanerkloster, Klosterkirche, nördliche Chorkapelle. Der lange schmale Raum der Chorkapelle entstand durch die komplette Aufmauerung des Konventschores, der damit zu einem Binnenraum des Kirchenbaus wird, wie es auch gut aus dem Grundriss erkennbar ist.

wurden die Gewölbe eingezogen und die Westseite mit einer temporären Mauer geschlossen, die, wie Reste über dem Gewölbe zeigen, wohl nicht als Provisorium gedacht war, sondern als Fachwerkmauer für längere Zeit halten sollte. Eine stufenartig nach Westen hin abfallende Fuge in der Mittelschiffswand des Obergadens im fünften Joch dürfte als Wartefuge zu interpretieren sein und das sechste Joch temporär als Widerlager gegen den Gewölbeschub fungiert haben. Es wird angenommen, dass der neue Chor bis an die alte Klosterkirche heranreichte. Indiz dafür ist unter anderem die Beobachtung, dass vom sechsten bis zwölften Joch in den Dachgespärren Hölzer, die in den Jahren 1214/15 und 1234 geschlagen worden sind, wiederverwendet wurden. Diese stammen wohl vom Dachstuhl der ersten Steinkirche, die erst abgerissen wurde, als das Langhaus gebaut werden sollte. Eine Altarstiftung für das Jahr 1279 bezeugt die Vollendung des Binnenchores. Wie dendrochronologische Daten zeigen, war zur gleichen Zeit der Konventsbau fertig gestellt. Dieser schließt am zweiten und dritten Joch des südlichen Seitenschiffs an.

Nach der Vollendung der Konventskirche kam es zu einer längeren Bauunterbrechung, die ungefähr bis zur Mitte des 14. Jahrhunderts andauerte. Die folgenden Bauphasen ergeben sich aus bauarchäologischen Beobachtungen des Mauerwerks im Obergaden sowie aus den Untersuchungen des Dachstuhls, einschließlich der dendrochronologischen Datierungen. Die Abschnitte zwei und drei der Joche sechs und sieben bzw. acht und neun waren 1360 unter Dach, der vierte Abschnitt mit den Jochen zehn bis zwölf um 1365/66 und der letzte Abschnitt bis zur Westfassade mit den Jochen 13 bis 15 ist um 1380 überdacht worden. Es fehlten jedoch noch der Lettner und die Gewölbe. Einträge im Stifterbuch zeigen, dass der Lettner, der sich zwischen dem fünften und sechsten Joch befindet, um 1420 vollendet war und die Gewölbe des Langhauses zwischen 1424 und 1438 eingezogen worden sind. In der zweiten Hälfte des 15. Jahrhunderts wurde als letzte Baumaßnahme der Glockenturm am ersten Joch des südlichen Seitenschiffs errichtet.

Die Klosterkirchen von Esslingen, Regensburg und Erfurt basieren auf einer vergleichbaren Grundrissdisposition und sind auch im Aufriss basilikal konzipiert. Während jedoch in Esslingen die Arkaden von Rundstützen getragen werden, sind es in Regensburg und Erfurt achteckige Pfeiler. In allen drei Fällen sind Pfeiler, Kapitelle, Konsolen und Arkaden und Rippenprofile schlicht gestaltet und der durchgehende Dachfirst verweist auch nach außen auf einen kompakten Baukörper, wobei der flache Neigungs-

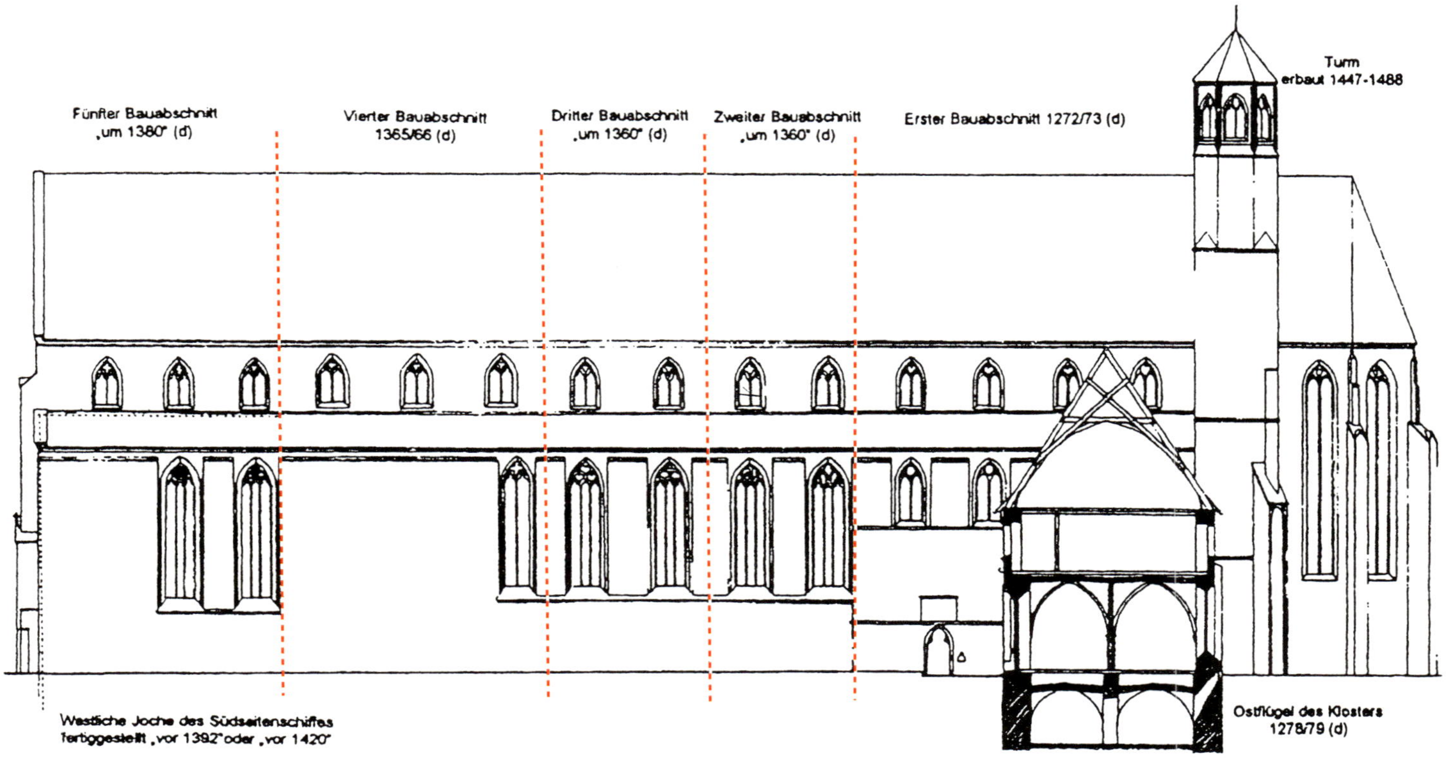

winkel des im 19. Jahrhundert erneuerten Dachstuhls der Esslinger Kirche die Außenwirkung erheblich beeinflusst. In Regensburg und Erfurt blieb der formale Eindruck des Kirchenraumes trotz der langen Bauzeit relativ homogen. Die Binnenchorgestaltung jedoch variiert. Während in Regensburg der Chor tief eingezogen wurde und einen Raum im Raum bildet, wurde in Erfurt das Chorgestühl nur durch eine Chorschrankenmauer eingefasst. Die Gestaltung der Mittelschiffsarkaden und der Obergadenwand blieb davon unberührt. Hervorzuheben ist vor allem der Wandel in den Proportionen. Der Kirchenraum gewinnt an Höhe und Steilheit. In Erfurt sind die Arkaden so hochgezogen, dass die Wandfläche zwischen Arkaden und Obergadenfenstern auf ein Minimum schwindet, sodass die Gewölbedienste tief in den Arkadenzwickeln ansetzen müssen. Der zweizonige Wandaufriss mit den schlanken Arkadenpfeilern und die hoch aufragenden Seitenschiffe lassen einen hallenartigen Raumeindruck entstehen.

145 ▲ Erfurt (Thüringen), Dominikanerkloster, Klosterkirche mit Bauphasen. Die Klosterkirche wurde in fünf großen Bauetappen errichtet, wobei zwischen dem Bau des Chores und dem Bau des Langhauses mit fast 100 Jahren die eigentliche Bauunterbrechung zu liegen scheint.

Nachwort

Der Streifzug durch die Geschichte des Mönchtums und seiner Bauten zeigte, dass der Begriff der Ordensbaukunst zur Beschreibung der Bautenvielfalt nicht trägt und dass die regionalen Kontexte, die Landschaftsgebundenheit sowie die lokalen Gegebenheiten eine größere Rolle spielen, als die These von einer Ordensarchitektur zulassen kann. Denn hierbei muss über große geografische Räume so stark abstrahiert werden, dass die vermuteten Konzepte nicht mehr anschaulich auf konkrete Bauten bezogen werden können. Die zisterziensische Idee der *forma ordinis* bringt das Problem auf den Punkt. Der Begriff ist so abstrakt, dass er zeitlich immer wieder aktualisiert werden konnte, ohne im Detail normativ zu sein. Die Zisterzienser waren also hiermit in der Lage, dynamische Prozesse und Veränderungen zu verhandeln, ohne einer anachronistisch gewordenen Vergangenheit das Wort zu reden. Es verwundert deshalb nicht, dass die einschlägigen Gewohnheiten der verschiedenen Orden kaum Informationen zur Architektur enthalten, sieht man einmal von der Nennung von Funktionsräumen ab. Selbst die wenigen Beschlüsse der Generalkapitel sind diesbezüglich wenig erhellend. Auch hier werden dehnbare Konzepte bemüht. Begriffe wie Notwendigkeit (*necessitas*), Demut (*humilitas*) oder Überflüssiges (*superfluitas*) sind ebenfalls hinreichend abstrakt und flexibel genug, um nicht an möglichen konkreten normativen architektonischen Details zu scheitern. Andererseits ist nicht zu bestreiten, dass Ordensgemeinschaften eine Art „Corporate Identity" anstrebten, also für ihr spirituelles Reformprogramm einen adäquaten äußeren Ausdruck suchten. Doch dieser findet sich eher in der Liturgie, dem normierten Verhalten, den asketischen Vorschriften und dem Ordenskleid. In der Architektur wird man diese Identität kaum an spezifischen Formen ausmachen können, sondern eher daran, wie ein bestimmtes formales Repertoire konkret umgesetzt wurde. Zu berücksichtigen ist zudem, dass gerade im Reformmönchtum Neues oft im Rückgriff auf Altes entstand, während architekturgeschichtlich eher nach formalen Innovationen, die sich in größere geschichtliche Zusammenhänge einordnen lassen, gesucht wird. Diese dürften jedoch häufig technischer Art gewesen sein und wurden durch gut ausgebildete Bauleute realisiert. Je anspruchsvoller eine Bauaufgabe war, desto wahrscheinlicher ist es, dass man sie als Fremdleistung einkaufte. Gegenstand dieser Geschichte ist nicht primär die des Mönchtums, sondern eine Analyse arbeitsteiliger bauhandwerklicher Prozesse. Denn es herrscht heute in der Forschung weitgehend Konsens darüber, dass es keine eigenen Baubetriebe im Sinne wandernder ordensgebundener Hütten gab. Gleichwohl gab es in Konventen vereinzelt fähige Bauleute bzw. wandernde weltliche Bauhandwerker.

Abschließend sei noch auf einen Aspekt hingewiesen, der meines Erachtens zu wenig reflektiert wird: die Architekturwahrnehmung. Für das Mittelalter gilt, dass Räume als Erfahrungsräume meist additiv wahrgenommen wurden, also nicht als physikalische Einheitsräume, wie wir es heute tun. In einer Zeit, die die Zentralperspektive noch nicht kannte und bei der der Betrachterstandpunkt vor dem Bild liegt, war man quasi immer mittendrin. Räume werden im Durchschreiten wahrgenommen. Die Erfahrung ist eine kinästhetische. Doch Kirchenräume waren nicht komplett und ohne weiteres überall zugänglich. Die Bewegung im Raum ging meist mit liturgischen Diensten einher, seien es Stundengebete, Messen oder Prozessionen. Raumwahrnehmung geschieht vor allem über das Hören. Nur akustische Signale vermitteln etwas von der Tiefe oder Höhe des umbauten Raumes. Räumliches Sehen unterliegt Täuschungen. Denn je weiter sich ein Objekt vom Betrachterstandpunkt entfernt, desto schwieriger ist die räumliche

Verortung. Hinzu kommt, dass die Perspektiven in mittelalterlicher Zeit keineswegs unseren heutigen entsprachen. Lettner, Kapelleneinbauten und verschiedene Abschrankungen versperrten nicht nur die Sicht, sondern auch für bestimmte Menschengruppen den Zugang. Erst der Blick ins Gewölbe mit seinen modularisierten Einheiten vermittelte eine Idee vom Einheitsraum.

Wenn wir heute Architektur wahrnehmen, ist nicht nur die Differenz zur mittelalterlichen Form der Sinneswahrnehmung in Rechnung zu stellen, sondern sind auch die Veränderungen durch Restaurierungen, Umbauten und Fotografie zu berücksichtigen. Abgesehen davon, dass in den meisten Klosterkirchen die mittelalterliche Ausstattung verschwunden ist, sind die durchaus verdienstvollen Restaurierungen des 19. Jahrhunderts kritisch zu reflektieren, da hier oft eine romantische Verklärung mittelalterlichen Bauens inszeniert wurde. Doch sei betont, dass es ohne den Pioniergeist jener Architekten, Antiquare und frühen Denkmalpfleger heute vielfach nichts mehr zu restaurieren gäbe. Die Architekturfotografie ist ebenfalls optisch zu bereinigen. Denn das entstandene Bild erlaubt uns aufgrund der technischen Möglichkeiten einen Blick auf Architektur zu werfen, der sich von der unmittelbaren Wahrnehmung und Raumerfahrung vor Ort gravierend unterscheidet. Die durch technische Verfahren bereinigten Weitwinkelaufnahmen haben in der Regel einen Betrachterstandpunkt, der vor dem Kirchenraum liegt. Während der Blick auf die Architekturfotografie die simultane Wahrnehmung von großen Raumeinheiten ermöglicht, sind wir vor Ort gezwungen, ein derartiges Gesamtbild im Kopf zu konstruieren. Hinzu kommt, dass unser Blick, wenn wir architektonische Räume durchschreiten, auch von Gestaltungsprinzipien geleitet wird und abschweifen oder auf bestimmte Punkte fokussiert werden kann. Auf alle Fälle ist unsere Wahrnehmung gesellschaftlich geformt und kulturell konditioniert, sodass der naive Blick, d. h. ein Sehen, das die Erfahrungen ausblendet, überhaupt nicht möglich ist. Aber wir können uns kritisch fragen, was wir sehen und warum wir es so wahrnehmen, und gewinnen somit eine Distanz zum Mittelalter, aber auf einer anderen Ebene auch ein tieferes Verständnis von der Architektur dieser Zeit.

Glossar

Apsis, apsidial (von griech. αψις – Wölbung, Gewölbe, Kuppel) Eine meist halbkreisförmige und mit einer Halbkuppel überwölbte Erweiterung des Raumes. Im Sakralbau oft östlicher Abschluss von Kapellen oder Sanktuarien.

Arkade Bogen (lat. *arcus*) oder Folge von Bögen über Pfeilern oder Säulen.

Basilika (griech. βασιλική – Königsbau). Bezeichnet in der christlich-sakralen Architektur einen mehrschiffigen Kirchenraum, dessen Mittelschiff erhöht ist und meist durch Obergadenfenster belichtet wird.

Blendarkade Ein einer Mauer vorgeblendeter Bogen.

Busung Entsteht durch eine Überhöhung des Scheitelpunkts eines Kreuzgrat- oder Kreuzrippengewölbes gegenüber den Seitenbögen.

Chor (lat. *chorus*) In der christlichen Liturgie Stätte des Stundengebets im östlichen Teil der Kirche. Als architektonischer Begriff in der Sakralarchitektur meist auf das Sanktuarium/Presbyterium von Kirchen ausgeweitet.

Chorschluss Beim Polygonalchor Bezeichnung für das Verhältnis der Seitenzahl zum zu ergänzenden Polygon, z. B. 7/12-Schluss = sieben Seiten eines Zwölfecks.

Chorumgang Gang um den Chor, oft in Verlängerung der Seitenschiffe, der vor allem den Zugang zu den Umgangskapellen erlaubt.

Couronnement (frz. für Krönung) Das über der Kämpferlinie liegende Bogenfeld des Maßwerkfensters.

Gewände Schräg in die Mauer eingeschnittene Flächen an Portalen und Fenstern.

Gewölbe In der Regel aus Stein gemauerter gekrümmter oberer Raumabschluss, bei dem sich die Steine gegeneinander verkeilen. Man unterscheidet Gewölbe nach ihrer Form und Technik.

Gewölbeanfänger Erster Stein über dem Kämpfer, der zur Krümmung überleitet.

Gurtbogen verstärkter Stützbogen eines Gewölbes, der quer zu dessen Längsachse verläuft.

Hypokaustenheizung (griech. ὑποκαυστον) Fußbodenheizung antiker Bäder und Thermen, bei der heiße Luft durch in Fußböden und Wände verlegte Röhren geleitet wird.

Joch Teilraum eines durch vier von senkrechten Stützen getragenen Gewölbefeldes innerhalb einer Gewölbefolge gleichartiger Abschnitte.

Kämpfer Oberste oft plastisch hervortretende Platte über einer Stütze oder einem Kapitell, die zugleich als Auflager für Gewölbe, Bogen oder Gebälk fungiert.

Kapelle (von lat. *capella* – kleiner Mantel) Kleiner Sakralraum mit Altar als Teil einer Kirche oder auch als eigenständiges Gebäude.

Kapitell (lat. *capitellum*) Plastisch gearbeitetes Kopfstück einer Stütze (Säule, Pfeiler, Pilaster), vermittelt zwischen Stütze und Last.

Kathedrale (von griech. καθέδρα – Lehrstuhl, Bischofsstuhl) Bischofskirche.

Kreuzrippengewölbe Die kreuzförmigen Grate des Gewölbes werden durch Rippen unterlegt, die höhere Stabilität garantieren.

Langhaus Teil des Kirchengebäudes zwischen Westbau bzw. Westfassade und Vierung, der einschiffig als Saalbau und mehrschiffig als Basilika bzw. Hallenkirche errichtet sein konnte.

Lavatorium (von lat. *lavare* – waschen) Waschgelegenheit im Kloster entweder als Reihenwaschanlage oder in Form eines Fließbrunnens.

Lettner (von lat. *lectorium*) In Klosterkirchen niedrige Mauer mit verschließbaren Durchgängen, die den Laienraum vom Mönchschor trennt. In Bischofskirchen befindet sich auf dem Lettner eine Tribüne für den Chor und ein Lesepult zur Lesung der Evangelien.

Maßwerk Geometrisch konstruierte Ornamentformen zur Ausgestaltung des Bogenfeldes über der Kämpferlinie bei Fenstern.

Obergaden (zu Gaden – Stockwerk) Obere Fensterzone im Mittelschiff einer Basilika.

Okulus (lat. *oculus* – Auge) Kleines Rundfenster.

Pfeiler Rechteckige oder polygonale Stütze mit Kämpfer, aber ohne Basis, die je nach Ausbildung und Lage verschiedene Bezeichnungen trägt (Freipfeiler, Wandpfeiler etc.).

Polygon, polygonal (zu griech. πολὺ – viel u. γωνία – Winkel) Vieleck, vieleckig.

Presbyterium (lat. zu griech. πρεσβύτερος – Ältester, Priester) Raum, der den Priestern vorbehalten ist, meist der Altarraum.

Querhaus (auch Querschiff, Transept) Rechtwinklig zum Langhaus verlaufender ein- oder mehrschiffiger Bauteil.

Radialkapellen Kapellen eines apsidialen oder polygonalen Chorumgangs.

Sanktuarium (zu lat. *sanctus* – heilig) Heiligtum. Bezeichnung für den heiligsten Raum in der Kirche, für den Altarraum.

Säule Runde bzw. polygonale Stütze bestehend aus Basis, Schaft und Kapitell. Der Säulenschaft kann monolithisch gearbeitet sein, aber auch aus Trommeln bestehen.

Schiff Längs oder quer ausgerichteter Innenraum, meist einer Kirche (Hallenkirche, Basilika), der durch Stützen begrenzt wird, die Lang- bzw. Querhaus in Hauptschiff und Seitenschiffe unterteilen.

Schlussstein Meist ornamental oder sogar figürlich ausgearbeiteter Stein im Scheitelpunkt eines Bogens oder Kreuzungspunkt eines Rippengewölbes.

Triforium (lat. *tri-fores* – Dreibogenöffnung) Laufgang zwischen Arkaden und Obergaden oder Empore und Obergaden einer Basilika. Beim Blendtriforium fällt der Laufgang weg.

Vierung Schnittstelle von Lang- und Querhaus, die oft architektonisch hervorgehoben wurde. Eine Vierung über quadratischem Grundriss mit gleich hohen Gurtbogen wird als ausgeschiedene Vierung bezeichnet.

Verzeichnis der Abkürzungen und Siglen

AF Analecta Franciscana, Sive Chronica aliaque varia documenta ad historiam Fratrum Minorum (ed. Patribus Collegii s. Bonaventurae). Quaracchi 1885 ff.

AFH Archivum Franciscanum Historicum. Florenz – Quaracchi 1908 ff.

ALKGMA Archiv für Literatur- und Kirchengeschichte des Mittelalters. Hg. v. H. Denifle/F. Ehrle. Berlin – Freiburg 1855 ff.

AnalCart Analecta Cartusiana. Berlin – Salzburg 1970 ff.

AnalPraem Analecta Praemonastratensia. Tongerloo 1925 ff.

ASOC Analecta Sacri Ordinis Cisterciensis. Rom 1945–1964.

CChrCM Corpus christianorum […] Continuatio mediaevalis. Turnhout 1966 ff.

CCL Corpus Christianorum […] Series latina. Turnhout 1953 ff.

CCM Corpus Consuetudinum Monasticarum. Siegburg 1963 ff.

CF Cistercian Fathers Series. Spencer – Washington – Kalamazoo 1970 ff.

CistC Cistercienser Chronik. Bregenz 1889 ff.

Cîteaux Cîteaux: Commentarii Cistercienses. Westmalle 1959 ff.

Cîteaux: SD Cîteaux: Commentarii Cistercienses, Studia et Documenta.

CollCist Collectanea Cisterciensia. Scourmont 1966 ff.

CSEL Corpus scriptorum ecclesiasticorum Latinorum Academiae Vindobonensis. Wien 1866 ff.

DQZ Dominikanische Quellen und Zeugnisse. Hg. von Thomas Eggensperger O. P. u. Ulrich Engel O. P. Leipzig 1999 ff.

FQ Franziskanische Quellenschriften. Hg. v. den deutschen Franziskanern. Werl 1951 ff.

MGH Monumenta Germaniae Historica inde ab a. C. 500 usque ad a. 1500. Hannover – Berlin 1823 ff.

MGH Conc. Monumenta Germaniae Historica. Leges. Concilia.

MGH DD Monumenta Germaniae Historica. Diplomata.

MGH LL Monumenta Germaniae Historica. Leges.

MGH LM Monumenta Germaniae Historica. Antiquitates. Libri memoriales et necrologia.

MGH SS Monumenta Germaniae Historica. Scriptores.

MiscFranc Miscellanea Franciscana. Foligno – Rom 1886 ff.

MOPH Monumenta Ordinis Fratrum Praedicatorum Historica, Bde. 1–14. Rom – Löwen 1896–1904; Bde. 15 ff. Rom 1933 ff.

PG Patrologiae cursus completus. Series graeca. Hg. v. Jacques-Paul Migne. Paris 1857 ff.

PL Patrologiae cursus completus. Series latina. Hg. v. Jacques-Paul Migne. Paris 1841 ff.

QF Quellen und Forschungen zur Geschichte des Dominikanerordens in Deutschland. Leipzig 1907 ff., N. F. Köln 1992 ff.

QSZ Quellen und Studien zur Zisterzienserliteratur. Langwaden – Turnhout 1998 ff.

RoJKG Rottenburger Jahrbuch für Kirchengeschichte. Sigmaringen 1982 ff.

SCh Sources chrétiennes. Hg. v. H. de Lubac und J. Daniélou. Paris 1913 ff.

SF Spicilegium Friburgense. Texts Concerning the History of Christian Life. Freiburg im Üchtland 1957 ff.

StMGB Studien und Mitteilungen zur Geschichte des Benediktinerordens und seiner Zweige. Sankt Ottilien, N. F. 1911 ff.

StudGKKZ Studien zur Geschichte, Kunst und Kultur der Zisterzienser. Berlin 1996 ff.

SW Sämtliche Werke

ZfKG Zeitschrift für Kirchengeschichte. Leipzig – München 1932 ff.

Literaturverzeichnis

I. Quellen

Acta capitulorum generalium Ordinis Praedicatorum 1220–1303. Ed. Benedikt Maria Reichert. In: MOPH 16, 1935, S. 89–194.

Annales Rodenses. Van transcriptie, tekstkritische noten en een inleiding voorzien door Petrus Cornelis Boeren en Gerard Willem Augustinus Panhysen, Assen 1968; dt.: Annales Rodenses. Hg. u. übers. v. Franz Heidbüchel u. Hermann Kramer. Aachen 1990 (Heimatblätter des Kreises Aachen 45, 3/4).

Athanasius, *Vita Antonii*. PG 26, c. 835–976; dt.: *Vita Antonii*. Hg. u. mit einer Einl. versehen v. Adolf Gottfried, übers. v. Heinrich Przybyla. Leipzig 1986.

Augustinus von Hippo: Regel für die Gemeinschaft. Mit Einf. u. Komm. v. Tarsicius Jan van Bavel O.S.A. Ins Deutsche übertr. v. Ludger Horstkötter O.Praem. Würzburg 1990.

Beati Jordani de Saxonia epistulae. Hg. v. A. Walz. In: MOPH 23, 1951; dt.: Jordan von Sachsen. Die Briefe. Übers. v. J. Mumbauer. Vechta 1927.

Bernhard von Clairvaux: *Apologia ad Guillelmum Abbatem*. SW. Bd. 2, S. 138–204.

Bernhard von Clairvaux: *Epistolae*. SW. Bd. 2 (Ep. 1–180); Bd. 3 (Ep. 181–551).

Bernhard von Clairvaux: Sämtliche Werke. Lat./dt., 10 Bde., hg. v. Gerhard B. Winkler. Innsbruck 1990–1999.

Bernoldi Chronicon. Ed. Georg Heinrich Pertz, MGH SS, 5, S. 385–467.

Berthold von Regensburg: *Predigten*. In: Die Predigten des Franziskaners Berthold von Regensburg. Mit unverändertem Texte in jetziger Schriftsprache hg. v. Franz Göbel. Regensburg [5]1929.

Berthold von Regensburg: Vier Predigten. Mhd./nhd., übers. u. hg. v. Werner Röcke. Leipzig 1983.

Bonaventura: *Legenda Maior Sancti Francisci*. In: AF 10 (1926/41), S. 555–652; dt. Übers. v. Sophronius Clasen, FQ 7 (1962), S. 249–436.

Bullarium Franciscanum Romanorum Pontificium. Hg. v. J. H. Sbaralea, 4 Bde. Rom 1759–1768 (Repr. 1983).

Bullarium Ordinis Fratrum Praedicatorum (1215–1549). Hg. v. Th. Ripoll/A. Bremond, 4 Bde. Rom 1729–1739.

Caesarius von Arles: *Regula sanctarum virginum*: *Caesarii sancti episcopi Arelatensis Opera omnia*. Ed. G. Morin O.S.B., Bd. 2, 1942, S. 101–127; engl.: The Rule for Nuns of Saint Caesarius of Arles. A transl. with a critical introduction by Maria Caritas McCarthy. Washington D.C. 1960, S. 170–204 (Studies in Medieval History, N. S. 16).

Caesarius von Heisterbach: *Caesarii Heisterbacensis Monachi Ordinis Cisterciensis Dialogus miraculorum*. Ed. J. Strange, 2 Bde. Köln – Bonn – Brüssel 1851 (Nachdr. Ridgewood 1966).

Canivez, Joseph Maria (Hg.): *Statuta Capitulorum Generalium Ordinis Cisterciensis ab anno 1116 ad annum 1786*. 8 Bde. Louvain 1933–1941.

Capitulare de villis imperialibus. Ed. Georg Heinrich Pertz, MGH LL, 1, S. 181–187; dt. Übers. in: Geschichte in Quellen, Bd. 2: Mittelalter. Bearb. v. Wolfgang Lautemann. München 1970, S. 95–101.

Cassiodor: *Institutiones divinarum et saecularium litterarum* – Einführung in die geistlichen und weltlichen Wissenschaften. Lat./dt., übers. u. eingel. v. Wolfgang Bürsgens, 2 Bde. Freiburg im Breisgau 2003 (Fontes Christiani 39,1/2).

Chrodegang von Metz: The Chrodegang Rules: The Rules for the Common Life of the Secular Clergy from the Eighth and Ninth Centuries. Critical texts with transl. and comm. by Jerome Bertram. Aldershot 2005.

Chronicon montis sereni. Ed. E. Ehrenfeuchter, MGH SS, 23, S. 130–226; dt.: Chronik vom Petersberg nebst der Genealogie der Wettiner. Übers. u. erl. v. Wolfgang Kirsch. Halle 1996.

Chronik des Franciscaner Lesemeisters Detmar. Nach der Urschrift und mit Erg. aus anderen Chroniken hg. v. F. H. Grautoff, 1. Teil. Hamburg 1929.

Die Chronik des Klosters Petershausen. Neu hg. u. übers. v. Otto Feger. Sigmaringen 1978 (Schwäbische Chroniken der Stauferzeit 2).

Chronicon Riddagshusense. Heinrich Meiboms Chronik des Klosters Riddagshausen 1145–1620. Eingel., übers. u. erl. v. Gottfried Zimmermann. Braunschweig 1983.

Cluny im 10. und 11. Jahrhundert. Eingel. u. zusammengestellt v. Joachim Wollasch. Göttingen 1967 (Historische Texte – Mittelalter 6).

Codex diplomaticus Brandenburgensis: Sammlung der Urkunden, Chroniken und sonstigen Quellenschriften für die Geschichte der Mark Brandenburg und ihrer Regenten. Hg. v. Adolph Friedrich Riedel. Berlin 1838–1869.

Codex diplomaticus Saxoniae Regiae I,2. Urkunden der Markgrafen von Meißen und Landgrafen von Thüringen 1100–1195. Hg. v. Otto Posse. Leipzig 1889, Nr. 355 u. 404.

Codex Hirsaugiensis. Stuttgart 1843.

Collectio consuetudinum praemonstratensium. In: Ludo Milis: *De Premonstratenzer-Wetgeving in de XIIe eeuw. een nieuwe getuige*. In: AnalPraem 45 (1969), S. 5–23.

Constitutiones Hirsaugienses: Sancti Willhelmi Constitutiones Hirsaugienses seu Gengenbacenses. PL 150, c. 923–1146.

Constitutiones ordinis fratrum predicatorum. In: Heinrich Denifle O.P.: *Die Constitutionen des Prediger-Ordens vom Jahre 1228*. In: ALKGMA 1 (1885), S. 165–227. Neuedition: Tugwell 2001, S. 160–182; dt. Übers. in: Jordan von Sachsen, S. 244–297.

Consuetudines Canonicorum Regularium Rodenses. Die Lebensordnung des Regularkanonikerstiftes Klosterrath. Lat./dt., Text erstellt v. Stefan Weinfurter, übers. u. eingel. v. Helmut Deutz. Freiburg im Breisgau (Fontes Christiani 11,1/2).

Consuetudines canonicorum regularium Springiersbacenses-Rodenses. Ed. Stefan Weinfurter. Turnhout 1978 (CChrCM 43).

Consuetudines Cartusiae: Guigues Ier le Chartreux, Coutumes de Chartreuse. Introduction, texte critique, traduction et notes par un chartreux, réimpression de la première édition revue et corrigée. Paris 2001 (SCh 313); dt. Übers. Posado 1987, S. 277–319.

Consuetudines Cluniacensis: Antiquiores consuetudines cluniacensis monasterii collectore Udalrico monacho benedictino. PL 149, c. 635–778.

Consuetudines Marbacensis. In: Josef Siegwart O.P.: Die Consuetudines des Augustiner-Chorherrenstiftes Marbach im Elsass (12. Jahrhundert). Freiburg im Üchtland 1965 (SF 10).

Consuetudines de ordine laicorum. In: Krings 2000, S. 22–28.

Descriptio positionis seu situationis monasterii Clarae-vallensis. PL 185, c. 569–574; dt. Übers.: Spahr, Kolumban: *Beschreibung von Clairvaux im 13. Jahrhundert*. In: CistC 68 (1961), S. 53–64.

Ecclesiastica Officia. Gebräuchebuch der Zisterzienser aus dem 12. Jahrhundert. Lateinischer Text nach den Handschriften Dijon 114, Trient 1711, Ljubljana 31. Paris 4346 und Wolfenbüttel Codex Guelferbytantus 1068. Dt. Übers., liturg. Anhang, Fußnoten und Index nach der lat.-frz. Ausg. v. Danièle Choisselet (La Coudre) u. Placide Vernet (Cîteaux), übers., bearb. u. hg. v. Hermann M. Herzog (Marienstatt) u. Johannes Müller (Himmerod). Langwaden 2003 (QSZ 7).

Ehrle, Franz: *Die ältesten Redaktionen der Generalkonstitutionen des Franziskanerordens*. In: ALKGMA 6 (1892), S. 1–138.

Einmütig in der Liebe. Die frühesten Quellentexte von Cîteaux. Antiquissimi Textus Cistercienses. Hg. v. Hildegard Brem u. Alberich Martin Altermatt. Langwaden – Turnhout 1998 (QSZ 1).

Epistulae Cartusianae – Frühe Kartäuserbriefe, lat./dt. Bruno, Guigo, Anthelm; übers. u. eingel. v. Gisbert Greshake. Freiburg im Breisgau 1992 (Fontes Christiani 10).

Ernst von Kirchberg: Mecklenburgische Reimchronik. Hg. v. Christa Cordshagen. Köln 1997.

Esser, Kajetan O.F.M.: Die Opuscula des hl. Franziskus von Assisi. Neue textkrit. Ed. Grottaferrata 1976 (Spicilegium Bonaventurianum 13).

Fundatio monasterii Gratiae Dei. Ed. Hermann Papst, MGH SS, 20, S. 683–691; dt.: Leben des heiligen Norbert Erzbischofs von Magdeburg nebst der Lebensbeschreibung des Grafen Gottfried von Kappenberg und Auszügen aus verwandten Quellen. Übers. v. G. Hertel. Leipzig 1881, S. 163–180 (Geschichtsschreiber der deutschen Vorzeit 13).

Gerhard de Frachet: *Vitae fratrum*. Hg. v. Benedikt Maria Reichert O.P. In: MOPH 1. Löwen 1896; dt. Übers.: Dominikanerlegende. Aus dem Lat. des Gerhard v. Frachet ausgew. u. bearb. v. P. Raphael Maria Stadtmüller O.P. Dülmen 1921.

Germania Pontifica, III,3, ed. Albert Brackmann. Berlin 1935.

Gregor der Grosse: Der hl. Benedikt. Buch II der Dialoge lat./dt. Hg. im Auftr. der Salzburger Äbtekonferenz. Sankt Ottilien 1995.

Gregor der Grosse: *Sancti Gregorii Magni registrum epistularum libri VIII–XIV*. Ed. Dag Norberg. Turnhout 1982 (CCL 140A); dt.: Des heiligen Kirchenlehrers Gregorius des Großen ausgewählte Briefe, übers. u. mit Anm. versehen v. Theodor Kranzfelder, S. 489 f. u. S. 556–560 (Bibliothek der Kirchenväter).

Guibert de Nogent: *De vita sua*. PL 156 c. 837–962; engl. Übers.: John F. Benton: Self and Society in Medieval France. Toronto 1996.

Hardick, Lothar/Grau, Engelbert (Hg.): Die Schriften des heiligen Franziskus von Assisi. Werl [8]2001 (FQ 1).

Hildemar von Corbie: *Expositio regulae* [ab Hilderamo tradita et nunc primum typis mandata]. Hg. v. Rupertus Mittermüller. Regensburg 1880.

Historia Hirsaugiensis monasterii. Ed. Georg Waitz. MGH SS, 14, S. 254–265.

Hogg, James: *Die ältesten Consuetudines der Kartäuser*. In: AnalCart 1 (1970), S. 3–252.

Idung von Prüfening: *Dialogus duorum monachorum [et] Argumentum super quatuor questionibus*. Ed. R. B. Huygens: Le moine Idung et ses deux ouvrages: «Argumentum super quatuor questionibus» et «Dialogus duorum monachorum». Spoleto 1980 (Biblioteca degli Studii Medievali 9); engl. Übers.: O'Sullivan, Jeremiah F./Leahey, Joseph/Periggo, Grace: Cistercians and Cluniacs. The Case for Cîteaux. Kalamazoo 1977 (CF 33).

Institutio canonicorum Aquisgranensis. Ed. A. Werminghoff, MGH Conc., 2,1, S. 308–421.

Institutio sanctimonialium Aquisgranensis. Ed. A. Werminghoff, MGH Conc., 2,1, S. 421–456.

Iulianus de Spira: Vita Sancti Francisci. In: AF 10 (1926/41), S. 333–371; dt.: Julian von Speyer: Leben des heiligen Franziskus. Einf. u. Übers. v. Jason M. Miskuly O.F.M. u. Maria-Sybille Bienentreu. Werl 1989 (FQ 10).

Jakob von Vitry: *Historia Occidentalis* – The „Historia Occidentalis" of Jacob de Vitry. A Critical Edition. Ed. John F. Hinnebusch. Fribourg 1972 (SF 17).

Johannes Cassian: *Collationes Patrum*. CSEL 13; dt.: Unterredungen mit den Vätern. Übers. v. Karl Kohlhund. In: Sämtliche Schriften, 1 u. 2. Kempten 1879 (Bibliothek der Kirchenväter).

Johannes Cassian: *De institutis coenobiorum*. CSEL 17; dt.: Von den Einrichtungen der Klöster. Übers. v. Antonius Abt. In: Sämtliche Schriften, 1. Kempten 1879 (Bibliothek der Kirchenväter).

Jordan von Giano: *Chronica Fratris Jordanis*. Hg. v. Heinrich Boehmer. Paris 1908 (Collection d'études et de documents sur l'histoire réligieuse et littéraire du moyen-âge 6); dt.: Nach Deutschland und England. Die Chroniken der Minderbrüder Jordan von Giano und Thomas von Eccleston. Übers. v. Lothar Hardick O.F.M. Werl 1957, S. 37–95 (FQ 6).

Jordan von Sachsen: Ordensmeister – Geschichtsschreiber – Beter. Eine Textsammlung. Hg. v. Wolfram Hoyer. Leipzig 2002 (DQZ 3).

Kapitularien. Ausgewählt u. eingel. v. Reinhard Schneider. Göttingen 1968 (Historische Texte – Mittelalter 5).

Klosterleben im Mittelalter. Nach zeitgen. Quellen v. Johannes Bühler. Frankfurt am Main 1989 (Erstausg. 1923).

Konrad von Eberbach: *Exordium Magnum Cisterciense* oder der Bericht vom Anfang des Zisterzienserordens. Lat./dt., übers. u. komm. v. Heinz Piesik, 2 Bde. Langwaden 2000–2002 (QSZ 3 u. 5).

Krings, Bruno: *Das Ordensrecht der Prämonstratenser vom späten 12. Jahrhundert bis zum Jahr 1227. Der liber consuetudinum und die Dekrete des Generalkapitels*. In: AnalPraem 69 (1993), S. 107–242.

Küch, Friedrich: Eine Abtschronik von Altenberg. In: Zeitschrift des Bergischen Geschichtsvereins 29 (1893), S. 171–191.

Legenda trium sociorum. Hg. v. G. Abate. In: MiscFranc 39 (1939), S. 375–432; dt.: Die Dreigefährtenlegende des heiligen Franziskus von Assisi und der Anonymus Perusinus. Einf., Übers. u. Anm. v. Engelbert Grau. Werl 1993, S. 27–182 (FQ 8).

Libellus de principiis ordines Praedicatorum auctore Jordano de Saxonia. Hg. v. Heribert C. Scheeben. In: MOPH 16, 1935, S. 1–88; dt. Übers.: Jordan von Sachsen, S. 18–95.
Liber consuetudinum de ordine clericorum. In: Placide F. Lefèvre u. Wilfried M. Grauwen: Les statuts de Prémontré au milieu du XIIe siècle. Averbode 1978 (Bibliotheca Analectorum Praemonstratensium 12).
Liber ordinarius. In: Placide F. Lefèvre: L'ordinaire de Prémontré d'après des mss. du XIIe et du XIIIe siècle. Löwen 1941.
Liber Tramitis Aevi Odilonis Abbatis. Hg. v. Peter Dinter. Siegburg 1980 (CCM 10).
Lucet, Bernard (Hg.): La Codification Cistercienne de 1202 et son évolution ultérieure. Rom 1964 (Bibliotheca Cistercienses 2).
Lucet, B. (Hg.): Les Codifications Cisterciennes de 1237 et de 1257. Paris 1977.

Mansi, Joannes Dominicus: *Sacrorum Conciliorum nova, et amplissima collectio*. Bd. 22 (1166–1225). Venedig 1778 (Faksimile Leipzig 1903).
Mecklenburgisches Urkundenbuch. Hg. v. Verein für Mecklenburgische Geschichte und Alterthumskunde. Schwerin 1863 ff.

Neuerung und Erneuerung. Wichtige Quellentexte aus der Geschichte des Zisterzienserordens vom 12. bis 17. Jahrhundert. Hg. v. Hildegard Brem u. Alberich M. Altermatt. Langwaden 2003 (QSZ 6).

Ordericus Vitalis: *Historia aecclesiastica* – The Ecclesiastical History. 6 Bde. Ed. & transl. by Marjorie Chibnall. Oxford 1969–1980.
Ordo monasterii. In: Luc Verheijen (Ed.): La règle de saint Augustin. Bd. 1: Tradition manuscrite. Paris 1967, S. 148–152; dt. Übers.: W. Hümpfner. In: Hans Urs von Balthasar, Die großen Ordensregeln. Einsiedeln [7]1994, S. 158–160.

Pictor in Carmine. Ein Handbuch der Typologie aus der Zeit um 1200. Nach MS 300 des Corpus Christi College in Cambridge. Hg. v. Karl-August Wirth. Berlin 2006.
Praeceptum. In: Luc Verheijen (Ed.): La règle de saint Augustin. Bd. 1: Tradition manuscrite. Paris 1967, S. 417–437; dt. Übers.: W. Hümpfner. In: Hans Urs von Balthasar, Die großen Ordensregeln. Einsiedeln [7]1994, S. 161–171.

Raymond de Peñafort: *Constitutiones ordinis fratrum predicatorum*. In: Raymond Creytens O.P.: *Les constitutions des frères prêcheurs dans la rédaction de s. Raymond de Peñafort (1241)*. In: Archivum Fratrum Praedicatorum 18 (1948), S. 5–68.
Regesta, diplomatica necnon epistolaria historiae Thuringiae. Bd. 3 (1228–1266). Bearb. u. hg. v. Otto Dobenecker. Jena 1925.
Regula Benedicti – Die Benediktus-Regel, lat./dt. Hg. im Auftrag der Salzburger Äbtekonferenz. Beuron 1992.
Regula clericorum. PL 163, c. 703–748.
Regula magistri: La règle du maître. Ed. Adalbert Vogüé, 3 Bde. Paris 1964–1965 (SCh 105–107); dt.: Die Magisterregel. Einf. u. Übers. v. Karl Suso Frank. Sankt Ottilien 1989.
Regular Life. Monastic, Canonical, and Mendicant Rules. Selected and Introd. by Daniel Marcel La Corte and Douglas J. McMillan. 2nd ed. Kalamazoo 2004.
Reuner Musterbuch. Faksimile-Ausg. im Originalformat des Musterbuches aus Codex Vindobonensis 507 (Folia 1–13) der Österreichischen Nationalbibliothek. Graz 1979 (Codices selecti 64).

Sacrum commercium sancti Francisci cum domina paupertate. Hg. v. PP. Collegii Sanctae Bonaventurae. Quaracchi 1929; dt.: Der Bund des heiligen Franziskus mit der Herrin Armut. Einf., Übers. u. Anm. v. Kajetan Eßer O.F.M. u. Engelbert Grau O.F.M. Werl 1966 (FQ 9).
Salimbene da Parma: *Cronica*. In: Salimbene <de Adam>, Cronica d. Giuseppe Scalia. Turnhout 1998 ff. (CChrCM 125, 125A); dt.: Die Chronik des Salimbene von Parma. Übers. u. bearb. v. Alfred Doren (Geschichtsschreiber der deutschen Vorzeit 2).
Scheeben, Heribert Christian: *Die Konstitutionen des Predigerordens unter Jordan von Sachsen*. In: QF 38 (1939), S. 48–80.
Smaragdus von Sankt Mihiel: *Expositio in regulam sancti Benedicti*. PL 102, c. 632–932; engl.: Commentary of the Rule of Saint Benedict. Transl. by David Barry, Introd. essays by Terence Kardong. Kalamazoo 2007.
Statuta generalia ordinis edita in capitulis generalibus celebratis Narbonae an. 1260, Assisii an. 1279 atque Parisiis an. 1292. Editio critica et synoptica. Ed. M. B. Biehl. In: AFH 34 (1941), S. 13–94 u. 284–358.
Statuta Petri Venerabilis: Consuetudines benedictinae variae (Saec. XI–Saec. XIV). Ed. Giles Constable. Siegburg 1975, S. 20–106 (CCM 6).
Stephan Lexington: *Conductus domus sapienter staturate (pro domo Savigniaco)*. In: ASOC 8 (1952), S. 224–232; dt. Übers.: Bruno Griesser: *Die Wirtschaftsordnung des Abtes Stephan Lexington für das Kloster Savigny (1230)*. In: CistC 58 (1951), S. 13–28.
Stephen von Sawley: *Speculum novitii*. In: Edmond Mikkers: *Un «Speculum novitii» inédit d'Etienne de Salley*. In: CollCist 8 (1946), S. 17–68; engl.: Stephen of Sawley: Treatises. Transl. by Jeremiah F. O'Sullivan. Kalamazoo 1984, S. 83–122 (CF 36).
Sundt, Richard A.: *Mediocres domos et humilis habeant fratres nostri: Dominican Legislation on Architecture and Architectural Decoration in the 13th Century*. In: Journal of the Society of Architectural Historians 46 (1987), S. 394–407.

Theophilus Presbyter: *De diversis artibus*. In: Erhard Brepohl: Theophilus Presbyter und das mittelalterliche Kunsthandwerk. 2 Bde. Köln – Weimar – Wien 1999.
Thomas von Aquin: *Summa theologica*. In: Die deutsche Thomasausgabe, 36 Bde., vollst., ungek. dt.-lat. Ausg. der Summa Theologica des Thomas von Aquin, übers. v. den Dominikanern u. Benediktinern Deutschlands u. Österreichs, hg. v. katholischen Akademikerverband 1933 ff.
Thomas de Celano: *Vita Prima Sancti Francisci*. In: AF 10 (1926/41), S. 1–117; dt.: Thomas von Celano: Leben und Wunder des heiligen Franziskus von Assisi. Übers. v. Engelbert Grau. Kevelaer 2001, S. 73–216 (FQ 5).
Thomas de Celano: *Vita Secunda Sancti Francisci*. In: AF 10 (1926/41), S. 127–268; dt.: Thomas von Celano: Leben und Wunder des heiligen Franziskus von Assisi. Übers. v. Engelbert Grau. Kevelaer 2001, S. 217–416 (FQ 5).
Thomas Eccleston: *De Adventu Fratrum Minorum in Angliam*. In: The Chronicle of Thomas Eccleston. Hg. v. A. G. Little, Manchester 1951; dt. Übers.: Nach Deutschland und England. Die Chroniken der Minderbrüder Jordan von Giano und Thomas Eccleston. Hg. v. Lothar Hardick O.F.M. Werl 1957, S. 115–214 (FQ 6).

Die Urkunden der deutschen Könige und Kaiser. Bd. 6: Die Urkunden Heinrichs IV., MGH DD, H.IV. Weimar 1953.
Die Urkunden des Zisterzienserstiftes Lilienfeld 1111–1892. Bearb. v. Gerhard Winner. Wien 1974 (Fontes rerum Austriacarum, 2. Abt., Diplomataria et acta, Bd. 81).
Urkundenbuch der Abtei Altenberg: Urkundenbücher der geistlichen Stiftungen des Niederrheins III. Abtei Altenberg. Bearb. v. Hans Mosler, Teilbd. 1. Bonn 1912.
Urkundenbuch des Klosters Paulinzelle 1068–1534. Hg. v. Ernst Anemüller. Jena 1905 (Thüringische Geschichtsquellen, N.F., Bd. 4).
Urkundenbuch der Stadt Esslingen. Bd. 1, bearb. v. Adolf Diehl. Stuttgart 1899 (Württembergische Geschichtsquellen, Bd. 4).

Das Verbrüderungsbuch der Abtei Reichenau – Liber confraternitatum Augiensis. Hg. v. Johanne Autenrieth. Hannover 1979 (MGH LM 4, N.S., 1, Societas et fraternitas).
Vita Paulinae: Sigebotonis Vita Paulinae. Ed. I. R. Dietrich, MGH SS, 30,2, S. 909–938; dt. Übers.: Camilla Badstübner-Kizik: *Übersetzung der Vita Paulinae des Sigeboto und Kommentar*. In: StMGB 109 (1998), S. 91–184.
Vita Sancti Norberti Archiepiscopi Magdeburgensis (Fassung A), lat./dt. In: Lebensbeschreibungen einiger Bischöfe des 10.–12. Jahrhunderts. Übers. v. Hatto Kallfelz. Darmstadt ²1986, S. 443–541.
Vita Willhelmi Abbatis Hirsaugiensis auctore Haimone. Ed. W. Wattenbach, MGH SS, 12, S. 208–225.
Die Viten Gottfrieds von Cappenberg. Hg. v. Gerlinde Niemeyer u. Ingrid Ehlers-Kisseler. Hannover 2005 (MGH SS 74); dt.: Leben des heiligen Norbert Erzbischofs von Magdeburg nebst der Lebensbeschreibung des Grafen Gottfried von Kappenberg und Auszügen aus verwandten Quellen. Übers. v. G. Hertel. Leipzig 1881, S. 121–159 (Geschichtsschreiber der deutschen Vorzeit 13).

Waddell, Chrysogonus (Hg.): Cistercian Lay Brothers Twelfth-Century Usages with Related Texts. Latin Text with Concordance of Latin Terms, English Transl.s and Notes. Brecht 2000 (Cîteaux: SD 10).
Waddell, C. (Hg.): Narrative and Legislative Texts from Early Cîteaux. Latin text in dual edition with English transl. and notes. Brecht 1999 (Cîteaux: SD 9).
Waddell, C. (Hg.): Twelfth-Century Statutes from the Cistercian General Chapter. Brecht 2002 (Cîteaux: SD 12).
Waefelghem, Raphael van: *Les premiers statuts de l'ordre de Prémontré*. In: Analectes de l'Ordre de Prémontré 9 (1913), S. 1–74.
Wilhelm von Saint-Thierry: *Epistola ad fratres de Monte Dei*. In: Guillaume de Saint-Thierry: Lettre aux frères du Mont-Dieu (Lettre d'or). Introd., texte crit., trad. et notes par Jean Déchanet. Paris 1975 (SCh 223); dt. übers. v. Bernhard Kohout-Berghammer: Der Goldene Brief. Hg. v. der Zisterzienserinnen-Abtei Eschenbach 1992 (Texte der Zisterzienser-Väter, Bd. 5).
Wirtembergisches Urkundenbuch. Bd. 1. Stuttgart 1849.

Ziegler, Charlotte (Hg.): Die Konversenregel Codex 129 des Stiftes Zwettl. Zwettl 2005 (*Scriptorium Ordinis Cisterciensium Monasterii BMV* in Zwettl 7).
Zöllner, Walter: Die Urkunden und Besitzaufzeichnungen des Stifts Hamersleben (1108–1462). Leipzig 1979.
Die Zwiefalter Chroniken Ortliebs und Bertholds. Neu hg., übers. u. erl. v. Luitpold Wallach, Erich König u. Karl Otto Müller. Sigmaringen 1978 (Schwäbische Chroniken der Stauferzeit 2).

2. Sekundärliteratur

Ordensgeschichte und Klosterarchitektur allgemein

Angenendt, Arnold: Geschichte der Religiosität im Mittelalter. Darmstadt ²2000.

Badstübner, Ernst: Die Kirchen der Mönche. Berlin 1980.
Bek, D./Hahn, K./Untermann, M./Wipfler, K.: Klöster in Deutschland. Stuttgart 2008.
Benediktinische Kunst. Kultur und Geschichte eines europäischen Erbes. Hg. v. Roberto Cassanelli u. Eduardo López-Tello García. Regensburg 2007 (Originalausg.: Benedetto. L'eredità artistica. Mailand 2007).
Binding, Günther: Baubetrieb im Mittelalter. Darmstadt 1993.
Binding, G./Linscheid-Burdich, Susanne: Planen und Bauen im frühen und hohen Mittelalter nach den Schriftquellen bis 1250. Darmstadt 2002.
Binding, Günther/Untermann, Matthias: Kleine Geschichte der mittelalterlichen Ordensbaukunst in Deutschland. Darmstadt ³2001.
Brandenburgisches Klosterbuch. Handbuch der Klöster, Stifte und Kommenden bis zur Mitte des 16. Jahrhunderts. 2 Bde. Hg. v. Heinz-Dieter Heimann, Klaus Neitmann u. Winfried Schich. Berlin 2007.
Braun, Joseph: Liturgisches Handlexikon. Regensburg 1924.
Braunfels, Wolfgang: Abendländische Klosterbaukunst. Köln ⁵1985.

Cygler, Florent: Das Generalkapitel im hohen Mittelalter. Cistercienser, Prämonstratenser, Kartäuser und Cluniazenser. Münster 2002 (Vita regularis 12).

Frank, Karl Suso (Hg.): Askese und Mönchtum in der Alten Kirche. Darmstadt 1975 (Wege der Forschung 409).

Hallinger, Cassius O.S.B.: *Consuetudo. Begriff, Formen, Forschungsgeschichte, Inhalt*. In: Untersuchungen zu Kloster und Stift. Hg. v. Max-Planck-Institut für Geschichte. Göttingen 1980, S. 140–166 (Studien zur Germania Sacra 14).
Hawel, Peter: Das Mönchtum im Abendland. Geschichte, Kultur, Lebensform. Freiburg im Breisgau 1993.

Kaspar, Clemens/Schreiner, Klaus. (Hg.): *Viva vox* und *ratio scripta*. Mündliche und schriftliche Kommunikationsformen im Mönchtum des Mittelalters. Münster 1997 (Vita regularis 5).
Krüger, Kristina: Orden und Klöster. 2000 Jahre christliche Kunst und Kultur. [Königswinter] 2007.

Leclercq, Jean: Wissenschaft und Gottverlangen. Zur Mönchstheologie des Mittelalters. Düsseldorf 1963.
Legler, Rolf: Der Kreuzgang. Ein Bautypus des Mittelalters. Frankfurt am Main 1989.
Legler, R.: Tempel des Wassers. Brunnen und Brunnenhäuser in den Klöstern Europas. Stuttgart 2005.
Luttenbach, Hubertus: Monachus factus est. Die Mönchwerdung im frühen Mittelalter. Zugleich ein Beitrag zur Frömmigkeits- und Liturgiegeschichte. München 1995 (Beiträge zur Geschichte des alten Mönchtum und des Benediktinertums 44).

MARCHAL, Guy Paul: *Einleitung. Die Dom- und Kollegiatstifte der Schweiz.* In: Helvetia Sacra II,2 – Die weltlichen Kollegiatstifte der deutsch- und französischsprachigen Schweiz. Redigiert v. G. P. Marchal. Bern 1999, S. 27–102.

MELVILLE, Gert/MÜLLER, Anne (Hg.): Mittelalterliche Orden und Klöster im Vergleich. Methodische Ansätze und Perspektiven. Münster 2007 (Vita regularis 24).

Memoria: der geschichtliche Zeugniswert des liturgischen Gedenkens im Mittelalter. Hg. v. Karl Schmid u. Joachim Wollasch. München 1984 (Münstersche Mittelalter-Schriften 48).

MEYER, Jürgen: Kirchenakustik. Frankfurt am Main 2003.

Der mittelalterliche Kreuzgang. Architektur, Funktion und Programm. Hg. v. Peter K. Klein. Regensburg 2004.

Monastische Reformen im 9. und 10. Jahrhundert. Hg. v. Konstanzer Arbeitskreis für mittelalterliche Geschichte. Sigmaringen 1989 (Vorträge und Forschungen 38).

NUSSBAUM, Norbert/LEPSKY, Sabine: Das gotische Gewölbe. Eine Geschichte seiner Form und Konstruktion. Darmstadt 1999.

OBERSTE, Jörg: Visitation und Organisation. Formen sozialer Normierung, Kontrolle und Kommunikation bei Cisterciensern, Prämonstratensern und Cluniacensern. Münster 1995 (Vita regularis 2).

SCHÄFER, Thomas: Die Fußwaschung im monastischen Brauchtum und in der lateinischen Liturgie. Beuron 1956.

SENNHAUSER, Hans Rudolf (Hg.): Wohn- und Wirtschaftsbauten frühmittelalterlicher Klöster. Internationales Symposium, 26. 9.–1. 10. 1995 in Zurzach und Müstair, Acta. Zürich 1996.

SIMON, Heike Maria: Zur Entwicklung und Bedeutung der Brunnenhäuser innerhalb der mittelalterlichen Sakralbaukunst deutscher und österreichischer Territorien. Frankfurt am Main 1997.

STEIN-KECKS, Heidrun: Der Kapitelsaal in der mittelalterlichen Klosterbaukunst. München 2004.

UNTERMANN, Matthias: Ausgrabungen und Bauuntersuchungen in Klöstern, Grangien und Stadthöfen. Forschungsbericht und komm. Bibliographie. Berlin 2003 (StudGKKZ 17).

UNTERMANN, M.: *Das „Mönchshaus" in der früh- und hochmittelalterlichen Klosteranlage. Beobachtungen zu Lage und Raumaufteilung des Klausur-Ostflügels.* In: Sennhauser 1996, S. 233–257.

Die Wasserversorgung im Mittelalter. Hg. v. d. Frontinus Gesellschaft e.V. Mainz 1991 (Geschichte der Wasserversorgung 4).

WOLLASCH, Joachim: *Totengedenken im Reformmönchtum.* In: Monastische Reformen im 9. und 10. Jahrhundert, S. 146–166.

ZIMMERMANN, Gerd: Ordensleben und Lebensstandard. Die Cura corporis in den Ordensvorschriften des abendländischen Hochmittelalters. Münster 1973 (Beiträge zur Geschichte des alten Mönchtums und des Benediktinerordens H. 32).

Benediktiner

Alpirsbach: zur Geschichte von Kloster und Stadt. 3 Bde., hg. v. Landesdenkmalamt Baden-Württemberg. Stuttgart 2001 (Forschungen und Berichte der Bau- und Kunstdenkmalpflege in Baden-Württemberg 10).

BACHMANN, Günter: Alpirsbach. Berlin – München 1999.

BADSTÜBNER-KIZIK, Camilla: *Monastische Reform zwischen Ideal und Alltag. Zur Rolle von Topoi in der literarischen Auseinandersetzung zwischen Hirsauern und Zisterziensern (Das Beispiel der „Vita Paulinae Sigebotonis")*. In: Symbole des Alltags – Alltag der Symbole. Fs. für Harry Kühnel zum 65. Geburtstag. Hg. v. G. Blaschitz, H. Hundsbichler, G. Jaritz u. E. Vavra. Graz 1992, S. 171–190.

BADSTÜBNER-KIZIK, C.: *Die Vita Paulinae des Sigeboto – Heiligenlegende oder Klostergründungsgeschichte?* In: Kloster Paulinzella und die Hirsauer Reform, S. 34–46.

Die Benediktinerklöster in Baden-Württemberg, bearb. v. Franz Quarthal. Sankt Ottilien [2]1987 (Germania Benedictina 5); Artikel zu: Alpirsbach, Hirsau, Reichenau.

BERGER, Rolf: Hirsauer Baukunst – ihre Grundlagen, Geschichte und Bedeutung. Witterschlick – Bonn 1995.

BERSCHIN, Walter: *Der Sankt Galler Klosterplan als Literaturdenkmal.* In: Studien zum Sankt Galler Klosterplan II, S. 107–150.

BRENK, Beat: *Der Klosterplan von Sankt Gallen und die Regula Benedicti.* In: Benediktinische Kunst, S. 73–80.

BRENK, B.: *Zum Problem der Vierflügelanlage (Claustrum) in frühchristlich-frühmittelalterlichen Klöstern.* In: Studien zum Sankt Galler Klosterplan II, S. 185–215.

DÄHNE, Arnulf: *Ergebnisse restauratorischer Untersuchungen an der ehemaligen Klosterkirche Paulinzella.* In: Kloster Paulinzella und die Hirsauer Reform, S. 98–106.

ERDMANN, Wolfgang: Die Reichenau im Bodensee. Geschichte und Kunst. Königstein im Taunus 1993.

FRAUENFELDER, Reinhard: Die Kunstdenkmäler des Kantons Schaffhausen. Bd. 1: Die Stadt Schaffhausen. Basel 1951; Bd. 2: Der Bezirk Stein am Rhein. Basel 1958.

HECHT, Konrad: Der Sankt Galler Klosterplan. Wiesbaden 1997.

Hirsau: Sankt Peter und Paul 1091–1991. 2 Bde., hg. v. Landesdenkmalamt Baden-Württemberg. Stuttgart 1991 (Forschungen und Berichte der Archäologie des Mittelalters in Baden-Württemberg 10).

HOFFMANN, Volker: *Der Sankt Galler Klosterplan – einmal anders gesehen.* In: Studien zum Sankt Galler Klosterplan II, S. 299–305.

HOFFMANN, Wolfbernhard: Hirsau und die „Hirsauer Bauschule". München 1950.

JACOBSEN, Werner: Der Klosterplan von Sankt Gallen und die karolingische Architektur. Entwicklung und Wandel von Form und Bedeutung im fränkischen Kirchenbau zwischen 751 und 840. Berlin 1992.

JAKOBS, Dörthe: Sankt Georg in Reichenau-Oberzell. Der Bau und seine Ausstattung. 3 Bde. Stuttgart 1999.

JAKOBS, Hermann: *Das Hirsauer Formular und seine Papsturkunde.* In: Hirsau: Sankt Peter und Paul. Bd. 2, S. 85–100.

Das Kloster Allerheiligen in Schaffhausen: zum 950. Jahr seiner Gründung am 22. November 1049. Hg. v. Kurt Bänteli, Rudolf Gamper u. Peter Lehmann, Schaffhausen 1999 (Schaffhauser Archäologie 4).

Kloster Paulinzella und die Hirsauer Reform. Hg. v. der Stiftung Thüringer Schlösser und Gärten. Regensburg 2006 (Jahrbuch der Stiftung Thüringer Schlösser und Gärten 9).

Koichi, Koshi: Die frühmittelalterlichen Wandmalereien der Sankt Georgskirche zu Oberzell auf der Bodenseeinsel Reichenau. 2 Bde. Berlin 1999.

Krüger, Kristina: *Zur liturgischen Benutzung karolingischer „Westwerke" anhand von bauarchäologischen Zeugnissen und Schriftquellen zu Liturgie und Altarstellen.* In: Architektur und Liturgie. Akten des Kolloquiums vom 25. –27. Juli 2003 in Greifswald, hg. v. Michael Altripp u. Claudia Nauerth. Wiesbaden 2006, S. 125–142.

Krüger, K.: Die romanischen Westbauten in Burgund und Cluny. Untersuchungen zur Funktion einer Bauform. Berlin 2003.

Kummer, Stefan: *Die Gestalt der Peter-und-Pauls-Kirche in Hirsau.* In: Hirsau: Sankt Peter und Paul. Bd. 1, S. 199–208.

Kummer, S.: *Kloster Hirsau und die sogenannte „Hirsauer Bauschule".* In: Kloster Paulinzella und die Hirsauer Reform, S. 107–120.

Mettler, A.: *Die zweite Kirche in Cluni und die Kirchen in Hirsau nach den ‚Gewohnheiten' des XI. Jahrhunderts.* In: Zeitschrift für Geschichte der Architektur 3 (1910), S. 273–286; 4 (1910), S. 1–16.

Neumüllers-Klauser, Renate: *Quellen zur Bau- und Kunstgeschichte von Hirsau.* In: Hirsau: Sankt Peter und Paul. Bd. 1, S. 475–499.

Reimann, Norbert: *Die Konstitutionen des Abtes Wilhelm von Hirsau. Bemerkungen zur Überlieferungs- und Wirkungsgeschichte.* In: Hirsau: Sankt Peter und Paul. Bd. 2, S. 101–108.

Schmitz, Philibert O.S.B.: Geschichte des Benediktinerordens. Bd. 1 u. 2. Einsiedeln – Zürich 1947–1948.

Schreiner, Klaus: *Hirsau und die Hirsauer Reform. Spiritualität, Lebensform und Sozialprofil einer benediktinischen Erneuerungsbewegung im 11. und 12. Jahrhundert.* In: Hirsau: Sankt Peter und Paul. Bd. 2, S. 59–84.

Semmler, Josef: *Die Beschlüsse des Aachener Konzils im Jahre 816.* In: ZfKG 74 (1963), S. 15–82.

Stachura, Norbert: *Die Entdeckung von Zeichenspuren auf dem Plan von Sankt Gallen und das Problem seiner Urschriftlichkeit.* In: Koldewey-Gesellschaft. Bericht über die 31. Tagung für Ausgrabungswissenschaft und Bauforschung, 14. – 18. 5. 1980 in Osnabrück, 1982, S. 58–63.

Studien zum Sankt Galler Klosterplan I. Hg. v. Johannes Duft. Sankt Gallen 1962.

Studien zum Sankt Galler Klosterplan II. Hg. v. Peter Ochsenbein u. Karl Schmuki. Sankt Gallen 2002.

Teschauer, Otto: Kloster Hirsau. Calw 1991.

Teske, Wolfgang: *Laien, Laienmönche und Laienbrüder in der Abtei Cluny. Ein Beitrag zum „Konversen-Problem".* In: Frühmittelalterliche Studien 10 (1976), S. 248–322 (Teil 1); 11 (1977), S. 288–339 (Teil 2).

Tutsch, Burkhardt: Studien zur Rezeptionsgeschichte der Consuetudines Ulrichs von Cluny. Münster 1998 (Vita regularis 6).

Unbehaun, Lutz: *Die Architektur der Klosterkirche Paulinzella.* In: Kloster Paulinzella und die Hirsauer Reform, S. 47–62.

Untermann, Matthias (Hg.): Klosterinsel Reichenau im Bodensee. Stuttgart 2001 (Arbeitsheft Landesdenkmalamt Baden-Württemberg 8).

Urban, Wolfgang: Wilhelm von Hirsau. Reformer und Klostergründer. Ostfildern 1991.

Wollasch, Joachim: Cluny – „Licht der Welt". Aufstieg und Niedergang der klösterlichen Gemeinschaft. Düsseldorf – Zürich 1995.

Zettler, Alfons: Die frühen Klosterbauten der Reichenau. Ausgrabungen – Schriftquelle – Sankt Galler Klosterplan. Sigmaringen 1988 (Archäologie und Geschichte. Freiburger Forschungen zum ersten Jahrtausend in Südwestdeutschland 3).

Zisterzienser

Altermatt, Alberich M.: *Die erste Liturgiereform in Cîteaux (ca. 1099–1133).* In: RoJKG 4 (1985), S. 119–148.

Aubert, Marcel: L'architecture cistercienne en France. 2 Bde. Paris 1947.

Aust, Magdalena M.: *Die frühen Satzungen der Zisterzienser. Ein Bericht zu P. Chrysogonus Waddell's kritischer Edition der „Consuetudines Monachorum Cisterciensium".* In: CistC 107 (2000), S. 69–81.

Bickel, Wolfgang: *Die Kunst der Cistercienser.* In: Schneider 1986, S. 178–316.

Bickel, W.: Riddagshausen. Untersuchungen zur Baugeschichte der Abteikirche. Braunschweig 1968 (Braunschweiger Werkstücke, Reihe A, Bd. 3).

Binding, Günther: *Gedanken zum Baubetrieb der Zisterzienser im 12./13. Jahrhundert.* In: CistC 104 (1997), S. 251–257.

Dimier, Anselme: Recueil de plans d'églises cisterciennes. Grignan – Paris 1949.

Eberl, Immo: Die Zisterzienser. Geschichte eines europäischen Ordens. Stuttgart 2002.

Einsingbach, Wolfgang: Kloster Eberbach. München – Berlin 1991.

Elm, Kaspar: *Mythos oder Realität? Fragestellungen und Ergebnisse der Zisterzienserforschung.* In: Unanimité et Diversité Cisterciennes, Filiations – Réservaux – Relectures du XIIe au XVIIe siècle. Actes du Quatrième Colloque International du C.E.R.C.O.R. Dijon, 23–25 Septembre 1998. Publications de l'Université de Saint-Étienne 2000, S. 17–48.

Elm, K./Joerissen, P. (Hg.): Die Zisterzienser. Ordensleben zwischen Ideal und Wirklichkeit. Erg.-Bd. Köln 1982 (Schriften des Rheinischen Museumsamtes 18).

Elm, K./Joerissen, P./Roth, H. J. (Hg.): Die Zisterzienser. Ordensleben zwischen Ideal und Wirklichkeit. Ausst.-Kat. Bonn 1980 (Schriften des Rheinischen Museumsamtes 10).

Erdmann, Wolfgang: Zisterzienser-Abtei Doberan. Kult und Kunst. Königstein im Taunus 1995.

Erdmann, W. u. a.: Zisterzienser-Abtei Chorin. Königstein im Taunus 1994.

Esser, Karl Heinz: *Über den Kirchenbau des Hl. Bernhard von Clairvaux.* In: Archiv für Mittelrheinische Kirchengeschichte 5 (1953), S. 105–222.

Fischer, Manfred F.: *Das ehemalige Zisterzienserkloster Heilsbronn bei Ansbach. Baugeschichte 1132–1284.* In: Jahrbuch für fränkische Landesforschung 24 (1964), S. 21–109.

Frese, Tobias: Die Bildkritik des Bernhard von Clairvaux. Die Apologia im monastischen Diskurs. Bamberg 2006.

Frodl-Kraft, Eva: *Das „Flechtwerk" der frühen Zisterzienserkirchen.* In: Wiener Jahrbuch für Kunstgeschichte 20 (1965), S. 7–20.

Fründt, Edith/Helms, Thomas: Das Kloster Doberan. Berlin 1987.

GAST, Uwe/PARELLO, Daniel/SCHOLZ, Hartmut: Der Altenberger Dom. Regensburg 2008 (Meisterwerke der Glasmalerei 2).

HAHN, Hanno: Die frühe Kirchenbaukunst der Zisterzienser. Berlin 1957.

HEISSEL, Sebastian: Geschichte der Stadt Doberan. Wismar 1939.

KASPAR, Clemens/SCHREINER, Klaus (Hg.): Zisterziensische Spiritualität. Theologische Grundlagen, funktionale Voraussetzungen und bildhafte Ausprägungen im Mittelalter. Sankt Ottilien 1994.

KNAPP, Ulrich: Das Kloster Maulbronn. Geschichte und Baugeschichte. Stuttgart 1997.

KNEFELKAMP, Ulrich (Hg.): Zisterzienser. Norm, Kultur, Reform – 900 Jahre Zisterzienser. Berlin 2001.

KÖHLER, Mathias/SCHREIBER, Rupert: Die „Baugesetze" der Zisterzienser. Studien zur Bau- und Kunstgeschichte des Ordens. Meßkirch 1987.

KRÖNIG, Wolfgang: Altenberg und die Baukunst der Zisterzienser. Bergisch Gladbach 1973.

KURMANN, Peter: *Die Zisterzienser und die Kathedrale*. In: Knefelkamp 2001, S. 267–286.

LAABS, Annegret: Malerei und Plastik im Zisterzienserorden. Zum Bildgebrauch zwischen sakralem Zeremoniell und Stiftermemoria 1250–1430. Petersberg 2000 (Studien zur internationalen Architektur- und Kunstgeschichte 8).

LEPSKY, Sabine/NUSSBAUM, Norbert: Gotische Konstruktion und Baupraxis an der Zisterzienserkirche Altenberg. Bd. 1: Die Choranlage. Bergisch Gladbach 2005 (Veröffentlichungen des Altenberger Dom-Vereins 9).

LORENZ, Adolf Friedrich: Doberan. Ein Denkmal norddeutscher Backsteinkunst. Berlin 1958.

MANSELLI, Raoul: *Die Zisterzienser in Krise und Umbruch des Mönchtums im 12. Jahrhundert*. In: Elm/Joerißen 1982, S. 29–37.

MELVILLE, Gert: *Das Cisterciensertum: Wagnis und Modell im 12. und 13. Jahrhundert*. In: Schattkowsky/Thieme 2002, S. 21–36.

MELVILLE, G.: *Zur Funktion der Schriftlichkeit im institutionellen Gefüge mittelalterlicher Orden*. In: Frühmittelalterliche Studien 25 (1991), S. 391–417.

MICHLER, Jürgen: *Studien zum Bebenhausener Sommerrefektorium*. In: Jahrbuch der Staatlichen Kunstsammlungen Baden-Württemberg 35 (1998), S. 43–77.

NICOLAI, Bernd: „Libido Aedificandi" – Walkenried und die monumentale Kirchenbaukunst der Zisterzienser um 1200. Braunschweig 1990 (Quellen und Forschungen zur braunschweigischen Geschichte 28).

NICOLAI, B.: *Lilienfeld und Walkenried. Zur Genese und Bedeutung eines zisterziensischen Bautyps*. In: Wiener Jahrbuch für Kunstgeschichte 41 (1988), S. 23–39, Abb. S. 163–172.

NUSSBAUM, Norbert: *Der Chorplan der Zisterzienserkirche Altenberg. Überlegungen zur Entwurfs- und Baupraxis im 13. Jahrhundert*. In: Wallraf-Richartz-Jahrbuch 64 (2003), S. 7–52.

OETTINGER, Karl: *Die Entstehung von Lilienfeld*. In: Fs. zum 800-Jahrgedächtnis des Todes Bernhards von Clairvaux. Hg. v. der österreichischen Cistercienserkongregation Vom Heiligsten Herzen Jesu. Wien – München 1953, S. 232–259.

OETTINGER, K.: *Kirche und Stift Lilienfeld. Die Entstehung des Stiftes*. In: Stift Lilienfeld 1202–1952. Lilienfeld 1952, S. 11–39.

RIQUIER, Catrin: Der Kapitelsaal der Zisterzienserabtei Altenberg. Bergisch Gladbach 2003 (Veröffentlichungen des Altenberger Dom-Vereins 8)

RITTER-EDEN, Heike: Der Altenberger Dom zwischen romanischer Bewegung und moderner Denkmalpflege. Die Restaurierungen von 1815–1915. Bergisch Gladbach 2002 (Veröffentlichungen des Altenberger Dom-Vereins 7).

ROTH, Hermann Joseph: *Bauplastischer Pflanzenschmuck in der Cistercienser-Architektur*. In: Schneider 1986, S. 510–527.

RÜFFER, Jens: Die Zisterzienser und ihre Klöster. Leben und Bauen für Gott. Darmstadt 2008.

SCHNEIDER, Ambrosius (Hg.): Die Cistercienser. Geschichte – Geist – Kunst. 3., erw. Aufl. Köln 1986.

SCHÖFBECK, Tilo/HEUSSBER, Karl Uwe: *Dendrochronologie in der Denkmalpflege*. In: ZeitSchichten. Erkennen und Erhalten – Denkmalpflege in Deutschland. Hg. v. Ingrid Scheurmann. München – Berlin 2005, S. 282–287.

SEGER, Ulrike: Zisterzienser und Gotikrezeption. Die Bautätigkeit des Babenbergers Leopold VI. in Lilienfeld und Klosterneuburg. München – Berlin 1997 (Kunstwissenschaftliche Studien 69).

SEILER, Roger: *Zur Entwicklung der Klosterinfirmarien*. In: Sennhauser 1996, S. 173–188.

THOME, Markus: *Die gerade geschlossene Halle als Kirchenraum bei Bettelorden und Zisterziensern im ausgehenden 13. und beginnenden 14. Jahrhundert*. In: Bettelorden in Mitteleuropa. Geschichte – Kunst – Spiritualität. Hg. v. Heidemarie Specht u. Ralph Andraschek-Holzer. Sankt Pölten 2008, S. 406–432.

THOME, M.: Kirche und Klosteranlage der Zisterzienserabtei Heiligenkreuz. Die Bauteile des 12. und 13. Jahrhunderts. Petersberg 2007 (Studien zur internationalen Architektur- und Kunstgeschichte 52).

TÖPFER, Michael: Die Konversen der Zisterzienser. Untersuchungen zur mittelalterlichen Blüte des Ordens. Berlin 1983. (Berliner historische Studien 10, Ordensstudien 4).

UNTERMANN, Matthias: Forma Ordinis. Die mittelalterliche Baukunst der Zisterzienser. München – Berlin 2001 (Kunstwissenschaftliche Studien 89).

UNTERMANN, M.: *Gebaute unanimitas. Zu den „Bauvorschriften" der Zisterzienser*. In: Knefelkamp 2001, S. 239–266.

WAGNER-RIEGER, Renate: *Architektur*. In: 1000 Jahre Babenberger. Ausst.-Kat. Lilienfeld 1976, S. 141–159.

WEINRICH, Lorenz: *Die Liturgie der Zisterzienser*. In: Elm/Joerissen/Roth 1980, S. 157–163.

WICHERT, Sven: Das Zisterzienserkloster Doberan im Mittelalter. Berlin 2000 (StudGKKZ 8).

ZURSTRASSEN, Anette: Der Altenberger Dom. Geschichte und Kunst. München – Zürich 1992.

Augustinerchorherren

BOGUMIL, Karlotto: Das Bistum Halberstadt im 12. Jahrhundert. Studien zur Reichs- und Reformpolitik des Bischofs Reinhard und des Wirkens der Augustinerchorherren. Köln – Wien 1972 (Mitteldeutsche Forschungen 69).

Bosl, Karl: Regularkanoniker und Seelsorge in Kirche und Gesellschaft des europäischen 12. Jahrhunderts. München 1979 (Abhandlungen der Bayrischen Akademie der Wissenschaften. Phil.-hist. Klasse, N. F. 86).

Hütter, Elisabeth/Magirius, Heinrich: Der Wechselburger Lettner. Weinheim 1984.

Köhler, Gustav: Das Kloster des heiligen Petrus auf dem Lauterberge bei Halle. Dresden [1857].

Krause, Hans-Joachim: *Die romanische Klausur auf dem Petersberg bei Halle*. In: Kunst des Mittelalters in Sachsen: Fs. für Wolf Schubert, dargebracht zum 60. Geburtstag am 28. Januar 1963. Hg. v. Elisabeth Hütter. Weimar 1967, S. 60–85.

Krause, H.-J.: Sankt Pankratius Hamersleben. Regensburg ^{5}2007a (Schnell Kunstführer 1906).

Krause, H.-J.: Die Stiftskirche auf dem Petersberg bei Halle. Regensburg ^{5}2007b (Schnell Kunstführer 1907).

Magirius, Heinrich: Stiftskirche Wechselburg. Regensburg ^{3}1999 (Schnell Kunstführer 2006).

Peters, Günther: *Das Augustinerchorherrenstift Hamersleben. Entstehung und soziales Umfeld einer doppelklösterlichen Regularkanonikergemeinschaft im Hochmittelalter*. In: Jahrbuch für Geschichte Mittel- und Ostdeutschlands 52 (2006), S. 1–53.

Schöne, Anne-Christin: Die romanische Kirche des ehemaligen Augustinerchorherrenstiftes in Hamersleben. Köln 1999 (Veröffentlichung der Abteilung Architekturgeschichte des Kunsthistorischen Instituts der Universität Köln 68).

Weinfurter, Stefan: *Neuere Forschung zu den Regularkanonikern im deutschen Reich des 11. und 12. Jahrhunderts*. In: Historische Zeitschrift 224 (1977), S. 379–397.

Weinfurter, S.: *Reformkanoniker und Reichsepiskopat im Hochmittelalter*. In: Historisches Jahrbuch 97/98 (1978), S. 158–193.

Prämonstratenser

Backmund, Norbert O. Praem.: *Die Entwicklung der deutschen Prämonstratenserzirkarien*. In: ZfKG 95 (1984), S. 215–222.

Backmund, N.: Geschichte des Prämonstratenserordens. Grafenau 1986.

Backmund, N.: Monasticon Praemonstratense. 3 Bde., Straubing 1948–1960 (Nachdr. 1983).

Das Bistum Brandenburg. Teil 1. Bearb. v. Gustav Abb u. Gottfried Wentz. Berlin 1929 (Germania sacra I,1); Artikel zu Domkapitel Brandenburg.

Das Bistum Brandenburg. Teil 3. Bearb. v. Fritz Bünger u. Gottfried Wentz. Berlin 1941 (Germania sacra I,3); Artikel zu Leitzkau.

Das Bistum Havelberg. Bearb. v. Gottfried Wentz. Berlin 1933 (Germania sacra I,2); Artikel zu Hochstift Havelberg, Domkapitel u. Jerichow.

Bleis, Wolfram: *Neue Erkenntnisse zur Baugeschichte*. In: Lapidarium Jerichowense 8 (2007), S. 22–58.

Brandenburg Havel. Prämonstratenser-Domkapitel Sankt Peter und Paul. In: Brandenburgisches Klosterbuch. Bd. 1, S. 229–273.

Brandenburg Havel. Prämonstratenserstift Sankt Gotthardt. In: Brandenburgisches Klosterbuch. Bd. 1, S. 274–277.

Buchholz, Torsten/Wildhagen, Harald: Der Lettner im Dom zu Havelberg. Halle – Zürich 1995.

Cante, Markus: *Brandenburg an der Havel: die Restaurierung des Doms 1961–1965*. In: Brandenburgische Denkmalpflege 14 (2005), S. 38–51.

Crusius, Irene: *... ut nulla fere provincia sit in partibus Occidentis, ubi ejusdem religionis congregationes non inveniantur ... Prämonstratenser als Forschungsaufgabe*. In: Crusius/Flachenecker 2003, S. 11–32.

Crusius, I./Flachenecker, Helmut (Hg.): Studien zum Prämonstratenserorden. Göttingen 2003.

Elm, Kaspar (Hg.): Norbert von Xanten. Adeliger, Ordensstifter, Kirchenfürst. Köln 1984.

Fait, Joachim: Dom und Domschatz zu Brandenburg. Regensburg ^{5}2003 (Schnell Kunstführer 1920).

Fincke, Hans Joachim u. a.: Der Dom zu Havelberg. München – Berlin [1999] (DKV-Kunstführer 402/9).

Gross, Heinz-Dietrich: Dom und Domhof Ratzeburg. Königstein im Taunus ^{5}1996.

Havelberg. Prämonstratenser-Domkapitel. In: Brandenburgisches Klosterbuch. Bd. 1, S. 573–592.

Heijman, Hugo Th.: *Untersuchungen über die Prämonstratenser-Gewohnheiten*. In: AnalPraem 2 (1926), S. 5–32; 3 (1927), S. 5–27; 4 (1928), S. 5–29, 113–131, 226–241, 351–373.

Jost, Bettina: *Kirche und Kloster Unser Lieben Frauen in Magdeburg: ein Prämonstratenserbau und seine Stellung in der Architektur des 12. Jahrhunderts*. In: Form und Stil. Fs. für Günther Binding zum 65. Geburtstag. Hg. v. Stefanie Lieb. Darmstadt 2001, S. 97–109.

Kohlmann, Hans-Martin: Die Klosterkirche Sankt Marien-Nicolai zu Jerichow. München ^{5}1997 (Große Baudenkmäler 420).

Krings, Bruno: *Zum Ordensrecht der Prämonstratenser bis zur Mitte des 12. Jahrhunderts*. In: AnalPraem 76 (2000), S. 9–28.

Laabs, Annegret/Hornemann, Andreas: Kunstmuseum Magdeburg – Kloster Unser Lieben Frauen. München 2008 (DKV-Kunstführer 438).

Müller, Hans-Jürgen: Der Dom zu Ratzeburg. München o. J. (DKV-Kunstführer 283/2).

Müller, Karsten/Naumann, Rolf: Kloster Jerichow. 2., überarb. Aufl. München – Berlin o. J. (DKV-Kunstführer 536/4).

Naumann, Rolf: Klostermuseum Jerichow. München ^{4}1996 (Große Baudenkmäler 425)

Prémontré des Ostens. Das Kloster Unser Lieben Frauen Magdeburg vom 11. bis 17. Jahrhundert. Hg. v. Matthias Puhle u. Renate Hagedorn. Oschersleben 1996.

Ramm, Peter: Kloster Jerichow. Halle 2001.

Ramm, P.: *Die Klosterkirche Jerichow. Geschichtliche und kunstgeschichtliche Aspekte*. In: Architektur des Mittelalters. Hg. v. Friedrich Möbius u. Ernst Schubert. Weimar 1984, S. 141–159.

Schmitt, Reinhard: *Jerichow und Havelberg in der zweiten Hälfte des 12. und in der ersten Hälfte des 13. Jahrhunderts*. In: Backsteinarchitektur in Mitteleuropa: neue Forschungen. Hg. v. Ernst Badstübner. Berlin 2001, S. 142–197 (Studien zur Backsteinarchitektur 3).

Schmitt, R.: *Das Prämonstratenserstift Leitzkau: Beiträge zur Baugeschichte*. In: Historische Bauforschung in Sachsen-Anhalt. Hg. v. Uwe Steinecke. Petersberg 2007, S. 62–121 (Arbeitsberichte des Landesamtes für Denkmalpflege und Archäologie Sachsen-Anhalt 6).

Scholl, Christian: Die ehemalige Prämonstratenserstiftskirche Sankt Marien in Leitzkau. Gestalt und Deutung. Ein Beitrag zur mitteldeutschen Architektur des 12. Jahrhunderts. Berlin 1999.

Untermann, Matthias: Kirchenbauten der Prämonstratenser. Untersuchungen zum Problem einer Ordensbaukunst im 12. Jahrhundert. Köln 1984 (Veröffentlichung der Abteilung Architektur des Kunsthistorischen Instituts der Universität Köln 29).

Weidel, Karl: Das Kloster Unser Lieben Frauen in Magdeburg. Augsburg 1925 (Germania sacra, Serie B, 1, C, 2).

Winter, Franz: Die Prämonstratenser des zwölften Jahrhunderts und ihre Bedeutung für das nordöstliche Deutschland. Berlin 1865.

Kartäuser

Albrecht, Claudia F.: *Die Architektur der fränkischen Kartausen*. In: Kartäuser in Franken, S. 48–78.

Baer, C. H.: *Die Kartause in Klein Basel*. In: Die Kunstdenkmäler des Kantons Basel-Stadt, Bd. 3. Basel 1941, S. 449–594 (Nachdr. 1982).

Blüm, Hubertus Maria O. Cart.: *Ursprung und Geschichte der Ordensstatuten der Kartäuser*. In: Die Kartäuser, S. 38–49.

Blüm, H. M.: *Wie lebt der Kartäuser? Die Klosteranlage in ihrer funktionellen Bedeutung/Der Tagesplan*. In: Die Kartäuser, S. 29–37.

Grossmann, Ulrich G.: Architektur und Museum – Bauwerk und Sammlung. Das Germanische Nationalmuseum und seine Architektur. Ostfildern-Ruit 1997 (Kulturgeschichtliche Spaziergänge im Germanischen Nationalmuseum 1).

Harder-Merkelbach, Marion: Kartause Buxheim. Buxheim 1996.

Hogg, James: *Die Gründungs- und Verbreitungsgeschichte des Kartäuserordens vom 11. bis ins 20. Jahrhundert*. In: Kartäuser in Franken, S. 22–38.

Die Kartäuser. Der Orden der schweigenden Mönche. Hg. v. Marijan Zadnikar in Verbindung mit Adam Wienand. Köln 1983.

Kartäuser in Franken. Hg. v. Michael Koller. Würzburg 1995 (Kirche, Kunst und Kultur in Franken 5).

Monasticon Cartusiense. Bd. 2, hg. v. Gerhard Schlegel u. James Hogg. Salzburg 2004 (*AnalCart* 185,2).

Posado, Gerardo: Der Heilige Bruno, Vater der Kartäuser, aus dem Spanischen v. Hubertus Maria Blüm O. Cart. Köln 1987 (Originalausg.: Maestro Bruno, padre de monjes por un cartujo. Madrid 1980).

Rackowitz, Robert: Ehemalige Kartause „Cella salutis" Tückelhausen. Münsterschwarzach [5]1992.

Rüthing, Heinrich: *Zur Geschichte der Kartausen in der Ordensprovinz Alemannia inferior von 1320–1400*. In: Die Kartäuser, S. 139–167.

Völckers, Otto: *Die Klosteranlagen der Kartäuser in Deutschland*. In: Zeitschrift für Bauwesen 71 (1921), S. 313–322.

Zadnikar, Marijan: *Die frühe Baukunst der Kartäuser*. In: Die Kartäuser, S. 51–137.

Zadnikar, M.: *Die mittelalterliche Baukunst der Kartäuser*. In: Kartäuser in Franken, S. 39–47.

Bettelorden

800 Jahre Franz von Assisi. Franziskanische Kunst und Kultur des Mittelalters. Ausst.-Kat., Niederösterreichische Landesausstellung. Krems-Stein, Minoritenkirche 15. Mai – 17. Oktober 1982.

Andrä, Christine: Dominikanerkirche Sankt Blasius Regensburg. 3., neu bearb. Aufl. Regensburg 2006 (Schnell Kunstführer 48).

Barth, Hilarius M. O.P.: Dominikanerkirche Regensburg. Regensburg [2]1973 (Schnell Kunstführer 48).

Berg, Dieter (Hg.): Bettelorden und Stadt. Werl 1992.

Die Bettelorden im Aufbau: Beiträge zu Institutionalisierungsprozessen im mittelalterlichen Religiosentum. Hg. v. Gert Melville u. Jörg Oberste. Münster 1999 (Vita regularis 11).

Bettelorden in Europa. Geschichte – Kunst – Spiritualität. Hg. v. Heidemarie Specht u. Ralph Andraschek-Holzer. Sankt Pölten 2008 (Beiträge zur Kirchengeschichte Niederösterreichs 15; Geschichtliche Beilagen zum Sankt Pöltner Diözesanblatt 32).

Binding, Günther: Die Franziskaner-Baukunst im deutschen Sprachgebiet. In: 800 Jahre Franz von Assisi, S. 431–460.

Bonniwell, William R.: A history of the Dominican Liturgy 1215–1945. New York [2]1945.

Craemer-Ruegenberg, Ingrid: Albertus Magnus. Leipzig 2005 (DQZ 7).

Cramer, Johannes/Eissing, Thomas: Dächer in Thüringen. Arbeitshefte des Thüringischen Landesamtes für Denkmalpflege 2/1996.

Doelle, Ferdinand: Die Franziskaner in Deutschland. Düsseldorf 1926.

Esser, Kajetan O.F.M.: Anfänge und ursprüngliche Zielsetzungen des Ordens der Minderbrüder. Leiden 1966 (Studia et Documenta Franciscana 4).

Feld, Helmut: Franziskus von Assisi und seine Bewegung. Darmstadt [2]2007.

Fischer-Kohnert, Barbara: Das mittelalterliche Dach als Quelle zur Bau- und Kunstgeschichte: Dominikanerkirche, Minoritenkirche, Dom, Rathaus und Alte Kapelle in Regensburg. Petersberg 1999.

Frank, Isnard Wilhelm O.P.: *Bettelordenskirchen als multifunktionale Kulträume. Ein Beitrag zur Bettelordenskirchenforschung*. In: Wissenschaft und Weisheit 59 (1996), S. 93–112.

Frank, I. W.: *Das mittelalterliche Dominikanerkloster als paraparochiales Kultzentrum*. In: RoJKG 17 (1998), S. 123–142.

Freed, John B.: The Friars and German Society in the Thirteenth Century. Cambridge/Mass. 1977.

GALBRAITH, Georgina Rosalie: The Constitution of the Dominican Order 1216–1360. Manchester 1925 (Publications of the University of Manchester: Historical Series 44).

HINNEBUSCH, William A.: Kleine Geschichte des Dominikanerordens. Leipzig 2004 (DQZ 4).
HOLZAPFEL, Heribert: Handbuch der Geschichte des Franziskanerordens. Freiburg im Breisgau 1909.

JAEGER, Falk: Das Dominikanerkloster in Esslingen. Baumonographie von Kirche und Kloster. Sigmaringen 1994 (Esslinger Studien 13).

KAISER, Gerhard: Die Predigtkirche zu Erfurt. Regensburg ⁵2007 (Schnell Kunstführer 1855).
KNAPP, Ulrich/HANSBERGER, Irmgard: Münster Sankt Paul Esslingen am Neckar. 4., neu bearb. Aufl. Regensburg 2005.
KNAPP, U./REICHARDT, Karin: Franziskanerkirche Esslingen. Weißenhorn 2004 (Schwäbische Kunstdenkmale, Heft 60).
KRAUTHEIMER, Richard: Die Kirchen der Bettelorden in Deutschland. Köln 1925 (Nachdr. Berlin 2000).
KUEHL, Beatrice: *Die Dominikanerkirche in Regensburg: Studien zur deutschen Bettelordensarchitektur im 13. Jahrhundert*. In: Beiträge zur Geschichte des Bistums Regensburg 20 (1986), S. 75–211.

LOË, Paulus von, O.P.: *Statistisches über die Ordensprovinz Saxonia*. In: QF 4 (1910).
LOË, P. v.: *Statistisches über die Ordensprovinz Teutonia*. In: QF 1 (1907).
LÖHR, Gabriel M.: Die Dominikaner im deutschen Sprachgebiet. Düsseldorf 1927.

MOORMAN, John R. H.: A history of the Franciscan Order. From its Origin to the Year 1517. Oxford 1968.

NITZ, Thomas: *Das Erfurter Predigerkloster vom 13. bis zum 20. Jahrhundert. Zur Baugeschichte und Denkmalpflege*. In: Erfurt im Mittelalter. Neue Beiträge aus Archäologie, Bauforschung und Kunstgeschichte. Hg. v. Mark Escherich, Christian Misch u. Rainer Müller. Berlin 2003, S. 178–214 (Erfurter Studien zur Kunst- und Baugeschichte 1).
NITZ, T.: *Das Stifterbuch des Erfurter Predigerklosters als Quelle für die Baugeschichte der Predigerkirche*. In: Mitteilungen des Vereins für die Geschichte und Altertumskunde von Erfurt, N. F. 9 (2001), S. 71–101.

PELIZAEUS, Anette: Die Predigerkirche in Erfurt: Studien zur gotischen Bettelordens- und Pfarrarchitektur in Thüringen. Köln 2004 (Veröffentlichungen der Historischen Kommission für Thüringen, Kleine Reihe 12).

ROEST, Bert: A History of Franciscan Education (c. 1210–1517). Leiden – Boston – Köln 2000 (Education and Society in the Middle Ages and Renaissance 11).
ROMANINI, Angiola Maria: *Die Architektur der ersten franziskanischen Niederlassungen*. In: 800 Jahre Franz von Assisi, S. 404–411.

SCHEERER, Felix: Kirchen und Klöster der Franziskaner und Dominikaner in Thüringen. Ein Beitrag zur Kenntnis der Ordensbauweise. Jena 1910.
SCHENKLUHN, Wolfgang: Architektur der Bettelorden. Die Baukunst der Dominikaner und Franziskaner in Europa. Darmstadt 2000.
SCHENKLUHN, W.: *Die Architektur der Dominikaner*. In: RoJKG 17 (1998), S. 163–183.
SCHMIDT, Hans Joachim: Bettelorden in Trier. Wirksamkeit und Umfeld im hohen und späten Mittelalter. Trier 1986 (Trierer historische Forschungen 10).
700 Jahre Sankt Paulskirche Esslingen. Hg. v. der kath. Kirchengemeinde Sankt Paul Esslingen, 2., erw. Aufl. Esslingen [1989].

TUGWELL, Simon O.P.: *The Evolution of Dominican Structures of Government III: The Early Development of the Second Distinction of the Constitutions*. In: Archivum Fratrum Praedicatorum 71 (2001), S. 4–182.

ZAHLTEN, Johannes: *Die mittelalterlichen Bauten der Dominikaner und Franziskaner in Niedersachsen und ihre Ausstattung. Ein Überblick*. In: Stadt im Wandel. Kunst und Kultur des Bürgertums in Norddeutschland 1150–1650, Ausst.-Kat. Braunschweig 1985, Bd. 4, S. 371–412.

Orts- und Objektregister

Abbildungsnachweis

Archiv des Autors: 1–7, 9–11, 13, 15–17, 19–22, 27, 29–33, 35–37, 40, 42–44, 46–50, 52–56, 60–68, 70–73, 75, 76, 78–80, 82, 84–88, 90–92, 95–103, 105–108, 110–114, 116–121, 123–132, 134–137, 139–141, 143, 144

Bachmann (1999) 45

Dijon, Bibliothèque Municipale 14, 57

Einsingbach (1991) 58
Erdmann (1993) 24, 34

Fait (2003) 115
Fischer-Kohnert (1999) 142
Frauenfelder (1951) 41; (1958) 18

Jaeger (1994) 138

Kaiser (2007) 133
Kartäuser in Franken (1995) 8, 122
Kloster Paulinzella (2006) 51
Köhler (1857) 93
Krause (2007a) 83; (2007b) 89

Laabs/Hornemann (2008) 104
Lorenz (1958) 59

Magirius (2006) 94
Müller/Naumann (o. J.) 109

Nicolai (1988) 77
Nitz (2001) 145

Sankt Galler Klosterplan, Faksimile 23, 25, 26
Stuttgart, Staatsgalerie 39
Stuttgart, Württembergische Landesbibliothek 12

Teschauer (1991) 38
Thome (2007) 74, 81

Untermann (2001) 28

Zurstraßen (1992) 69